ŒUVRES COMPLÈTES

DE

EUGÈNE SCRIBE

DE L'ACADÉMIE FRANÇAISE

RÉSERVE DE TOUS DROITS

DE PROPRIÉTÉ LITTÉRAIRE

En France et à l'Étranger

LA
MARRAINE

COMÉDIE-VAUDEVILLE EN UN ACTE

EN SOCIÉTÉ AVEC MM. LOCKROY ET CHABOT.

Théatre de S. A. R. Madame. — 27 Novembre 1827

PERSONNAGES.   ACTEURS.

ÉDOUARD, filleul de Mme de Néris . . . . .   MM. Paul.
M. DE JORDY, homme d'affaires de Mme de
  Néris. . . . .   Dormeuil.
CHAMPENOUX, fermier, et autre filleul de
  Mme de Néris. . . . .   Legrand.

Mme CAROLINE DE NÉRIS, jeune veuve. .   Mmes Jenny Vertpré.
CÉCILE, sœur de M. de Jordy. . . . .   Adeline.

Dans un château, à douze lieues de Paris.

LA
MARRAINE

Un salon de campagne. — Porte au fond; deux portes latérales. Aux deux côtés de la porte, une croisée avec des persiennes; une des persiennes est entr'ouverte. A gauche de l'acteur, une table. A droite, un petit guéridon, sur lequel on voit une raquette et un volant.

SCÈNE PREMIÈRE.

DE JORDY, CÉCILE, CHAMPENOUX.

(M. de Jordy est assis auprès de la table et cause avec Cécile qui travaille; Champenoux est debout vers le fond à droite, tenant un sac d'argent sur son bras.)

DE JORDY.

Et tu dis donc, Cécile, que ce matin il courait après toi dans le jardin?

CÉCILE.

Oui, mon frère.

DE JORDY.

Et qu'il t'a embrassée?

CÉCILE.

Je crois qu'oui.

DE JORDY.

Deux fois?

CÉCILE.

Je n'en sais rien; je n'ai pas compté; quand on est occupée à se défendre...

DE JORDY.

Voyez-vous le petit mauvais sujet! A peine dix-neuf ans, et embrasser déjà la sœur d'un avoué! et d'un avoué de Senlis! Si c'était dans la capitale, je ne dis pas : on en voit bien d'autres; mais nous aurons soin aujourd'hui même d'en prévenir sa marraine.

CÉCILE.

Et moi, si vous en parlez à Mme de Néris, je ne vous dirai plus rien. Je ne veux pas qu'à cause de moi, M. Édouard soit grondé, parce que, s'il m'a embrassée, c'est sans intention. Il ne sait jamais ce qu'il fait.

DE JORDY.

Tu crois?...

CHAMPENOUX, s'avançant.

Dites donc, monsieur; je vous attends toujours.

DE JORDY.

Eh bien! est-ce que tu n'es pas fait pour cela?... Je suis à toi.

CHAMPENOUX.

Voilà deux heures que vous me dites cela. Si je venais demander de l'argent, à la bonne heure; mais comme j'en apporte...

DE JORDY.

Je sais bien, ton dernier fermage. Je vais rédiger ta quittance. (Se mettant à écrire.) N'est-ce pas trois mille francs?...

CHAMPENOUX.

Oui, monsieur. Pourquoi donc que madame ne reçoit pas elle-même comme autrefois? c'était si tôt fait!

DE JORDY.

Parce que je suis son avoué.

AIR : Traitant l'amour sans pitié.

Aussitôt donc, en ce cas,
Qu'une affaire la réclame,
Je suis chargé par madame
D'en avoir tout l'embarras.

CHAMPENOUX.

Je commence à m'y r'connaître,
Madam', qui vous laiss' le maître,
Vous paie en ces lieux pour être
Son homme d'affair's.

DE JORDY.
Justement.

CHAMPENOUX.

Son homm' d'embarras... et, comme
Vous êtes un honnête homme,
Vous y en fait's pour son argent!

DE JORDY.

Qu'est-ce que c'est ? tiens, voilà ta quittance ; et les trois mille francs...

CHAMPENOUX.

Dans ce sac.

(Il le dépose sur la table.)

DE JORDY.

C'est bon ; va-t'en.

CHAMPENOUX.

Non pas ; il faut que je parle à madame.

DE JORDY.

Elle n'est pas visible ; mais qu'est-ce que tu as besoin de lui dire ?

CHAMPENOUX.

Cela me regarde ; une affaire particulière... Car vous,

monsieur le nouveau régisseur, qui faites le fier avec moi, vous changeriez bien vite de ton, si vous saviez qui je suis.

DE JORDY.

Eh! qui donc es-tu? Monsieur Champenoux, fermier de madame.

CHAMPENOUX.

C'est possible; ce que je veux dire n'est pas rapport à mon état, mais à ma naissance.

DE JORDY.

Ta naissance!... n'es-tu pas, à ce que je crois du moins, le fils d'un ancien garde-chasse?

CHAMPENOUX.

C'est possible; mais il y a un autre titre que vous voudriez bien avoir, et qui me rapproche de madame, un titre que je pourrais vous dire, et que je ne vous dirai pas, exprès pour vous apprendre...

DE JORDY.

Eh alors, laisse-moi tranquille et va te promener!

CHAMPENOUX.

Pour ce qui est de me promener, je le pourrais si je voulais; mais j'aime mieux aller déjeuner, parce que j'ai droit de déjeuner ici. Je suis de la maison, on doit m'y recevoir, m'y accueillir avec égards; et moi, à cause de mon titre, je peux aussi être fier et avoir des airs insolents.

DE JORDY.

Qu'est-ce à dire?

CHAMPENOUX.

Je sais bien que cela va sur vos brisées; mais, rassurez-vous, je ne prendrai pas tout, il vous en restera encore assez.

(M. de Jordy se lève; il tient plusieurs papiers.)

AIR : Amis, voici la riante semaine. (*Le Carnaval*.)

Quoique d'après le rang dont je me vante,

Faire antichambr' soit assez inconv'nant;
J'attendrai bien que madam' se présente,
Et je prendrai patience en déjeunant.
J' vas boire un coup, ici près, dans l'aut' chambre;
Car en fait d' vin on n'a qu'à m'en montrer;
Je ne lui fais jamais faire antichambre;
Dès qu'il paraît, moi je lui dis d'entrer.

(Il entre dans la chambre à droite.)

SCÈNE II.

DE JORDY, CÉCILE.

DE JORDY.

Mais a-t-on vu un impertinent semblable? jusqu'à ces rustres qui se permettent aussi de raisonner!...

CÉCILE, se levant.

C'est vrai : tout le monde s'en mêle; il n'y a plus de paysans.

DE JORDY.

C'est le voisinage des grandes villes. Il y a trop de villes en France, et tant qu'on n'en supprimera pas... Mais, revenons à notre conversation. Te voilà, ma sœur, en âge de te marier.

CÉCILE.

Oui, mon frère.

DE JORDY.

Il te faudra bientôt un époux, c'est-à-dire une dot, parce qu'à présent, en province comme à Paris, l'un ne se trouve pas sans l'autre.

CÉCILE.

Peut-être... Voilà M. Léonard, votre maître-clerc, qui, j'en suis sûre, ne serait pas exigeant.

DE JORDY.

Qu'est-ce que c'est? M. Léonard!...

CÉCILE.

Je dis cela en général.

DE JORDY.

J'espère bien, en effet, qu'avec lui, il n'y a rien de particulier, car je tiens à ce que tu fasses un beau mariage. Je te donnerais bien une dot, parce que je suis bon frère, et que d'être avoué, ça n'empêche pas les sentiments. Malheureusement, j'ai besoin de mes capitaux pour une spéculation que je médite... un mariage.

CÉCILE.

Vraiment... vous!...

DE JORDY.

Oui. Je voudrais épouser quelque bon million; il y en a encore à marier, ce qui me donnerait alors le moyen de t'établir toi-même. Regarde donc ce magnifique château situé à douze lieues de la capitale... (Cécile va regarder par la porte du fond, et en revenant sur le devant du théâtre, elle se place à la droite de M. de Jordy.) Un beau parc, de belles eaux, une habitation de prince : il me semble que cela conviendrait assez à un avoué qui se retire. Est-ce que tu ne trouves pas?...

CÉCILE.

Comment! vous auriez des vues sur Mme de Néris? une petite veuve de dix-neuf ans, vive, légère, capricieuse! et puis, elle est si riche!

DE JORDY.

C'est justement pour cela. Fille d'un gros manufacturier, veuve d'un de nos premiers commerçants, elle réunit sur sa tête une fortune si considérable qu'elle ne la connaît pas elle-même; l'administration seule de ses biens est un immense travail, et elle ne songe qu'au plaisir. Elle est réellement malheureuse dès qu'on lui parle d'affaires, et je lui en parle toute la journée.

CÉCILE.

Une jolie manière de lui faire votre cour!

DE JORDY.

Oui, sans doute, cela l'effraie. Il faudra qu'elle m'épouse pour me fermer la bouche, et qu'elle se trouve trop heureuse de prendre un mari qui la débarrasse de son homme d'affaires.

AIR du vaudeville de Turenne.

D'un séducteur qui chercherait à plaire
Elle pourrait se défier ici ;
Mais prudemment je fais tout le contraire,
Et je la veux séduire par ennui !

CÉCILE.

Lui faire la cour par ennui !

DE JORDY.

Par là, du moins, j'aurai la préférence,
Et je me vois sans rivaux.

CÉCILE.

C'est douteux,
Car maintenant dans le genre ennuyeux
On trouve tant de concurrence!

DE JORDY, vivement.

Aussi, je me suis bien gardé de la laisser à Paris. Je lui ai persuadé de venir dans cette terre, où je lui fais la cour tout seul et à mon aise.

CÉCILE.

C'est singulier : hier toute la journée, elle n'a fait que bâiller.

DE JORDY, avec joie.

C'est cela même; commencement de mon système !... Mais, ce qui me contrarie encore, c'est ce petit Édouard, son filleul, que je n'ai pas invité et qui vient d'arriver.

CÉCILE.

Où est le mal? Un filleul peut bien venir sans façon chez sa marraine.

1.

DE JORDY.

Oui ; mais quand le filleul et la marraine sont tous deux du même âge, quand ils ont à peine dix-neuf ans...

CÉCILE.

N'avez-vous pas peur de celui-là ? le fils d'un soldat ! un pauvre orphelin que les anciens maîtres du château ont recueilli et fait élever à leurs frais !

DE JORDY.

Non certainement ; mais ce petit gaillard-là a un air goguenard !... A peine sorti du collège, il se moque déjà de moi ; je ne sais pas maintenant comment on élève la jeunesse...

CÉCILE, regardant par la porte du fond qui donne sur le jardin.

Voici Mme de Néris : elle vient de ce côté, un livre à la main, et elle bâille encore.

DE JORDY.

Peut-être qu'elle pense à moi. Le moment est favorable. (A Cécile.) Laisse-nous.

(Cécile entre dans la chambre à droite.)

SCÈNE III.

DE JORDY, CAROLINE DE NÉRIS.

CAROLINE entre en lisant.

L'insipide promenade ! ce parc est si grand et si triste ! tout ce qu'on y lit est ennuyeux ; ce sont pourtant des romans nouveaux.

DE JORDY.

Me permettrez-vous, madame, de vous présenter mes hommages ?

CAROLINE.

C'est vous, monsieur de Jordy ; venez donc à mon secours : je ne sais que faire, que devenir, et vous m'abandonnez! cela n'est pas bien.

DE JORDY.

Notre conversation d'hier soir, ces comptes de fermage avaient l'air de vous fatiguer tellement...

CAROLINE.

C'est égal, je l'aime mieux; il n'y a rien de plus terrible que de s'ennuyer sans savoir pourquoi ; et au moins, quand vous êtes là, c'est un motif, un motif raisonnable.

DE JORDY, parcourant les papiers.

Vous êtes bien bonne. Voici les différentes notes que je voulais vous soumettre.

CAROLINE.

Est-ce bien long?

DE JORDY.

Une ou deux petites heures seulement. (Lisant.) « Ferme « d'Hauterive. Le fermier Simon n'a payé, cette année, que « six mille francs. » Mais, comme je l'ai augmenté d'un quart en sus...

CAROLINE.

Vous l'avez augmenté! et pourquoi?... Il a une si jolie fille, Marguerite, ma petite fermière, qui ce matin m'apportait du lait!

DE JORDY.

Ah! Marguerite, celle qui est brouillée avec Julien, son amoureux?

CAROLINE.

Marguerite est brouillée avec son amoureux!... je me charge d'arranger tout cela, de les raccommoder. Cela me fera une bonne matinée ; c'est à vous que je le devrai. C'est plus amusant que je ne croyais, de parler d'affaires... Et puis, nous aurons ensuite une noce de village, un grand repas, un bal. La jarretière de la mariée, c'est gentil; et je sais quelqu'un qui va être bien heureux.

DE JORDY.

Qui donc ?

CAROLINE.

Édouard, mon filleul, qui aime tant la danse ! Je vais lui écrire de venir.

DE JORDY.

Ce n'est pas la peine. Il est ici ; il vient d'arriver.

CAROLINE.

Sans ma permission !

DE JORDY.

De ce matin : il est dans votre parc, le fusil à la main; et il a fait un carnage de lièvres et de faisans...

CAROLINE.

Oh! que c'est méchant!... Où est M. Édouard?... qu'il vienne tout de suite.

DE JORDY.

Bah! il est bien loin; il est parti au grand galop, à travers vos plates-bandes de tulipes et de camélias.

CAROLINE.

Mes camélias!... il serait possible!... Je lui aurais tout pardonné; mais des camélias, des fleurs superbes que je réservais pour me faire une garniture !... car vous ne savez pas comme c'est joli, une garniture de fleurs naturelles! surtout en camélias, en roses du Japon, c'est charmant, c'est délicieux.

AIR du vaudeville de la Lune de miel. (HEUDIER.)

De l'innocence la plus pure
Elle est l'emblème virginal.

DE JORDY.

Et, comme elle, souvent ne dure,
Hélas ! que l'espace d'un bal !

CAROLINE.

Ici, monsieur, c'est encor plus fatal.

> Quand le plaisir fit notre destinée,
> On se console en songeant au passé ;
> Mais quel malheur quand la rose est fanée,
> Sans que le bal ait commencé !

DE JORDY.

Aussi, madame, vous avez pour ce jeune homme beaucoup trop d'indulgence, et si je ne craignais de vous fâcher, je vous dirais que ce matin je l'ai surpris moi-même courant après ma sœur et l'embrassant.

CAROLINE, souriant.

Vraiment !... ce ne sont plus là des roses du Japon... et vous étiez là ! vous conviendrez que c'est drôle... Non, non, c'est très-mal, un jeune homme qui sort du collège, qui ne devrait penser qu'à son droit... Aussi, je vais ce matin le traiter sévèrement ; cela m'amusera.

DE JORDY.

Oui, vous commencez par lui faire des sermons, et vous finissez par jouer avec lui.

CAROLINE.

C'est qu'on ne peut pas toujours gronder.

DE JORDY.

A la bonne heure !... Mais les bontés dont vous l'accablez... Songez donc, qu'après tout, ce n'était que le fils...

CAROLINE.

D'un militaire qui est mort de ses blessures... C'était la dette du pays, mon père s'est chargé de l'acquitter.

AIR : Le choix que fait tout le village. (Les deux Edmond.)

> J'avais cinq ou six ans à peine,
> Quand mon père ordonna, je croi,
> Que, jeune encor, je fusse la marraine
> D'un orphelin aussi jeune que moi ;
> Voulant, par un ordre aussi sage,
> Déjà m'apprendre et me faire sentir

Que le malheur, hélas! est de tout âge,
Et qu'à tout âge on doit le secourir.

DE JORDY.

C'était certainement très-bien. Mais ces comptes que nous oublions.

CAROLINE.

Comment, ce n'est pas fini!...

DE JORDY.

Nous n'avons pas encore commencé.

CAROLINE.

Vous verrez que je serai obligée de vous donner tous mes biens, pour ne plus en entendre parler.

DE JORDY.

Si j'acceptais, madame, ce ne serait qu'à la condition de les partager avec vous.

CAROLINE, riant.

Vraiment... C'est très-gai, et l'idée est originale : savez-vous, monsieur de Jordy, que quand vous voulez, vous êtes fort aimable?

DE JORDY.

Ah! madame...

CAROLINE.

Se donner soi-même en paiement à son homme d'affaires! c'est amusant... Savez-vous que vous auriez là de jolis honoraires?

DE JORDY, vivement.

Ah! madame, certainement...

SCÈNE IV.

LES MÊMES; CHAMPENOUX, sortant de la chambre à droite.

CHAMPENOUX.

Faut être juste, j'ai déjeuné avec agrément.

DE JORDY à part.

Dieu ! l'on vient... l'instant était si favorable... (A Champenoux.) Qui t'a permis d'entrer ?... qu'est-ce qui t'amène ?

CHAMPENOUX.

Ce qui m'amène, on le saura ; mais ce n'est pas vous.

CAROLINE.

Tiens, c'est Champenoux ! Bonjour, mon garçon.

CHAMPENOUX.

Bonjour, ma marraine... bonjour, ma marraine.

DE JORDY, étonné.

Sa marraine ?

CHAMPENOUX.

Oui, monsieur l'homme d'affaires, et puisque les qualités sont connues... (Passant devant lui, et allant auprès de madame de Néris.) je prends mon rang ; n'est-ce pas, ma marraine ? (Se retournant du côté de M. de Jordy.) Car c'est elle qui est ma marraine ; voilà ce que vous ne saviez pas.

DE JORDY.

Comment, madame, c'est aussi un filleul !... Combien donc en avez-vous ?

CAROLINE.

Beaucoup... Mais j'en ai peu, je crois, d'une aussi belle venue. Ce pauvre Champenoux !... (Lui donnant une tape sur la joue.) il a toujours l'air bête.

CHAMPENOUX.

Ah ! ma marraine, que vous êtes bonne !... (A M. de Jordy.) Voilà, au moins : ça n'est pas comme vous, qui faites le fier... Elle a toujours quelque chose de familier, quelque chose d'aimable à vous dire.

CAROLINE.

J'espère que tu dîneras ici ?

CHAMPENOUX.

Oh! que oui, ma marraine... J'ai déjà commencé ; je viens de déjeuner sans façon et sans préférence.

CAROLINE.

Comment cela?

CHAMPENOUX.

J'ai mangé de tout ce qu'il y avait... J'ai bien fait, n'est-ce pas?

CAROLINE.

Certainement.

CHAMPENOUX, à M. de Jordy.

Vous l'entendez... Moi, d'abord, je connais mes droits et mes prérogatives... On m'a toujours dit qu'un parrain et une marraine, c'était comme le père et la mère de l'enfant, ça en tenait lieu... Alors, je suis comme qui dirait le fils de la maison.

CAROLINE.

C'est juste... Et comment vont les affaires?

CHAMPENOUX.

Ah Dieu! ma marraine, il y a bien des nouvelles, bien des changements, qui vont vous étonner, et c'est là-dessus que je voudrais vous parler particulièrement, (Regardant M. de Jordy.) et en particulier.

DE JORDY.

C'est-à-dire qu'il faut que je m'en aille.

CHAMPENOUX.

Je ne force personne... Mais à bon entendeur... (Otant son chapeau.) Votre serviteur très-humble.

DE JORDY.

Je comprends, et je cède la place au fils de la maison. (A madame de Néris.) Je vais faire un tour à nos fermes, et je reviens pour le dîner.

(Il emporte le sac de trois mille francs, et sort par le fond.)

SCÈNE V.

CHAMPENOUX, CAROLINE.

CHAMPENOUX.

Il emporte le sac... Nos fermes... Dites donc, ma marraine, avez-vous entendu?... Nos fermes... Est-ce qu'il y est pour quelque chose?... Est-ce que ça le regarde?... Ce n'est pas un filleul, ce n'est pas comme moi et M. Édouard, que je viens de rencontrer, et à qui j'ai donné une poignée de main.

CAROLINE.

Ah! tu viens de le voir?

CHAMPENOUX.

Oui... Il était mis comme un prince; et savez-vous, ma marraine, que cela ne vous fait pas honneur?

CAROLINE.

Comment cela?

CHAMPENOUX.

Ce n'est pas bien, car moi, qui suis votre filleul comme lui, vous me laissez en veste et en gros souliers... Il dîne avec vous à table, et moi je dîne après à l'office... Je mange autant, c'est vrai; mais enfin je mange une heure plus tard : c'est là où est le déshonneur, et je vous le dis franchement, ma marraine, je crains que cela ne vous fasse du tort dans le monde.

CAROLINE.

Je te remercie; mais je vois avec peine que tu en veux à Édouard.

CHAMPENOUX.

Moi, ma marraine, j'en serais bien fâché... C'est aussi le fils de la maison; c'est quasiment un frère, et je ne lui en veux pas... Moi, d'abord, je n'en ai jamais voulu aux autres, mais j'en veux à ce qu'ils ont.

CAROLINE.

Vraiment...

CHAMPENOUX.

Je suis pour la justice... ça me fait mal quand je vois quelqu'un de mieux habillé, ou quelqu'un de plus riche que moi.

CAROLINE.

Tu es cependant à ton aise... Ton père, en mourant, t'a laissé sa ferme.

CHAMPENOUX.

Oui, ma marraine ; comme j'étais le fils de la maison, ça m'est revenu... C'est toujours comme ça dans la loi, n'est-il pas vrai?

CAROLINE.

Sans contredit.

CHAMPENOUX.

J'ai aussi mon cousin Thomas, le plus riche cultivateur du pays, dont, grâce au ciel, je suis l'héritier.

CAROLINE.

Ah! oui... cet honnête Thomas... un ancien soldat, le parrain d'Édouard ; car c'est lui qui l'a tenu avec moi, qui a été mon compère... Comment se porte-t-il?

CHAMPENOUX.

Vous êtes bien bonne, ma marraine... Il est mort, voilà un an.

CAROLINE.

Ah! mon Dieu!.. Il y a si longtemps que je n'étais venue dans cette terre... Ce pauvre homme!.. il avait pourtant l'air jeune encore.

CHAMPENOUX.

. Il n'était pas vieux, si vous voulez; mais il avait fait son temps... Il avait servi à l'armée avec le père d'Édouard, un troupier comme lui, et c'est à ce sujet que je voulais vous consulter; parce qu'il y a quelque temps, en cherchant dans ses papiers, j'en ai trouvé un qu'on m'a dit être un testament, et dans lequel il donne tout son bien... trois mille six cent cinquante francs de rentes, en bonnes terres, à M. Édouard, son filleul.

CAROLINE.

Et tu ne le disais pas !... Ce pauvre Édouard, qui, par fierté, maintenant ne veut plus rien recevoir de moi... C'est une fortune pour lui, une fortune légitime... c'est presque un patrimoine... Mais, quand j'y pense, toi, mon garçon, qui étais l'héritier naturel, cela doit te chagriner?

CHAMPENOUX.

Non vraiment, je n'ai pas si mauvais cœur... Un parrain ou une marraine peuvent donner tout ce qu'ils veulent à un filleul... Là-dessus, faut les laisser faire, n' faut pas les contrarier... Ce qui me chagrine, c'est que dans son testament, mon cousin Thomas met une condition.

CAROLINE.

Et laquelle?

CHAMPENOUX.

Craignant pour son filleul les folies de la jeunesse, ce qui est assez vrai, parce que c'est un gaillard qui ne demande qu'à faire le garçon...

CAROLINE.

Eh bien ! après?

CHAMPENOUX.

Eh bien ! comme je vous disais, pour l'empêcher de faire le garçon, son parrain ne lui laisse sa fortune qu'à condition qu'il sera marié avant dix-neuf ans.

CAROLINE.

Il serait possible !

CHAMPENOUX, lui donnant des papiers.

Voyez plutôt... Et comme malheureusement Édouard a maintenant dix-neuf ans passés, c'est à moi que tout ça revient.

CAROLINE.

Tu crois ?

CHAMPENOUX.

Certainement. Il a eu dix-neuf ans au mois de janvier dernier, puisqu'on a toujours dit dans le pays qu'il était né le premier jour de l'année, ce qui est une époque assez remarquable ; et comme nous sommes en septembre...

CAROLINE, après avoir lu.

Si ce n'est que cela, rassure-toi ; Édouard n'est pas si âgé que tu crois.

CHAMPENOUX.

Ah ! mon Dieu ! qu'est-ce que vous me dites là ? Il n'est donc pas né le premier jour de l'an ?

CAROLINE.

Si vraiment ; mais à l'époque de sa naissance, l'année commençait, je crois, au mois d'octobre. On appelait cela alors le premier vendémiaire.

CHAMPENOUX.

C'est-y possible ?

CAROLINE.

Et comme, d'après ton calcul, nous sommes au milieu de septembre, il lui reste encore à peu près une quinzaine de jours pour se marier. C'est juste ce qu'il faut.

(Elle lui rend les papiers.)

CHAMPENOUX, à part.

C'est fini, je ne crois plus à rien, pas même au calendrier ! Cet imbécile de vendémiaire qui n'est pas dans

Mathieu Laensberg... Si encore je l'avais su, moi qui n'étais pas obligé de venir aujourd'hui...

CAROLINE, réfléchissant.

Quinze jours seulement pour le marier ! Il n'y a pas de temps à perdre. Mais où lui trouver une femme du jour au lendemain, ici surtout ?

CHAMPENOUX.

AIR : Qu'il est flatteur d'épouser celle. (*Le Jaloux Malade.*)

Il faudrait être bien habile
Pour en trouver chez nous.

CAROLINE.
Vraiment ?

CHAMPENOUX.

Dans not' villag', c'est difficile,
Je m'en vais vous dire comment :
Elles ont tout's, ces jeun's fillettes,
L'une un amant, l'autre un mari ;
Il en est mêm', des plus parfaites,
Chez qui tout s' trouve réuni.

CAROLINE.

Attends donc... j'y pense maintenant. Cette petite Cécile, la sœur de mon homme d'affaires, qui est fort aimable, fort bien élevée.

CHAMPENOUX.

Oui, mais M. Édouard en voudra-t-il ? ça fera-t-il son bonheur ? Voilà l'essentiel.

CAROLINE.

Puisqu'il courait ce matin après elle, puisqu'il l'a embrassée, c'est qu'il l'aime. (Se mettant à la table.) Attends, attends, ce ne sera pas long.

(Elle écrit.)

CHAMPENOUX, à part pendant qu'elle écrit.

Faut-il avoir du malheur ! rencontrer juste une inclination toute faite ! C'est pas à elle que j'en veux le plus, c'est à ce coquin de vendémiaire. On a bien fait de le destituer, mais on aurait dû commencer plus tôt. Est-ce qu'on ne pourrait pas, avec des protections?... (Haut.) Dites donc, ma marraine?...

AIR du vaudeville de l'Opéra-Comique.

Vous qui voyez des gens puissants,
Vous qui connaissez les ministres...

CAROLINE, écrivant.

Laisse-moi.

CHAMPENOUX.

Pour les pauvres gens
Combien les destins sont sinistres!
J' suis sûr, si j'avais d' quoi payer,
Que j'obtiendrais, changeant l' quantième,
Que vendémiair' vînt en janvier,
Comme mars en carême.

CAROLINE, qui pendant ce temps a écrit.

Tiens, cours à la ferme, où tu trouveras, sans doute, M. de Jordy, et remets-lui cette lettre, pour qu'il vienne lui-même, et sur-le-champ, m'apporter ici la réponse. Tout de suite, tout de suite; entends-tu?

CHAMPENOUX, sans bouger de place.

Oui, ma marraine, voilà que j'y cours. Vous êtes bien sûre au moins...

CAROLINE.

Eh! va donc.

(Champenoux sort par le fond.)

SCÈNE VI.

CAROLINE, puis ÉDOUARD, le fusil à la main.

CAROLINE.

Voilà un pauvre garçon, qui, dans ce moment, n'a pas de goût pour le mariage. (On entend tirer un coup de fusil.) Ah! mon Dieu! qu'est-ce que c'est que cela?

ÉDOUARD, encore en dehors.

Apporte, apporte; est-il maladroit! (Il entre.) Dieu! ma marraine!

(Il va poser son fusil au fond, auprès de la croisée à gauche.)

CAROLINE.

Oui, monsieur, c'est moi, qui suis très-en colère, très-mécontente! Qu'est-ce que cela signifie de me faire des peurs comme celle-là?

ÉDOUARD, troublé.

Je vous demande pardon, ma marraine. Je croyais que vous dormiez encore.

CAROLINE.

Et c'est pour cela que vous venez tirer des coups de fusil jusque dans ce salon?

ÉDOUARD.

J'ai tort, sans contredit. Mais quand on est une fois emporté par l'ardeur de la chasse...

CAROLINE.

Et pourquoi aimez-vous la chasse? Vous savez bien que je ne l'aime pas. Il faut que les hommes soient bien méchants pour faire du mal à de pauvres bêtes qui ne leur font rien! Comme si on ne pouvait pas rester chacun chez soi! Et c'est pour cela que, depuis ce matin, vous avez tout bouleversé dans mon parc, que vous avez abîmé mes plantes, mes arbustes, mes camélias, des fleurs sur lesquelles je comptais pour me parer!

ÉDOUARD.

O ciel!

CAROLINE.

Et sur ce chapitre-là, je ne plaisante pas. Voyons, monsieur, quand vous resterez là en silence, les yeux baissés, qu'avez-vous à dire? qu'avez-vous à répondre?

ÉDOUARD.

C'est un grand malheur, ma marraine, que la perte de

ces fleurs, mais vous n'en aviez pas besoin pour être jolie.

CAROLINE.

Une belle excuse!

AIR : Si ça t'arrive encore. (ROMAGNÉSI.)

COUPLETS.

Premier couplet.

Avec de tels raisonnements
Pensez-vous donc me satisfaire?
Je n'aime pas les compliments,
Surtout quand je suis en colère.
Dans les bois, et contre mon gré,
   Courir avant l'aurore!
Pour toujours je me fâcherai,
   Si ça t'arrive encore.
Oui, monsieur, je me fâcherai,
   Si ça t'arrive encore.

Et dans quel état il est! S'abîmer, se fatiguer ainsi! Comme il a chaud! Tiens, voilà mon mouchoir.

(Elle le lui donne.)

ÉDOUARD le prend vivement et le porte à ses lèvres.

Ah!

CAROLINE.

Deuxième couplet.

Ce mouchoir que je te donnais
N'est pas pour un pareil usage,
Et je ne dois plus désormais
Permettre un tel enfantillage.
De ma bonté c'est un abus
   Que cette fois j'ignore,
Mais je ne vous aimerai plus,
   Si ça t'arrive encore.
Non, je ne vous aimerai plus,
   Si ça t'arrive encore.

ÉDOUARD.

Ah! ma marraine! je sais tout ce que je dois à vos bontés.

Je n'ai qu'un regret, c'est qu'il ne se présente pas d'occasion de vous prouver ma reconnaissance, car le plus beau jour de ma vie serait celui où je me ferais tuer pour vous.

CAROLINE.

Justement! Ce mot me rappelle qu'il faut encore que je te gronde, car je ne fais que cela. Qu'est-ce que c'est que cette discussion dont j'ai entendu parler, et que tu as eue, quelques jours avant mon départ, avec Mme de Nerval et avec son frère?

ÉDOUARD.

Quoi! ma marraine, vous sauriez...

CAROLINE.

Avec son frère, encore passe; c'est un fat que je ne puis souffrir. Mais elle, c'est une fort jolie femme; et à ton âge, il ne faut pas se brouiller avec les jolies femmes, ce sont des moyens de succès. Je dis cela parce que j'ai plus d'expérience que toi.

ÉDOUARD.

Oui, ma marraine. Si ce n'avait été que moi, j'aurais gardé le silence... mais c'était vous qu'on insultait.

CAROLINE.

Moi! Et que pouvait-on dire?

ÉDOUARD.

On disait, on disait... des choses affreuses.

CAROLINE.

Et quoi donc?

ÉDOUARD.

Que... que vous alliez vous remarier.

CAROLINE.

Vraiment! Et où est le mal? et qu'est-ce que cela te fait? Il me semble que je suis ma maîtresse, et que cela me regarde.

ÉDOUARD.

C'est ce que j'ai dit, en ajoutant que personne au monde n'était digne de vous épouser. Et plus je faisais votre éloge, plus Mme de Nerval se fâchait; et il y a eu un moment, où, me traitant comme un écolier, elle a presque levé la main sur moi.

CAROLINE, riant.

C'était charmant.

ÉDOUARD.

Du tout, ma marraine. Car enfin, si c'était arrivé, qu'est-ce que j'aurais fait? je vous le demande.

CAROLINE.

Est-ce que je sais?

ÉDOUARD.

C'est pourtant vous qui devez me donner des conseils.

CAROLINE.

Écoute, si c'eût été un homme, je n'ai pas besoin de te dire ce qu'il eût fallu faire; mais quand c'est une femme qui vous insulte, et une jolie femme, il n'y a qu'une seule réparation qu'on puisse exiger.

ÉDOUARD.

Et laquelle?

CAROLINE.

On l'embrasse.

ÉDOUARD.

Merci, ma marraine. (A part.) Je m'en souviendrai.

CAROLINE.

Mais prends cette chaise, et viens ici; (Elle va s'asseoir auprès du guéridon à droite. Édouard prend une chaise et s'assoit auprès de Caroline, à la gauche.) car j'ai à te parler raison, j'ai à t'entretenir de choses très-longues et très-sérieuses.

ÉDOUARD.

Ah! mon Dieu! Parlez, je vous écoute.

CAROLINE.

Édouard, tu as dix-neuf ans, tu es un homme. J'ai formé pour toi des projets dont je ne puis te parler avant M. de Jordy, parce que cela dépend de lui.

ÉDOUARD.

M. de Jordy, votre avoué, avec qui nous sommes toujours en dispute?

CAROLINE.

Je pense qu'aujourd'hui vous vous entendrez. Il t'expliquera tout à l'heure mes intentions précises et formelles.

ÉDOUARD.

Ah! mon Dieu!

CAROLINE.

Elles vont t'imposer des obligations nouvelles, des devoirs plus difficiles, et ce ne sera plus à moi seule que tu en devras compte. Il va falloir travailler sérieusement, ne plus imiter ces jeunes désœuvrés, ces jeunes fats, qui font de leur toilette leur seule occupation, et qui viennent étaler dans nos salons les modes les plus ridicules. Tiens, tu as une jolie cravate...

ÉDOUARD.

Je l'ai achetée hier.

CAROLINE.

Elle te sied à ravir, tu es gentil comme cela.

ÉDOUARD.

Vous trouvez?

CAROLINE.

Est-il coquet!

ÉDOUARD.

Moi, ma marraine!

CAROLINE.

C'est bien, mais j'aurais voulu une bordure un peu moins

large, comme j'en ai vu l'autre jour, rue de Richelieu, chez *Burthy*. Nous irons ensemble... car, vois-tu bien, mon enfant, un homme inutile peut être accueilli dans le monde, mais il n'y est jamais estimé. Il faut donc, avant tout, choisir un état.

ÉDOUARD.

Il est tout choisi. Je ferai comme mon père : je me ferai soldat.

CAROLINE.

Du tout. Tu seras officier : je m'en charge, et il faut choisir un régiment où il y ait un joli uniforme.

ÉDOUARD.

Peu m'importe.

CAROLINE.

Les lanciers, par exemple; cela sied très-bien. Il n'y a que les moustaches qui me déplaisent. Est-ce que tu prendras des moustaches?

ÉDOUARD.

Comme vous voudrez, ma marraine.

CAROLINE.

Au fait, si elles ne sont pas trop exagérées... Il me semble déjà te voir sur un joli cheval.

ÉDOUARD.

Oui, le sabre à la main, au milieu de la mêlée, gagnant mes épaulettes de capitaine et puis celles de colonel, car je les aurai, je vous le jure, à moins que quelque boulet... et encore, qu'importe?

(Il se lève.)

AIR : Bouton de rose. (PRADÈRE.)

Pour ma marraine,
On peut braver ces dangers-là;
Et colonel ou capitaine,

Ah ! mon dernier soupir sera
Pour ma marraine !

CAROLINE, se levant aussi.

Du tout, du tout; moi qui ne pensais pas qu'on pouvait se faire tuer ! Je veux un état où il n'y ait pas de risque à courir : notaire ou agent de change, on ne risque rien... que de s'enrichir.

ÉDOUARD.

Et moi, je ne veux pas...

CAROLINE.

Qu'est-ce que c'est que ce ton-là?... c'est à moi de commander.

ÉDOUARD.

Je le sais bien, ma marraine; mais je ne veux pas être dans les affaires : je ne veux pas ressembler à M. de Jordy, votre avoué, que je ne puis pas souffrir avec son air empesé. (Il contrefait M. de Jordy.) « Eh ! madame, l'affaire est des plus majeures. »

CAROLINE.

Oh ! que c'est bien cela ! et la prise de tabac qui termine chaque période. (Imitant de même M. de Jordy.) « Et j'ai dit à monsieur le président... »

ÉDOUARD.

Ah ! c'est lui-même, je crois le voir.

CAROLINE.

N'est-ce pas?

ÉDOUARD.

Recommencez donc, ma marraine, je vous en prie.

CAROLINE.

Du tout, monsieur; c'est très-mal à vous de vous moquer d'un homme respectable, d'un homme de talent, qui a ma confiance; et là-dessus je ne céderai point à vos caprices, parce que j'ai une volonté ferme et inébranlable ; et si cet

2.

état-là ne vous convient pas, je vous en donnerai un autre, car je le veux.

ÉDOUARD.

A la bonne heure! et moi, je promets de vous obéir en tout, de suivre en tout vos conseils.

CAROLINE, allant vers le guéridon.

Et c'est ce que tu as de mieux à faire, parce que, vois-tu, (Prenant par distraction la raquette qui est sur le guéridon.) à ton âge on ne réfléchit pas encore... au mien on est raisonnable. Je t'ai observé, je te connais, tu es un peu étourdi.

ÉDOUARD.

Ah! ma marraine!

CAROLINE.

Oh! tu es étourdi, conviens-en; tu as un excellent caractère, mais tu es bien jeune; tu ne peux pas t'occuper deux minutes de suite d'une chose sérieuse. (Faisant sauter machinalement le volant sur la raquette.) Le moindre objet de distraction... (Édouard va prendre une raquette qui se trouve sur une chaise à gauche.) et voici cependant le moment de renoncer à tout cela.

ÉDOUARD.

Oui, ma marraine.

CAROLINE.

C'est essentiel; parce qu'il y a tant de gens dans le monde qui vous jugent sur l'apparence, et qui, à la moindre étourderie...

(Elle lance le volant, ils jouent.)

AIR de *Marianne*. (DALAYRAC.)

Il faut sur soi veiller sans cesse.
— Ne le lance donc pas si fort.

ÉDOUARD.

J'en veux croire votre sagesse.
— Je l'ai jeté trop loin encor.

CAROLINE.

Que ta conduite...
— Va donc moins vite...
De tous mes soins me récompense un jour.

ÉDOUARD.

Oui, pour vous plaire
Je veux tout faire.
— Ah! j'ai failli le manquer à mon tour.

CAROLINE.

A moi!

ÉDOUARD.

Non.

CAROLINE.

Plus près.

ÉDOUARD.

Je le jette.

CAROLINE.

Ah! si tu veux
Combler mes vœux,
Sois toujours sage, studieux...
— Et tiens mieux ta raquette.

SCÈNE VII.

Les mêmes; CHAMPENOUX.

CHAMPENOUX, entrant par le fond et s'arrêtant à la porte.

Pardon, ma marraine!

CAROLINE, continuant de jouer.

Tu vois bien que je suis occupée.

CHAMPENOUX.

Si vous n'êtes pas pressée, tant mieux, je ne le suis pas non plus. C'est la réponse en question.

CAROLINE, jetant sa raquette.

Ah! donne vite.

(Édouard jette aussi la sienne, et va prendre son fusil avec lequel il s'amuse à faire l'exercice.)

CHAMPENOUX.

Il a griffonné cela à la hâte, et avec un air sournois qui ne dit rien de bon.

CAROLINE, qui a lu la lettre.

O ciel! je ne puis y croire, il refuse.

CHAMPENOUX, à part.

Il serait possible! ah! l'honnête homme! Qui se serait attendu à cela d'un homme d'affaires!

CAROLINE, à part, avec émotion.

Il refuse, et de quelle manière! il lui reproche sa naissance, sa pauvreté; quelle indignité! comme si c'était sa faute!

ÉDOUARD, posant son fusil sur la table, et accourant auprès de Caroline.

Qu'est-ce donc, ma marraine?

CAROLINE.

Pauvre enfant! sois tranquille, je ne t'abandonnerai pas; (A part.) ils ont beau dire et beau faire! Moi d'abord, dès qu'on me contrarie, c'est une raison de plus; et il faudra bien que je lui trouve une femme. (Haut.) Dis-moi, Édouard, aimes-tu quelqu'un?

ÉDOUARD.

Moi, ma marraine?

CAROLINE.

Eh! oui! cela nous aiderait un peu. Voyons, cherche bien, aimes-tu quelqu'un?

ÉDOUARD.

Non, non, ma marraine.

(Pendant ce temps, Champenoux a ramassé les raquettes, le volant, rangé les chaises, et est rentré dans la chambre à droite.)

CAROLINE.

Eh bien, tant pis!... vous avez tort. Depuis trois mois que vous êtes sorti du collège, je vous demande à quoi vous avez employé votre temps!

ÉDOUARD.

Mon seul vœu est de rester auprès de vous, de ne point vous quitter. Qu'ai-je à désirer de plus? je me trouve si heureux!

CAROLINE.

Vraiment! ce pauvre garçon! Va, Édouard, je ne doute pas de ton amitié, de ton attachement; et moi aussi de mon côté, tu peux être sûr...

ÉDOUARD, lui prenant la main.

Ah! que vous êtes bonne!

CAROLINE, préoccupée.

Et bientôt, je l'espère, tu sauras, tu connaîtras mes projets.

ÉDOUARD.

Ses projets!

CAROLINE.

Quels qu'ils soient, monsieur, je veux que sur-le-champ vous vous empressiez de vous y soumettre.

ÉDOUARD.

Oui, ma marraine.

CAROLINE.

Car votre premier devoir est d'être soumis...

ÉDOUARD.

Ah! oui, ma marraine.

CAROLINE.

De m'obéir en tout.

ÉDOUARD, en pressant la main de Caroline sur son cœur.

Oui, ma marraine.

CAROLINE, avec impatience, retirant sa main et lui donnant un petit soufflet.

Mais finis donc, et écoute-moi !

ÉDOUARD.

Je crois, ma marraine, que vous venez de m'insulter.

CAROLINE.

Moi ! du tout.

ÉDOUARD.

Et d'après ce que vous m'avez dit vous-même...

CAROLINE.

Monsieur, finissez, je me fâcherai.

(Elle s'enfuit derrière le guéridon.)

ÉDOUARD, tournant avec elle autour du guéridon.

Cela m'est égal ! l'honneur avant tout ; il me faut une réparation.

CAROLINE, s'enfuyant dans le jardin.

Je te la promets, si tu peux l'atteindre.

ÉDOUARD.

Ah ! quelle trahison !

(Il court après elle.)

SCÈNE VIII.

DE JORDY, sortant de la chambre à gauche.

Eh ! mais que vois-je ? il poursuit sa marraine, (Les regardant par la porte du fond.) il l'embrasse ; et loin de se fâcher, elle s'enfuit en lui jetant son bouquet. (Il vient sur le devant de la scène, et, après un instant de silence et de réflexion, il continue.) J'ai eu tort, très-grand tort ; ce n'était pas là un baiser de filleul. Sans se l'avouer à lui-même, ce petit gaillard-là est déjà amoureux de sa marraine ; quant à elle, elle n'y pense pas encore, du moins je le crois, mais avec son caractère, il ne lui faut qu'une idée, qu'un caprice, et je verrais tous mes projets renversés par un écolier, par un enfant. Ce petit serpent d'Édouard! je ne puis le souffrir, je le déteste! C'est décidé : il faut qu'il soit mon beau-frère, il faut que je lui donne ma sœur... (Se retournant et apercevant Édouard qui rentre par la porte du fond.) Le voici.

SCÈNE IX.

ÉDOUARD, DE JORDY.

ÉDOUARD, à part.

Impossible de la rejoindre ; elle s'est enfermée chez elle, et je ne puis dire ce que j'éprouve. Ce baiser de tout à l'heure... et ma marraine elle-même qui semblait tout émue... Dieu! si elle avait pu encore m'insulter! Vrai, ça rendrait mauvaise tête ; et j'ai envie maintenant de lui chercher querelle. (Apercevant de Jordy.) Ah! monsieur de Jordy!...

DE JORDY.

Approche, Édouard, nous avons à causer ensemble, j'ai à te parler.

ÉDOUARD.

Dans un instant, si cela vous est égal.

DE JORDY.

Non, vraiment : c'est de la part de Mme de Néris.

ÉDOUARD, vivement.

De ma marraine? parlez vite; et au fait, je me le rappelle : elle m'a dit que vous étiez chargé de m'expliquer ses intentions.

DE JORDY.

Elle ne t'a rien dit de plus?

ÉDOUARD.

Non, vraiment.

DE JORDY, à part.

A merveille! elle ne lui a pas encore parlé de mon refus. (Haut.) Eh bien! mon ami, ta marraine songe à ton avenir, a ton état.

ÉDOUARD.

Je le sais.

DE JORDY.

Et même à ton établissement.

ÉDOUARD.

Pour cela, rien ne presse. A mon âge et sans fortune, qui est-ce qui voudrait de moi?

DE JORDY.

Pourquoi donc? tu as des dispositions.

ÉDOUARD.

Vous êtes bien bon.

DE JORDY.

Tu es jeune, tu es aimable.

ÉDOUARD.

Du tout.

DE JORDY, avec impatience.

Je te dis que tu es aimable, je le sais mieux que toi; et d'ailleurs, je ne suis pas le seul qui s'en soit aperçu : il est ici une autre personne encore...

ÉDOUARD, vivement.

Vraiment! et qui donc?

DE JORDY.

Tu ne devines pas? cette demoiselle que ce matin tu poursuivais si vivement, Cécile, ma sœur...

ÉDOUARD, à part.

Grand Dieu!

DE JORDY.

Je crois même... (A part.) car il paraît que c'est son système avec tout le monde, (Haut.) je crois même que tu l'as embrassée.

ÉDOUARD.

Quoi! vous sauriez...

DE JORDY.

Et ta marraine le sait aussi.

ÉDOUARD.

C'est fait de moi!

DE JORDY.

Rassure-toi : elle n'est pas fâchée, au contraire; car depuis longtemps son intention était de vous marier ensemble; et voici même deux mots qu'elle m'écrivait encore ce matin à ce sujet. (Il lui remet la lettre de madame de Néris : Édouard la lit.) Tu vois par là qu'elle entend, qu'elle exige que ce mariage se fasse sur-le-champ; elle y attache la plus grande importance; enfin, elle le veut comme tout ce qu'elle veut.

ÉDOUARD.

O ciel! pourquoi donc se hâter ainsi?

DE JORDY.

Je l'ignore, mais je crois qu'elle a pour elle-même quelque idée, quelque projet de mariage, et qu'elle veut, avant tout, s'occuper du tien et assurer ton bonheur. (Édouard lui rend la lettre.) Moi, d'abord, je ne peux m'y opposer : je suis trop dévoué à ses volontés. Et toi, mon cher, tu lui dois trop de déférence, trop de respect, trop de reconnaissance; mais ton propre cœur t'en dira là-dessus plus que je ne pourrais faire. Je te laisse, je vais rendre compte à Mme de Néris de mon empressement à exécuter ses ordres et de la soumission avec laquelle tu les as reçus.

(Il sort par le fond.)

SCÈNE X.

ÉDOUARD, seul.

Qu'ai-je entendu? et qu'est-ce qui se passe en moi? Au lieu de remercier Mme de Néris, au lieu de lui savoir gré de ses bontés, il me semble que je lui en veux, que je lui chercherais querelle... mais non plus comme tout à l'heure...

AIR du *Château de la Poularde.*

Oui, je le sens, oui, je suis furieux
Contre moi-même et contre ma marraine;
Je ne sais plus, hélas! ce que je veux;
Ce que j'éprouve est presque de la haine.
J'ignore encor, dans le trouble où je suis,
Pourquoi ce trait et m'indigne et me blesse.
  Elle ne m'avait rien promis,
  Et cependant, là... je me dis
  Que c'est manquer à sa promesse!

Aussi, c'est sa faute; c'est bien mal; c'est indigne.

(Il va s'asseoir auprès de la table.)

SCÈNE XI.

CHAMPENOUX, ÉDOUARD.

CHAMPENOUX, entrant par le fond.

Ah! mon Dieu! mon cher Édouard, qu'avez-vous donc?

ÉDOUARD.

Ce que j'ai? Je suis le plus malheureux des hommes.

CHAMPENOUX.

Et pourquoi donc ça?

ÉDOUARD.

On veut me marier.

CHAMPENOUX, vivement.

Encore! quelle indignité!

ÉDOUARD.

N'est-il pas vrai? c'est ce que je disais.

CHAMPENOUX.

Certainement, et je voudrais bien savoir qui est-ce qui se permet?... Eh bien! par exemple, ça a-t-il le sens commun? quelqu'un, j'en suis sûr, qui ne vous convient pas : une femme qui est laide, qui est affreuse, qui a un mauvais caractère.

ÉDOUARD.

Eh! non, malheureusement; elle est fort bien, et je l'aimerais s'il ne fallait pas l'épouser; mais c'est ma marraine qui le veut, c'est M. de Jordy.

CHAMPENOUX.

M. de Jordy! c'est-il possible! c'est-y sournois! lui qui tout à l'heure avait refusé... Eh bien! par exemple, si j'étais de vous...

ÉDOUARD.

Qu'est-ce que tu ferais?

CHAMPENOUX.

Je me moquerais de tout ce monde-là, je n'écouterais que ma fantaisie, je resterais garçon, parce que, voyez-vous, monsieur Édouard, nous autres paysans, nous n'avons pas d'esprit, nous ne sommes pas comme ces gens d'affaires, qui disent tantôt blanc, tantôt noir; mais nous avons un gros bon sens qui fait que nous allons toujours au but. Et ici, je vois clairement que vous n'aimez pas ct'elle-là qu'on vous destine.

ÉDOUARD.

C'est vrai.

CHAMPENOUX.

Parce que moi j'ai été amoureux, j'ai passé par là, et je

vois que vous n'aimez personne, que vous n'avez pas ces suffocations, ces frissons qui vous brûlent, ces battements de cœur...

ÉDOUARD, mettant la main sur son cœur.

Ah! mon Dieu!

CHAMPENOUX.

Ces lubies qui font qu'on voudrait battre les gens, ces vertiges qui vous rendent furieux sans savoir pourquoi.

ÉDOUARD.

Au contraire, c'est que j'éprouve tout cela.

CHAMPENOUX, effrayé.

C'est-y possible?

ÉDOUARD.

Oui; je ne pouvais me rendre compte de mes tourments, je n'osais me l'avouer, mais tu m'as éclairé, tu m'as fait lire dans mon cœur; il est quelqu'un que j'aime, que j'adore...

CHAMPENOUX, à part.

C'est fait de moi, je suis ruiné!

ÉDOUARD.

C'est un secret au moins, n'en parle à personne, je voudrais le cacher à tout le monde et surtout à moi-même. Oui, je rougis maintenant de mon ingratitude, de mon audace, de mon extravagance; car celle que j'aime, je ne puis jamais l'épouser.

CHAMPENOUX.

C'est-y vrai? (Vivement.) C'est celle-là qu'il faut préférer, c'est à celle-là qu'il faut s'arrêter.

ÉDOUARD.

Qu'oses-tu dire?

CHAMPENOUX.

Oui, ma foi, l'amour avant tout! De quel droit que Mme de Néris voudrait gêner votre cœur ou vos inclinations? c'était bon dans l'ancien régime. Moi je lui dirais : « Ma marraine, c'est tyrannique; vous ne pouvez pas me marier contre mon gré; monsieur le maire ne le pourrait pas. »

ÉDOUARD.

Y penses-tu? parler ainsi à ma marraine! à ma bienfaitrice! j'aime mieux ne lui rien dire et retourner à Paris.

CHAMPENOUX.

Une belle idée! au milieu de toutes les sociétés, de toutes ces belles madames, pour en retrouver encore quelques-unes, qui vont peut-être vous détourner!... Tenez, si vous voulez m'en croire, venez-vous-en à la ferme; je serai plus tranquille, et vous aussi. Vous ne risquerez rien : il n'y a pas de femmes! Vous y passerez, avec moi, une quinzaine de jours; c'est tout ce que je vous demande. (A part.) Pendant ce temps, vendémiaire...

ÉDOUARD.

Mon cher Champenoux, je ne sais comment te remercier.

CHAMPENOUX.

Il n'y a pas de quoi. Mais j'entends notre marraine; allons, du cœur, du courage! Envoyez-la promener respectueusement, ainsi que tous ces mariages. Je serai là; je vous soutiendrai; nous serons deux filleuls contre elle.
(Ils remontent le théâtre, et se trouvent au fond au moment où madame de Néris entre avec M. de Jordy.)

SCÈNE XII.

DE JORDY et CAROLINE, sortant de la chambre à droite; ÉDOUARD, CHAMPENOUX, dans le fond.

CAROLINE.

Il suffit, monsieur, je vous crois; et, puisque Édouard aime Cécile, puisqu'ils s'aiment, qu'ils se marient, et que je n'en entende plus parler. Ce mariage, d'ailleurs, a toujours été ce que je désirais, vous le savez; et je ne vois pas pourquoi, ce matin, M. Édouard ne m'a pas parlé de cette grande passion, et pourquoi c'est vous, monsieur, qu'il a honoré de ses confidences. (Apercevant Édouard.) Approchez, monsieur, approchez donc. (Édouard s'approche.) Depuis quand évitez-vous mes regards? depuis quand ma présence vous fait-elle fuir?

ÉDOUARD.

Ma marraine, ne vous fâchez pas, ne soyez pas en colère contre moi, je vous en prie.

CAROLINE.

Moi, en colère! et où voyez-vous cela? parce que je m'occupe de vous, de votre avenir, parce que je veux causer d'affaires et vous faire entendre raison? je me fâche, je suis en colère, quelle façon de parler! quelles expressions! Qui vous les a apprises? M. Champenoux probablement. Je vous les pardonnerais, si vous étiez, comme lui, sans esprit, sans éducation.

CHAMPENOUX.

Ah! ma marraine!

CAROLINE, à Champenoux.

Tais-toi. (A Édouard.) Mais vous, Édouard, vous!

ÉDOUARD.

Pardon! je ne voulais point vous offenser.

CAROLINE.

Je n'ai pas besoin de vos excuses, mais de votre franchise. Je vous ai demandé ce matin, ici même, si vous aimiez quelqu'un?

ÉDOUARD.

Ah! ma marraine! pouvez-vous en douter?

CAROLINE.

Point d'erreur, point de fausses interprétations! Je vous demande si vous aimez quelqu'un, mais là, aimer, comme on aime quand on est amoureux; enfin, monsieur, vous m'entendez bien?

ÉDOUARD, à part.

Ciel! (Haut.) En vérité, ma marraine, je ne puis... je ne sais... je n'oserai jamais.

CHAMPENOUX, s'avançant entre Caroline et Édouard.

Eh bien! oui, il n'osera jamais. Mais moi, qui sais la vérité, moi, à qui il vient de l'avouer tout à l'heure, je puis vous attester qu'il est amoureux fou, qu'il en déraisonne, qu'il en perd la tête.

(Édouard cherche à l'empêcher de parler.)

CAROLINE, à Champenoux.

Qui est-ce qui te parle? de quoi te mêles-tu?

CHAMPENOUX.

C'est lui qui me l'a dit.

CAROLINE.

Tais-toi, et va-t'en.

CHAMPENOUX, s'éloigne, et sort par le fond en répétant :

C'est lui qui me l'a dit.

CAROLINE, à Édouard.

Il paraît en effet, qu'excepté moi, chacun reçoit vos confidences, que M. de Jordy, M. Champenoux, que tout le monde enfin, a plus de part que moi à vos secrets. Mais je n'exige plus rien, monsieur, que le nom de celle que vous aimez, que vous adorez.

ÉDOUARD, à part.

Grand Dieu!

CAROLINE.

Est-ce Cécile?

DE JORDY

Est-ce ma sœur?

ÉDOUARD.
Eh bien!... oui, ma marraine.

DE JORDY, à part.
Il se pourrait!

ÉDOUARD.
Et soumis à vos ordres, à vos moindres volontés, je suis prêt à vous obéir en tout... à l'épouser, si cela vous plaît; à ne pas l'épouser, si cela vous convient. Enfin, ma marraine, pourvu que vous me pardonniez, que vous ne soyez point fâchée contre moi, c'est tout ce que je vous demande.

CAROLINE.
Il suffit, monsieur : puisque vous aimez Cécile, M. de Jordy, qui connaît mes intentions, voudra bien se charger de tous les soins, de tous les détails de ce mariage, et partir avec vous, pour Paris, sur-le-champ.

ÉDOUARD.
Quoi! ma marraine, vous voulez?...

CAROLINE.
Oui, monsieur, il faut se hâter; il n'y a pas de temps à perdre; vous saurez pourquoi. Vous prendrez ma calèche; et pour des chevaux, nous enverrons Champenoux à la poste.

AIR du vaudeville des Blouses.

ÉDOUARD, à part.
Tout est fini, pour moi plus d'espérance;
Loin de ces lieux, hélas! il faut partir;
A tous les yeux cachons bien ma souffrance,
L'honneur, l'amour, m'ordonnent d'obéir.

DE JORDY, à Caroline.
Nous partirons, ce soin-là me regarde.
(A part.)
Selon mes vœux tout vient de réussir;
Il était temps; maintenant prenons garde
De leur laisser celui de réfléchir.

Ensemble.

CAROLINE, à de Jordy.

Oui, tous ces soins vous regardent, je pense,
A l'instant même il faut tous deux partir;
A leur bonheur moi je consens d'avance,
Mais hâtez-vous surtout de les unir.

DE JORDY, à part.

Oui, dans mon cœur, où rentre l'espérance,
De mes talents je dois me réjouir;
Continuons, et bientôt l'opulence
Embellira mon heureux avenir.

ÉDOUARD.

Tout est fini, pour moi plus d'espérance, etc.

(De Jordy entre dans la chambre à droite, Édouard sort par le fond.)

SCÈNE XIII.

CAROLINE, seule.

Grâce au ciel, ils s'en vont; c'est bien heureux, car il semble qu'aujourd'hui ils s'entendent tous pour m'ennuyer, pour me contrarier. Eh! mon Dieu, non! ils m'obéissent, ils font ce que je veux! Eh bien! justement c'est ce qui me contrarie. J'ai l'air de commander, d'imposer des lois, et je n'aime pas cela. Je n'aime pas qu'on soit de mon avis, surtout quand je n'en suis pas moi-même. Car, après tout, qu'est-ce que je veux?... qu'ils s'aiment, qu'ils s'épousent, qu'ils s'en aillent. Eh bien! tant mieux... des cœurs froids, des indifférents, des ingrats!... Aimez donc les gens, croyez à leur affection, à leur reconnaissance... C'est là ce qui fait le plus de peine... et pour un rien, j'en pleurerais de chagrin et de dépit. Qui vient encore?

(S'essuyant les yeux; et puis à haute voix et sans se retourner.)

AIR : Voulant par ses œuvres complètes. (*Voltaire chez Ninon.*)

Que ma porte soit refusée ;
Je n'y suis pas.

SCÈNE XIV.

CAROLINE, CÉCILE.

CÉCILE, toute troublée.

Hélas ! pardon,
Car madame est mal disposée.

CAROLINE.

Quand il serait vrai, pourquoi non ?
C'est une tyrannie étrange...
On n'a qu'un instant, par bonheur,
Pour être de mauvaise humeur,
Il faut encor qu'on vous dérange !

Que voulez-vous, que demandez-vous ? M. Édouard ? Il n'est pas ici.

CÉCILE.

Ah ! madame ! je ne vous reconnais pas là, vous qui d'ordinaire êtes si bonne et si indulgente... Mais je n'insiste plus, je me retire, et je vois que pour moi, il n'est plus d'espoir.

CAROLINE.

Je ne comprends rien à votre chagrin... apparemment, il vous convient d'en avoir, et vous êtes malheureuse pour votre plaisir, car tout le monde ici consent à votre union avec M. Édouard : vous épousez celui que vous aimez.

CÉCILE.

Et si je ne l'aimais pas ?

CAROLINE.

Que dites-vous ? Pauvre enfant ! et j'ai pu l'affliger ! j'ai pu causer ses larmes ! Cécile, pardonnez-moi, confiez-moi vos peines, vos tourments. Je serai trop heureuse de les adoucir.

CÉCILE.

Ah! je vous reconnais... je vous retrouve... Quelle différence!...

CAROLINE.

Eh! mais sans doute, je vous croyais heureuse... je n'y avais que faire, je n'avais pas besoin de m'en mêler; mais vous souffrez, vous avez des chagrins, il est naturel que je les partage. Parlez, parlez vite.

CÉCILE.

Mon frère m'a dit que vous désiriez ce mariage, et qu'il y consentait. Il m'a dit de plus que M. Édouard m'adorait. Je veux bien le croire.

CAROLINE.

Comment! est-ce que ce ne serait pas vrai?

CÉCILE.

Je n'en sais rien, madame; c'est possible. A son âge, dix-neuf ans, on aime tout le monde.

CAROLINE.

Vous croyez? Pourtant il était galant avec vous, il vous faisait la cour.

CÉCILE.

Oui, mais d'un air si distrait... Et puis mon frère a chez lui un maître-clerc, qui n'a pas assez d'argent pour acheter une charge, M. Léonard, qui s'occupe beaucoup de moi.

CAROLINE.

J'entends... Celui-là n'est pas distrait, il est à ce qu'il fait.

CÉCILE.

Je le crois... et c'est cela que je viens de dire à M. Édouard.

CAROLINE.

Vous lui avez avoué?...

CÉCILE.

Oui, madame... que j'en aimais un autre. Il m'a comprise, j'en suis sûre.

SCÈNE XV.

CÉCILE, CAROLINE, CHAMPENOUX.

CHAMPENOUX, entrant d'un air effrayé.

Ah! ma marraine! ah! mademoiselle! cette fois ce n'est pas de ma faute, c'est bien de lui-même, et sans que je lui aie rien dit... M. Édouard...

CAROLINE.

Qu'est-ce donc?

CHAMPENOUX.

Il est parti, et pour jamais... et pour ne plus revenir.

CAROLINE.

Qu'est-ce que cela signifie?

CHAMPENOUX.

J'allais à la poste pour vous obéir, j'y allais lentement, c'est vrai, quand j'ai entendu un homme à cheval qui galopait derrière moi. C'était M. Édouard. « Où que vous allez comme ça? que je lui dis. — Je m'en vais pour toujours, qu'il me répond. Dédaigné, repoussé par tout le monde, je ne puis épouser celle que j'aime. Il ne m'est pas même permis de l'aimer. »

CÉCILE.

O ciel!

CAROLINE, à Cécile.

Eh! que me disiez-vous donc de son indifférence! C'est du délire, de la passion... la tête n'y est plus, et je suis désolée maintenant.

CÉCILE.

Madame...

CAROLINE.

Rassurez-vous; je n'ai pas oublié mes promesses. Vous épouserez M. Léonard : je lui prêterai, s'il le faut, cent, deux cent mille francs, pour acheter une charge. J'en parlerai à votre frère.

CÉCILE.

Quoi, madame, tant de bontés, tant de générosité!...

CHAMPENOUX.

Ah! ma marraine! que c'est bien à vous! Tant que vous ne ferez que des mariages comme ceux-là...

CAROLINE.

Eh bien?...

CHAMPENOUX.

Vous êtes sûre de mon approbation.

CAROLINE.

C'est bien heureux. L'essentiel maintenant est de courir sur les traces d'Édouard... savoir ce qu'il est devenu.

CHAMPENOUX.

Mais, ma marraine, vous ne voulez plus le marier? vous me le promettez.

CAROLINE.

Eh! je n'y pense guère, ni lui non plus.

CHAMPENOUX, à part.

Au fait, voilà mamzelle Cécile qui est placée, c'est toujours une crainte de moins. (Haut.) Eh bien! ma marraine, je cours après lui.

(Il sort par le fond.)

CÉCILE.

Et moi, je cours dire à mon frère que, grâce à vous, madame, j'épouse M. Léonard.

(Elle entre dans la chambre à droite.)

SCÈNE XVI.

CAROLINE, seule; ensuite ÉDOUARD.

CAROLINE.

Malheureux enfant! quelle tête! quelle folie! Pourquoi ne pas avoir plus de confiance en moi! Ah! si je ne tremblais pas pour lui!... si j'avais moins d'inquiétude, que je serais en colère! (Apercevant Édouard, qui entre par la porte à gauche.) Dieu! que vois-je!
(Courant à la porte du fond et à celles de côté, qu'elle ferme et dont elle prend les clefs.)

AIR : J'en guette un petit de mon âge. (*Les Scythes et les Amazones.*)

Il ne peut plus m'échapper, je l'espère.
(A Édouard.)
Parlez, monsieur : qui vous ramène ainsi?
Je vous trouve bien téméraire
D'oser encor vous présenter ici.
Ne croyez pas que ce retour m'apaise;
C'est très-vilain, très-mal... c'est une horreur...
(A part.)
A présent que je n'ai plus peur,
Je peux me fâcher à mon aise !

ÉDOUARD.

J'étais déjà bien loin, lorsqu'un dernier regard, que j'ai jeté sur les tourelles de ce château, m'a rappelé toutes les bontés dont on m'avait comblé. Oui, ma marraine, je me serais reproché de partir sans vous avoir vue encore une fois, sans vous avoir demandé pardon, et je suis revenu au grand galop vous prévenir de ma fuite et vous dire un éternel adieu.

CAROLINE.

C'était bien la peine... Et où allez-vous ainsi?

ÉDOUARD.

Je vous l'ai dit ce matin : me faire soldat, me faire tuer.

CAROLINE.

Un beau projet! auquel il ne manque rien que ma permission; et par malheur, je la refuse.

ÉDOUARD.

Que dites-vous?

CAROLINE.

Oui, monsieur, vous dépendez de moi; vous m'êtes confié; je suis la maîtresse, car je suis votre marraine.

ÉDOUARD, murmurant entre ses dents.

C'est-à-dire... c'est-à-dire...

CAROLINE.

Quoi? qu'est-ce que c'est? je crois que vous raisonnez.

ÉDOUARD.

Du tout, ma marraine, je ne dis rien.

CAROLINE.

A la bonne heure! Je vous prie de m'écouter; vous savez que je n'aime pas la sévérité, et que je n'aurais voulu employer avec vous que la voix de la douceur et de la raison; mais, puisque ces moyens-là sont inutiles, j'aurai recours à la rigueur, et je vous déclare que vous ne sortirez pas d'ici, et que vous y resterez renfermé, et ne croyez pas tromper ma surveillance, car je ne vous quitterai pas d'un instant, je serai toujours avec vous.

ÉDOUARD.

C'est aussi trop d'arbitraire, et vous n'avez pas le droit de me tyranniser ainsi.

CAROLINE.

Qu'est-ce que c'est?

ÉDOUARD.

Oui, ma marraine, je suis libre, je suis mon maître; et si je veux suivre l'état de mon père, si je veux me faire soldat, si je veux me faire tuer, vous ne pouvez pas m'en empêcher. Et parce que vous êtes riche, et que je n'ai rien, parce que vous êtes au comble du bonheur, et que je suis le plus malheureux des hommes, vous croyez-vous le droit de m'humilier, de m'avilir?...

CAROLINE.

Grand Dieu! et qui vous parle de cela? qui peut vous donner de pareilles idées? Moi, vous humilier! quand je ne vous retenais ici que pour vous consoler, pour calmer vos chagrins, pour vous rendre au bonheur; mais je ne vous reconnais plus. Vous êtes colère, vous êtes méchant, vous vous fâchez contre moi. (Lui rendant les clefs.) Allez, monsieur, je ne vous retiens plus, vous êtes le maître.

ÉDOUARD, prenant les clefs et ne sachant s'il doit sortir.

Moi!

CAROLINE.

Oui, vous êtes le maître de me faire bien du chagrin.

ÉDOUARD, posant les clefs sur le guéridon.

Jamais! je reste; et si j'ai pu vous offenser, pardonnez-moi, ma marraine : ce n'est pas ma faute, je suis si malheureux!

CAROLINE.

Pauvre garçon! je ne sais alors comment te dire, comment t'apprendre une nouvelle qui va ajouter à tes peines.

ÉDOUARD.

Qu'est-ce donc?

CAROLINE.

Tu sais que Cécile ne t'aime pas.

ÉDOUARD.

Oui, elle me l'a dit : eh bien?

CAROLINE.

Eh bien! mon ami, réunis toutes tes forces, tout ton courage. Cécile... je ne sais pas comment t'annoncer...

ÉDOUARD.

Ah! mon Dieu! vous m'effrayez; achevez.

CAROLINE, s'approchant lentement de la table et se mettant devant le fusil qu'Édouard y a laissé.

Cécile va en épouser un autre.

ÉDOUARD, froidement.

Ah! ce n'est que cela; eh bien! tant mieux.

CAROLINE.

Comment, tu ne te désoles pas, tu ne t'arraches pas les cheveux? tu n'es pas au désespoir?

ÉDOUARD.

Et pourquoi donc?

CAROLINE.

Toi qui l'aimais tant!

ÉDOUARD.

Je n'y ai jamais pensé.

CAROLINE.

Tu allais l'épouser...

ÉDOUARD.

Pour vous obéir.

CAROLINE.

Comment? cet amour, cette passion qui te faisait perdre la tête, qui t'obligeait à partir?...

ÉDOUARD.

Ce n'est pas pour elle.

CAROLINE.

Il serait vrai! et pour qui donc?

ÉDOUARD.

Ça, c'est autre chose. Je vous prie, ma marraine, de ne pas m'en parler. Ne croyez pas de nouveau que je veux me révolter contre vous; mais c'est mon seul bien, c'est mon secret, et personne au monde n'a le droit de me le demander.

CAROLINE.

Oui; mais moi, c'est bien différent. Voyons, Édouard, dis-moi qui, je t'en prie?

ÉDOUARD.

Impossible, ma marraine.

CAROLINE.

Et moi, je veux le savoir tout de suite, à l'instant même. D'abord, je n'aime pas à attendre, et si tu ne me le dis pas, notre dispute va recommencer, je vais me fâcher.

ÉDOUARD.

Et si je vous le dis, vous vous fâcherez bien davantage : vous me renverrez, vous ne voudrez plus me voir, vous ne m'aimerez plus.

CAROLINE.

Cela me regarde : je saurai ce que j'aurai à faire. Voyons, monsieur, parlez.

ÉDOUARD.

Vous le voulez... eh bien ! depuis que j'existe, depuis que je me connais, il est quelqu'un au monde qui exerce sur moi un pouvoir que je ne peux définir. Quand elle me souriait...

CAROLINE.

Ah! c'est une femme?

ÉDOUARD.

Oui, ma marraine, c'est une femme. Quand elle me souriait, j'étais heureux; quand elle me grondait, je l'étais encore, car elle me parlait, et le son de sa voix, le bruit de ses pas, le froissement de sa robe, me faisaient tressaillir. Quand sa main rencontre la mienne, je ne sais plus ce que je veux, ce que je désire; et, prêt à tout oublier, je me sens arrêté par un coup d'œil. Tremblant, interdit à sa vue, je croyais jusqu'ici que c'était de la crainte, du respect. Eh bien! non; je n'en ai pas du tout; ou plutôt ce respect, c'est de l'amour. Oui, j'ai l'audace, j'ai l'ingratitude de l'aimer ; mais je ne m'en suis aperçu qu'aujourd'hui, ce matin.

CAROLINE.

Et quand donc?

ÉDOUARD.

Quand je vous ai embrassée.

CAROLINE, à part.

Ah! c'était moi. (A Édouard.) Et vous osez...

ÉDOUARD.

Là! qu'est-ce que je disais? J'étais bien sûr que vous vous fâcheriez. Je pars, je m'en vais; car maintenant je ne peux plus aimer, je ne peux plus épouser personne.

CAROLINE.

Eh! oui sans doute : c'est ce que vous auriez de mieux à faire. Il le faudrait ; malheureusement vous ne le pouvez pas.

ÉDOUARD.

Comment cela?

CAROLINE.

Eh! oui, monsieur, votre parrain vous a laissé par son testament toute sa fortune; mais, à condition que vous vous marieriez. Vous y êtes contraint, vous y êtes obligé.

ÉDOUARD.

Ah! mon Dieu!

CAROLINE.

Vous n'avez pour cela que quelques jours : voilà pourquoi ce matin je tenais tant à vous faire épouser Cécile; mais maintenant c'est bien un autre embarras! comment faire? Moi d'abord, je n'en sais rien.

ÉDOUARD.

Ni moi non plus.

CAROLINE.

Il n'y a dans ce château que Cécile, ou moi.

ÉDOUARD.

Oh! ciel! que dites-vous?

CAROLINE.

Je dis, monsieur, que vous êtes le plus maladroit des hommes, que je vous hais, que je vous déteste, et qu'avec vous, il n'y a pas moyen de s'entendre.

ÉDOUARD, à genoux.

O ciel! achevez!

CAROLINE.

Non, monsieur.

CHAMPENOUX, en dehors et frappant à la porte.

Ma marraine, ma marraine, M. Édouard est revenu.

CAROLINE.

Eh! que m'importe? (A voix basse.) Édouard, de grâce, relevez-vous.

ÉDOUARD.

Non; dites-moi que vous me pardonnez, que vous m'aimez.

DE JORDY, en dehors.

Madame, madame, ouvrez donc.

CAROLINE.

C'est M. de Jordy, et nous sommes enfermés!

ÉDOUARD, toujours à genoux.

Eh bien! tant mieux; il n'entrera pas.

CAROLINE.

Eh! non, il a la double clef de cet appartement.

ÉDOUARD, de même.

Eh bien! alors, qu'est-ce qu'il demande? (A madame de Néris.) Un mot, un seul mot.

CAROLINE.

Eh bien! oui, Édouard, oui, mon ami, je dirai tout ce

que vous voudrez; mais levez-vous; mais laissez-moi. Ah! vous me perdez.

(En ce moment Champenoux, qui a ouvert la persienne à gauche, qui était restée tout contre, paraît à la fenêtre, sur le haut d'une échelle; De Jordy vient d'ouvrir la porte à droite et entre avec Cécile. Caroline les aperçoit et est prête à se trouver mal. Édouard la soutient et la porte sur le fauteuil qui est près de la table.)

SCÈNE XVII.

CÉCILE, DE JORDY, CAROLINE, ÉDOUARD, CHAMPENOUX.

DE JORDY.

Eh bien! qu'est-ce que vous faites donc?

ÉDOUARD, baisant la main de Caroline.

Je tâche de la faire revenir.

CAROLINE.

Ce n'est rien... la frayeur, l'émotion. (Montrant Champenoux.) Cet imbécile, avec son apparition...

CHAMPENOUX.

Dame! vous me faites courir après lui, quand vous le tenez sous clef.

DE JORDY.

En effet, madame, il est fort extraordinaire que votre filleul...

CAROLINE.

Vous croyez?

AIR nouveau de M. Heudier.

C'est assez juste, et j'ai la même crainte;
Oui, dans le monde on pourrait en jaser.
Je me vois donc presque contrainte,
Presque obligée à l'épouser.

ÉDOUARD.

Qu'entends-je, ô ciel! vous voulez m'abuser.

CAROLINE.

Non pas vraiment, cette nouvelle chaîne
(Montrant Édouard.)
De s'acquitter lui donne le moyen;
Car autrefois, je m'en souvien,
Je lui donnai mon nom comme marraine,
Et comme époux il me donne le sien!

ÉDOUARD.

Quel bonheur!

CHAMPENOUX.

Ah! ma marraine! que c'est mal à vous! Je ne m'attendais pas à ça de votre part, vous dont je ne me défiais pas, surtout après ce que vous m'aviez promis!

CAROLINE.

Ce pauvre Champenoux!

CHAMPENOUX, pleurant.

Pauvre! vous avez raison, car ce mariage-là me ruine; mais on verra, je ne sais pas jusqu'à quel point une marraine peut épouser son filleul; ça n'doit pas être dans la loi, et je forme opposition.

ÉDOUARD.

Eh bien! par exemple.

CAROLINE, à Champenoux.

Rassure-toi. Je comptais, pour ma part, renoncer à la succession de ton cousin, et si Édouard, si mon mari est de mon avis...

ÉDOUARD.

Ah! ma marraine, je n'en aurai jamais d'autre.

CHAMPENOUX, riant et essuyant ses larmes.

Il se pourrait! ce cher Édouard! ça me raccommode avec vendémiaire. Ma marraine, je donne mon consentement.

Ensemble.

TOUS.

AIR du Maçon.

Quel bonheur, quelle ivresse !
Il daigne consentir.
Nargue de la tristesse,
Et vive le plaisir !

DE JORDY.

Et malgré mon adresse
L'amour va les unir.

CAROLINE, au public.

AIR de Julie.

Il faut, dit-on, dans chaque parrainage,
   D'abord un filleul ; le voici.
Une marraine ; or, j'ai cet avantage ;
Pour des témoins, en voilà, Dieu merci.
Il ne faut plus, dans ces sortes d'affaire,
Rien qu'un parrain : daignez être le sien
   Heureuse si vous voulez bien,
  Ce soir, me servir de compère !

TOUS.

Daignez, messieurs, nous vous en prions bien,
  Daignez nous servir de compère !

LE
MAL DU PAYS
ou
LA BATELIÈRE DE BRIENZ

TABLEAU-VAUDEVILLE EN UN ACTE

EN SOCIÉTÉ AVEC M. MÉLESVILLE.

Théatre de S. A. R. Madame. — 28 Décembre 1827.

PERSONNAGES.   ACTEURS.

LE COLONEL DE STUBAC. . . . . MM. FERVILLE.
AUGUSTE DE BLANÇAY, jeune Français. . GONTIER.
PIERRE, amant de Lisbeth . . . . PAUL.
NATZ, amant de Gritly . . . . LEGRAND.

LISBETH, batelière . . . . Mmes LÉONTINE FAY
GRITLY, sœur de Pierre. . . . . DÉJAZET.
JEANNETTE. . . . . CLARA.

SOLDATS. — PAYSANNES.

En Suisse, dans le canton de Berne, aux bords du lac de Brienz.

LE MAL DU PAYS

ou

LA BATELIÈRE DE BRIENZ

Un paysage suisse près de Brienz ; on voit le lac dans le fond, couronné par une chaîne de glaciers. — A droite du spectateur, et sur le devant de la scène, un joli chalet entouré d'une petite barrière ; plus haut, un rocher qui s'avance en saillie et qui conduit à un autre chalet plus petit ; à gauche, le petit port où aborde la batelière.

SCÈNE PREMIÈRE.

Au lever du rideau, DE JEUNES PAYSANNES et parmi elles JEAN-NETTE, sont occupées près du chalet à battre le beurre ; les unes disposent le lait dans de petites tonnes de bois blanc, qu'elles placent sur leurs épaules en guise de hottes ; d'autres ont des corbeilles sur leurs têtes. A droite, sur le second plan, AUGUSTE, assis sur un rocher, dessine sur un album.

LES PAYSANNES.

AIR nouveau de M. ADAM.

Allons, mettons-nous à l'ouvrage ;

Dépêchons-nous... que tout soit prêt,
Afin de porter au village
Et notre beurre et notre lait!

SCÈNE II.

Les mêmes ; LISBETH, arrivant sur son bateau, puis STUBAC.

LISBETH, sort du bateau et vient sur le devant du théâtre.

CHANSONNETTE.

AIR nouveau de M. Adam.

Premier couplet.

« Jeune batelière,
Dit chaque étranger,
« Ma flamme sincère
« Ne saurait changer.
« Près de toi, ma belle,
« J'veux passer mes jours. »
Zéphyr infidèle
Rit de leurs discours...
Sur l'autre rive un coup de vent toujours
Emporte ma nacelle
Ainsi que leurs amours!

Deuxième couplet.

« Mon cœur qui t'adore
« Est discret et sûr;
« Je le jure encore
« Par ce lac si pur,
« Image fidèle
« D'éternels amours... »
Mais l'onde rebelle
Rit de leurs discours...
Sur l'autre rive une vague toujours
Emporte ma nacelle
Ainsi que leurs amours!

JEANNETTE, à Lisbeth.

Enfin te voilà... C'est bien heureux, depuis une heure, que nous attendons la batelière...

LISBETH.

Ce n'est pas ma faute... Ce matin le vent était si fort, et puis un monsieur que j'avais pris dans mon bateau, et que je viens de débarquer à deux pas d'ici, qui, au lieu de m'aider, m'empêchait de ramer...

JEANNETTE.

Qu'est-ce que c'est donc que ce monsieur-là?

LISBETH.

Je l'ignore... il parle moitié français, moitié allemand... de sorte qu'on n'y comprend rien... et puis il commence toujours des compliments qu'il ne peut jamais achever... Tenez, le voici...

STUBAC, arrivant.

Nous tisons compien pour la passache?

LISBETH.

Monsieur... c'est dix batz... c'est un prix fait...

STUBAC, la payant.

Ya, ya... mais de plus, ma belle enfant, che fiens ici pour la décheuner... parce que le lac... et la patelière... tonne à moi un appétit... un appétit qui était... Tout à l'heure je tirai à fous le reste...

LISBETH.

C'est que je ne peux pas attendre... car voici les laitières qui veulent passer pour porter leur lait à la ville; mais je vais vous envoyer la petite Gritly... ma meilleure amie...

STUBAC.

Non... non, j'aime mieux, si fous fouloir permettre à moi... la décheuner avec fous, quand vous refenez...

4.

LISBETH.

C'est bien de l'honneur, monsieur; mais nous n'avons que du beurre et du lait...

STUBAC.

Ce être ponne... mais le ponne laitage à coup sûr... il être moins... che feux dire... il être moins planche... que la petite... Tout à l'heure... je tirai à fous le reste...

LISBETH.

Oui, quand je repasserai... au revoir, monsieur l'étranger. (Aux paysannes.) Allons... allons, partons...

LES PAYSANNES.

Même air.

Allons, mettons-nous en voyage;
Dépêchons-nous... que tout soit prêt;
Il faut aller vendre au village
Et notre beurre et notre lait.

(Elles sortent avec Lisbeth.)

SCÈNE III.

STUBAC, AUGUSTE, sur le rocher.

STUBAC, à lui-même.

On m'afoir point trompé... le petite patelière il être tiaplement jolie... et un peu séfère... mais je fiendrai ici tous les chours, et à force de prendre la déchîner et le patience...

AUGUSTE, se levant.

Allons..., voilà le brouillard qui se dissipe... on peut travailler...

STUBAC.

Qui être là?

AUGUSTE, descendant sur le théâtre.

Eh! je ne me trompe pas... j'aperçois d'ici une figure de

connaissance... cet aimable Suisse que j'ai connu à Paris... il y a quelques années... le colonel de Stubac... du canton d'Argovie.

STUBAC, allant à lui.

Ya... ya, la Parisienne... monssié... monssié... de Blançay... du canton de Tortoni...

AUGUSTE.

Lui-même... c'est là que j'ai eu le plaisir de faire votre connaissance en jouant avec vous au billard... Ah ! ça, depuis deux ans vous avez fait bien des progrès dans la langue française.

STUBAC.

Ya... ya... che être dans une position difficile, che afre oublié l'allemand, et che savoir pas encore le français...

AUGUSTE.

J'entends : vous êtes sur la frontière... entre la France et l'Allemagne...

STUBAC.

Ya... Aussi quand che retourner à Paris, che vouloir prendre une petite secrétaire... pour les ordres du chour, et les pillets doux...

AUGUSTE.

Et comment vous êtes-vous décidé à quitter la capitale, où vous étiez déjà lancé?... car, lors de mon départ, il n'était question que de vos succès... de vos conquêtes... et de votre légèreté.

STUBAC.

Ya... che être devenu trop léger... et j'afais obtenu une congé pour retrouver au bays l'embonpoint helvétique....

AUGUSTE.

Et quelles nouvelles de Paris?.. Quand l'avez-vous quitté?

STUBAC.

Il y a trois mois.

AUGUSTE.

C'est trois siècles ! et vous ne m'apprendrez rien de nouveau...

STUBAC.

Mais fous même... comment fous troufez-fous à cte heure... sur les pords du lac de Brienz... un élégant Parisienne ?...

AUGUSTE.

Ah ! bien oui, Parisien ! Plût au ciel que je le fusse encore... parce qu'avec mes goûts, mes talents et un peu de fortune... il n'y a vraiment que Paris où l'on puisse vivre... mais pour le moment je voyage malgré moi, et par raison.

STUBAC.

Vous ?

AUGUSTE, riant.

Oui, nous autres Français nous avons trop d'esprit, et c'est ce qui nous perd... Une petite chanson charmante, dans le genre de Collé : « *Le punch et le vin que j'ai pris,* » peut-être un peu plus fort... mais c'était au dessert... au vin de Champagne... d'ailleurs c'était seulement pour mes amis et connaissances... mais je connais tant de monde... ça s'est répandu... ça s'est même trouvé imprimé... je ne sais comment... Quoiqu'il n'y eût rien de politique là-dedans, on s'est fâché, et l'on a eu peut-être raison, parce que les mœurs avant tout... et voilà, mon cher, comment je me trouve voyager en Suisse...

STUBAC.

Sans pouvoir rentrer dans le France ?...

AUGUSTE.

Si vraiment... permis à moi... mais il faudrait d'abord me constituer prisonnier pendant quelques mois, et je n'aime pas cette manière de faire ma rentrée... j'aime le grand air, et en restant cinq ans dans ce pays... je n'aurai plus rien à craindre... parce qu'il y aura prescription... entendez-vous?...

STUBAC.

Brescription... vous tites?

AUGUSTE.

Oui... (A part.) Il va croire que c'est de l'allemand... (Haut.) c'est un mot du Palais... un terme de chicane...

STUBAC.

J'entends... encore une autre langue... et maintenant fous foilà pien tranquille...

AUGUSTE.

A présent?... oui, assez... Dans votre pays, qui est celui de la liberté, on ne fait pas toujours ce qu'on veut... Un étranger, à poste fixe, ça les inquiétait... ma foi, pour vivre tranquille pendant mes cinq ans...

STUBAC.

Fous fous être fait naturaliser...

AUGUSTE.

Précisément, il fallait faire quelque chose, je me suis fait Suisse... citoyen de Berne... c'est un bel état!

STUBAC.

Che être rafi... fous être un compatriote...

AUGUSTE.

Oui, descendant de *Guillaume Tell*, ou peu s'en faut... et ce que je trouve de mieux dans ma nouvelle patrie, ce sont les petites filles de ce canton.

STUBAC, souriant.

AIR du vaudeville de *Turenne*.

Ya... cet bétite patelière,
Au teint si frais, aux yeux si doux,
A qui tout le monde veut plaire...
Chen suis amoureux... foyez-vous...

AUGUSTE.

Amoureux! ah! tant pis pour vous!
Car c'est une vertu terrible...
De ces vertus de deux ou trois cents ans...
Des anciens temps... vous comprenez... du temps
Où la Suisse était invincible.

Il n'y a rien à faire; moi qui vous parle, j'y ai renoncé... j'ai d'autres vues... cette petite Gritly... la passion la plus vive, c'est-à-dire la plus récente; parce que, pour voyager avec fruit, il faut beaucoup voir... c'est le moyen d'étudier les mœurs des nations... Mais que je ne vous dérange pas... vous tenez là des lettres... des journaux; et moi, je vais achever mon paysage.

STUBAC.

Ah! ah! vous faire aussi des tableaux?

AUGUSTE.

Oui, comme des chansons... en amateur...

(Pendant qu'il travaille, Stubac ouvre ses lettres.)

STUBAC.

C'est de ma major... des nouvelles de la régiment... qui être resté en France... ça fa pienne... ça fa pienne!... Non! *der Teufel!* ça aller pas pienne!... un des meilleurs soldats qui l'afre déserté.

AUGUSTE.

Déserté! diable... ça ne plaisante pas...

STUBAC.

Je conçois bas... un caillard... qui afre déjà trois ou quatre plessures... qu'est-ce qu'il feut donc de mieux? ah! *mein Gott! mein Gott!* che être pien fâché...

AUGUSTE.

Pour lui?

STUBAC.

Ya... et pour moi... parce que foyez-fous, aux termes de

la cabitulation, quand il y afre un déscrteur dans la réchiment, je être opligé de le remblacer...

AUGUSTE.

Ça, ce sont vos affaires.

STUBAC.

Ah! çà... je foulais écrire... et je ne sais...

AUGUSTE.

Vous voulez écrire... tenez, entrez dans mon chalet ; là-haut... mais, dans ce pays... pour être bien servi... il faut avoir tout avec soi. (Fouillant dans sa poche et en tirant un rouleau de maroquin.) Tenez, voilà mon écritoire de voyage et ma plume fidèle....

STUBAC.

Ce être pien... Je fais tonner l'ordre de poursuivre mon déscrteur et d'arrêter lui.

AUGUSTE.

Tant pis! (Montrant sa plume.) je suis fâché qu'elle serve à un pareil usage.

AIR : Ces postillons sont d'une maladresse.

J'aimerais mieux que, moins cruelle,
 Elle signât sa liberté!
Je fus déjà mis en prison par elle,
Par elle encore un autre est arrêté ;
Elle est vouée à la fatalité !
Puisqu'ici-bas, commençant par ton maître,
Faire coffrer les gens est ton métier,
Je te maudis... va-t'en... tu devrais être
 La plume d'un huissier !

(Stubac entre en riant dans le deuxième chalet à droite, et Auguste se remet à l'ouvrage pendant que Lisbeth et Gritly entrent en causant.)

SCÈNE IV.

AUGUSTE, occupé à dessiner, LISBETH, GRITLY.

AUGUSTE, à part.

Ah! c'est ma gentille Gritly, et la belle batelière.

GRITLY.

Quand je te répète que c'est aujourd'hui qu'ils doivent arriver.

LISBETH.

Tu en es bien sûre?

GRITLY.

On me l'a dit à la ville où on les attend; et ça n'est que trop vrai.

LISBETH.

Trop vrai... est-ce que tu en serais fâchée?...

GRITLY.

Tais-toi donc... (Apercevant Auguste.) C'est monsieur Auguste. (Elles vont se placer à côté d'Auguste, qui dessine, l'une à sa droite, l'autre à sa gauche. Gritly, en regardant le dessin, s'écrie :) Oh! que c'est joli... c'est toi, Lisbeth... et puis moi...

LISBETH.

Et notre chalet... et mon bateau!... Dieu! quel talent!

AUGUSTE.

Vous trouvez?...

GRITLY.

Ah!... le bateau surtout est d'une ressemblance...

AUGUSTE.

C'est flatteur!

LISBETH.

Et puis ce paysage, n'est-ce pas que c'est un beau pays que le nôtre?

AUGUSTE, se levant.

Oui, si vous voulez... mais c'est toujours la même chose... des montagnes et des précipices... et une fois qu'on y est, on ne sort pas de là... point de spectacles, de promenades... des routes affreuses... impossible d'y aller en tilbury... Aussi, ce qu'il y a de moins mal dans ce tableau... tiens, c'est là vers la gauche...

(Il leur montre le dessin sur son album.)

LISBETH.

Comment... ce lointain qui est si aride ?...

AUGUSTE.

C'est ce que j'aime le mieux!... ce grand terrain sablonneux où il n'y a pas d'arbres... ça m'a rappelé le bois de Boulogne... Dieu! quand irai-je m'asseoir... je ne dis pas sous son ombrage... à moins que, depuis le temps, il n'en soit survenu; mais quand pourrai-je respirer la poussière des Champs-Élysées et de la porte Maillot!

GRITLY.

Fi, monsieur... vous ne parlez que de nous quitter... Ce pays que vous regrettez est donc bien beau?

AUGUSTE.

Ah! tu ne peux pas t'en faire d'idée!

LISBETH.

Ces Boulevards Italiens dont vous parlez sans cesse... sont donc plus riants que la vallée de *Lauterbrunnen*, plus frais que la chute du *Giesbach?*...

AUGUSTE, avec enthousiasme.

Oui! (Se reprenant.) quand on les arrose... parce que, voyez-vous, c'est un autre genre... leur grand mérite surtout... c'est de ne pas être ici, et d'être là-bas...

LISBETH.

AIR : Il me faudra quitter l'empire. (*Les Filles à marier*.)

Ah! de les voir combien nous serions aises!

GRITLY.

Mais je m'demande bien souvent...
Vous qui n'aimez, n'vantez que les Françaises,
Comment s'fait-il que vous m'aimiez autant?...

AUGUSTE.

Tu vas comprendre et très-facilement :
De nos beautés, par l'amour embellies,
Je trouve en toi les charmes réunis,
Le goût, la grâce et le malin souris...
Je t'aime donc... car les femmes jolies,
Moi, je les crois toutes de mon pays.

GRITLY.

J'entends... et est-ce bien loin, la France?...

AUGUSTE.

Hélas! oui... Dans ce moment j'en suis encore à... deux ans de distance. Si au moins on pouvait en parler, si on voyait des gens qui la connaissent... ça ferait prendre patience.

LISBETH.

Si ce n'est que cela... réjouissez-vous... vous aurez ce plaisir... c'est aujourd'hui que nous attendons nos soldats, nos jeunes gens qui ont fini leur temps de service, et qui reviennent de France, après avoir obtenu leur congé.

AUGUSTE, prenant son chapeau.

Ils reviennent de France, dites-vous?

GRITLY.

Eh bien! où allez-vous donc?

AUGUSTE.

Au-devant d'eux... afin d'avoir des nouvelles plus tôt...

GRITLY.

Mais écoutez donc... un instant...

AUGUSTE.

Tout à l'heure, ma petite Gritly, quand je reviendrai...
De quel côté doivent-ils venir?

LISBETH.

Par l'*Emmenthal* et le *Schallemberg.*

AUGUSTE.

Où diable vont-ils chercher leurs noms? Mais c'est égal, j'y cours... Pardon, ma chère Gritly.

AIR du vaudeville des *Blouses.*

Pour mieux hâter ce moment pathétique,
Au-devant d'eux, sur les rives du lac,
Je vais errer, voyageur romantique,
En contemplant la chute du *Giesbach.*

J'aime à rêver, près du torrent qui roule,
A ma patrie, hélas! dont je suis veuf;
Il est si doux de suivre l'eau qui coule!
On peut se croire encor sur le Pont-Neuf!

Pour mieux hâter ce moment pathétique, etc.

(Il sort en courant.)

SCÈNE V.

LISBETH, GRITLY.

GRITLY.

Là, voyez un peu comme il court... il va se casser le cou dans les précipices... avec ça qu'il y va toujours avec des petites bottes comme des bas de soie... je vous demande à quoi ça peut servir?... Dieu... en France... ont-ils des modes ridicules! (Regardant Lisbeth qui est pensive.) Lisbeth... dis donc, Lisbeth... pendant qu'il n'est plus là... dis-moi ce que tu as... et pourquoi, depuis ce matin, tu es si triste, si pensive?...

LISBETH.

Ce sont les bonnes nouvelles que tu m'as apprises!... tous nos jeunes gens reviennent... Ils ont fini leur temps... et ton frère Pierre... ce pauvre Pierre ne reviendra pas avec eux... il a encore deux ans à faire!... deux ans! est-il possible d'engager les garçons pour si longtemps que cela!

GRITLY.

Ah! souvent, je t'assure... ça passe bien vite. Tu sais, ce petit Natz... ce petit joufflu... qui m'aimait tant... eh bien! je ne le dis qu'à toi... que j'aime déjà comme ma sœur... tu te chagrines de ce que ton amoureux ne revient pas, et moi, je me désole de ce que le mien va arriver!

LISBETH.

Que me dis-tu là... Gritly? est-ce que tu n'aimes plus Natz?

GRITLY.

Oh! je ne l'ai jamais beaucoup aimé... et, quoiqu'il soit ton cousin, tu conviendras qu'il n'était pas gentil du tout... je ne sais pas même comment on a pu en faire un soldat, à moins que le courage ne lui soit venu avec l'uniforme... Mais enfin, c'est égal, il m'a fait la cour... je l'ai écouté dans le temps... et maintenant il est capable de soutenir que je lui ai promis quelque chose...

LISBETH.

Mais certainement... tu lui as promis de l'épouser quand il reviendrait.

GRITLY.

Tu crois? Peut-on être plus malheureuse! moi, qui étais la fidélité même... j'ai fait la même promesse à ce jeune Français...

LISBETH.

Est-il possible? quoi, ce pauvre Natz?

AIR : Fille à marier.

Eh! que sont devenus
Tous tes serments, ma chère?

GRITLY.

Je trouve qu'au contraire
J'les ai trop bien tenus...

J'lui promis qu' ma tendresse
Le paîrait de retour...
J'promis que mon amour
Partout l'suivrait sans cesse...

LISBETH, parlant.

Eh bien !

GRITLY, finissant l'air.

Eh ! bien, il est parti,
Et mon amour aussi !

Le difficile maintenant est de lui apprendre... (Écoutant.) Ah ! mon Dieu... qu'est-ce que j'entends là ? ce sont eux...

LISBETH.

Oui, vraiment... ils descendent la montagne... le cœur me bat... ah ! j'ai beau regarder... Pierre n'y est pas...

GRITLY.

Et Natz est à leur tête... il a bien peur qu'on ne le voie pas !

SCÈNE VI.

LES MÊMES ; NATZ et PLUSIEURS SOLDATS, en petites vestes de voyage, le sac sur le dos et le bâton à la main, environnés DE FEMMES et D'ENFANTS qui les accompagnent.

AIR nouveau de M. ADAM.

GRITLY.
Écoute, écoute.

LISBETH.
Tiens, vois-tu ? les voici.

GRITLY.
Les voici qui s'avancent ici.

NATZ et LES SOLDATS.
Nous voici de retour,

Pour nos amis, ah! quel beau jour!
Embrassons-nous, mes chers amis!
Enfin, nous voilà réunis!

    TOUS.

Les voici de retour, etc.

   NATZ et LES SOLDATS.

 Belle patrie,
 Terre chérie,
Objet de notre amour;
 Belle patrie,
 Terre chérie,
Nous voici de retour!

    NATZ.

Enfin, après quatre ans d'absence,
Chez nous me v'là donc reveau!

    GRITLY.

Quoi! c'est Natz... ce petit joufflu!

   NATZ, riant.

Y a maint'nant de la différence!
V'là c'que c'est qu' d'avoir voyagé..
Mais c'est Natz qui revient fidèle,
Celui que vous aimiez, mamzelle.

    GRITLY.

Ah! mon Dieu, comme il est changé!

   NATZ et LES SOLDATS.

 Douce patrie,
 Terre chérie,
Objet de notre amour;
 Terre chérie,
 Belle patrie,
Enfin, nous voici de retour!
Pour nos amis, ah! quel beau jour!
Enfin nous voici de retour!

 LISBETH, GRITLY et LES PAYSANNES.

 Douce patrie,
 Terre chérie,

> Objet de votre amour,
> Terre chérie,
> Belle patrie,
> Enfin vous voici de retour !
> Pour vos amis, ah ! quel beau jour !
> Enfin les voici de retour !

NATZ, embrassant tout le monde.

Oui, c'est moi, mes amis... c'est bien moi ; bonjour, cousine Lisbeth... la mère Kettle, le gros Tchantz... et ma petite Gritly qui n'est pas la moins joyeuse !...

GRITLY, à part.

Il devine aussi bien qu'autrefois...

NATZ, à Gritly.

Eh bien ! mamzelle... approchez ; n'ayez pas peur... quoique l'on soit militaire, on n'est pas un barbare... (Lui prenant la main.) Cette pauvre Gritly... qui m'a attendu... Ah ! dame, il n'y a que chez nous où on peut être tranquille... on part, on revient, on retrouve tout absolument comme on l'a laissé !... (A Lisbeth.) A propos, cousine... et des cadeaux, des cadeaux de France que je vous rapporte... (Il ouvre son sac.) Il y en a pour tout le monde... Des mouchoirs de soie... des recueils de chansons... avec une croix et un anneau d'or, pour une certaine personne...

(Regardant Gritly.)

GRITLY, à part.

Ce pauvre garçon ! il me fend le cœur... Ai-je du malheur de ne plus l'aimer !... (Regardant des papiers que Natz a retirés de son sac.) Et ça, qu'est-ce que c'est ?

NATZ.

Des lettres pour un Français qui doit habiter ce canton... M. de Blançay.

GRITLY, les prenant.

Ah !... M. Auguste... Il est allé au devant de vous... mais je me charge de les lui remettre.

LISBETH.

Et Pierre... tu ne nous en parles pas?

GRITLY, vivement.

C'est vrai : il n'a pas encore dit un mot de mon frère... c'est aimable !

NATZ.

Pierre Ritter... Nous n'étions pas du même régiment... je vais vous dire : lui, il était de service à Paris ; parce que son régiment, c'est tous de jolis hommes... des chasseurs.

LISBETH.

Et tu ne nous apportes pas de ses nouvelles ?... voilà plus d'un mois qu'il ne m'a écrit...

NATZ, souriant.

Ah! dame, cousine, je ne veux pas vous effrayer... mais il est en garnison à Paris !... et Paris, voyez-vous, c'est un séjour bien dangereux... pour les chasseurs.

GRITLY.

Veux-tu te taire !

NATZ.

D'autant qu'il a fait la campagne d'Espagne... et dans ce pays-là, il y a... des Espagnoles... très-jolies, à ce qu'on dit...

GRITLY.

Et tu n'y as pas été, en Espagne, toi ?

NATZ.

Non, je suis resté au dépôt... j'étais censé indisposé !... voyez-vous, je me suis dit : Que je fasse mon temps à la caserne, ou au bivouac... on ne m'en comptera ni plus ni moins... il y en a qui se dépêchent, qui vont au feu : ils croient que ça les avance... du tout... faut toujours faire ses quatre ans... c'est ce que je disais à Pierre... car je l'ai vu, il y a un mois... avant mon départ : « Tu t'en vas, me dit-il, tu retournes au pays... tu vas revoir nos montagnes... tu es bien heureux... Moi, je ne peux pas vivre ici! j'en mourrai... »

LISBETH.

Pauvre garçon!... il lui reste encore deux ans...

NATZ.

Oui, mais à cause de ses blessures il avait demandé un congé... et quand je suis parti... il espérait l'obtenir.

GRITLY.

De sorte que nous pourrions bien le revoir?

NATZ.

C'est possible!... une permission du colonel et du major...

LISBETH.

Ce pauvre Natz... est-il aimable!... Comme il est fatigué! il doit avoir besoin de repos!...

NATZ.

Oui, oui; allons déposer nos sacs et tout cet attirail! Dieu! qu'il me tarde de revoir mes vaches, mes anciennes connaissances; de reprendre mes habits de montagnes et ma cornemuse... c'est que j'étais le meilleur musicien du canton.

GRITLY.

Mais allez donc... on vous attend. (A part.) Et justement, voilà M. Auguste.

NATZ.

Sans adieu, cousine... je vous reverrai bientôt.

NATZ et LES SOLDATS.

Enfin nous voilà de retour,
Pour nos amis, ah! quel beau jour!

LISBETH, GRITLY et LES PAYSANNES.

Enfin vous voilà de retour,
Pour vos amis, ah! quel beau jour!

(Ils sortent tous, excepté Lisbeth et Gritly.)

SCÈNE VII.

LISBETH, GRITLY, AUGUSTE, arrivant de l'autre côté et s'essuyant le front.

GRITLY.

Mais, mon Dieu! monsieur Auguste, de quel côté avez-vous donc été au devant d'eux?

AUGUSTE.

Est-ce que je sais! vos diables de montagnes n'en finissent pas; il paraît que j'ai pris à droite, pendant qu'ils venaient à gauche... mais j'ai vu le tableau de loin... les femmes, les jeunes filles qui les entourent, qui portent leurs paquets... c'est charmant... J'en ai rencontré un là-bas qui n'était pas si gai!...

GRITLY.

Un jeune homme?...

AUGUSTE.

Oui.

LISBETH.

Encore un soldat?...

AUGUSTE.

Je ne sais pas; il avait une démarche si singulière... Il se glissait le long des buissons, en regardant de tous côtés... une physionomie aimable, quoique triste, inquiète... J'avais beau lui parler, lui faire des questions, il ne me répondait pas... Il a aperçu de loin les montagnes de *Brunig*, le lac de *Brienz*... Il s'est arrêté... il semblait respirer à peine... il regardait chaque arbre, chaque rocher, avec une émotion!... comme un amant regarde sa maîtresse. Arrivé à cette pelouse verte qui est en face du *Giesbach*, il m'a pris la main, et m'a dit : « Tenez, monsieur, tenez, c'est là que, tous les soirs, je l'attendais... »

LISBETH.

Ah! mon Dieu!...

AUGUSTE.

Plus loin, en descendant, il a vu une pierre où étaient gravés quelques mots en allemand... il a ôté son chapeau avec respect... des larmes roulaient dans ses yeux...

LISBETH.

Que dites-vous?... achevez...

AUGUSTE.

J'allais lui demander ce qu'il avait, lorsqu'en levant les yeux, il a aperçu le chalet qui est au bas de la cascade... il s'est élancé vers la porte, en s'écriant : « Ma mère, ma mère, ouvrez-moi, c'est votre fils!... »

LISBETH et GRITLY.

Pierre !

LISBETH.

C'est lui !

GRITLY.

C'est mon frère !

AUGUSTE.

Votre frère !

LISBETH.

Il est revenu ?...

GRITLY.

Sans nous prévenir...

LISBETH.

Il a donc son congé ?...

GRITLY.

Ah! quel bonheur... mais où est-il ?...

LISBETH.

Courons vite !...

AUGUSTE.

Et parbleu !... le voici...

SCÈNE VIII.

Les mêmes ; PIERRE, en veste de couleur, un pantalon blanc et des guêtres.

GRITLY, l'embrassant.

Mon frère !...

LISBETH, lui prenant la main.

Mon ami !...

PIERRE.

Je vous revois !... chère Lisbeth !... ma bonne sœur !...

GRITLY.

Quoi ! nous surprendre ainsi !...

LISBETH.

Vous avez donc obtenu un congé ?... et ne pas nous l'écrire !...

PIERRE, préoccupé.

Mon congé ?... oui... je suis... parti... j'ai demandé... mais ne parlons maintenant que du plaisir que j'ai à me retrouver près de vous deux... dans mon pays... dans ces vallons (Avec attendrissement.) que je désirais tant revoir... et auprès desquels Paris lui-même me semblait si triste !...

AUGUSTE, vivement.

Qu'est-ce que vous dites, mon ami ?... mon cher ami, vous étiez à Paris !... vous venez de Paris !... et vous ne m'en prévenez pas ! pendant une heure que nous avons marché ensemble, nous aurions causé... enfin, en voilà un au moins qui me donnera des nouvelles.

GRITLY, lui donnant ses lettres.

Des nouvelles !... eh ! mon Dieu ! j'en ai pour vous.

AUGUSTE.

Des lettres de France... donne donc vite... (Il en ouvre une, et lit, pendant que Pierre, Lisbeth et Gritly, qui ont remonté la scène vers la droite, causent entr'eux.) « Cher Auguste... » ah! c'est d'elle... elle ne peut se consoler... elle est bien malheureuse!... j'en étais sûr... elle m'aime toujours... pauvre petite... elle en épouse un autre! ah! bien, par exemple!... voyagez donc en Suisse!... (Il en regarde une autre.) Encore une écriture de femme!... je me doute du contenu... Ah! celle-ci est d'Ernest, un ami!... (Il l'ouvre.) « Mon cher
« Auguste, ton affaire n'est pas encore arrangée, mais la
« petite comtesse, qui te protége, a bon espoir ; et quoique
« ton retour ne soit pas formellement accordé, si tu trouves
« un moyen ingénieux de venir à Paris, sans que ça pa-
« raisse... on fermera les yeux, elle le promet. » (A lui-même.) La belle avance! un moyen ingénieux... sans que ça paraisse... parbleu! si je ne dois plus me montrer qu'au bal masqué!... Et pas d'autres nouvelles! comme c'est aimable! (A Pierre.) Mais au moins, vous, mon ami, vous qui arrivez de Paris, dites-moi un peu, où en est-on? ses promenades, ses spectacles!... la Bourse, la Fontaine de l'Éléphant... tout cela doit être achevé depuis longtemps?... le Café de Paris est-il encore à la mode?... le Gymnase, les Nouveautés, le Théâtre Anglais?... (Aux deux femmes.) Pardon, mes toutes belles... mais c'est un si grand bonheur de pouvoir parler de son pays!

PIERRE.

Je vous avoue, monsieur, que tout cela m'est inconnu... et que, d'ailleurs, je l'aurais bien vite oublié, à la vue de ces montagnes, de ce village, où j'ai passé mon enfance.

AUGUSTE.

Oui, oui, le pays est superbe... mais, puisque vous arrivez de Paris... encore une demande... une seule... mais pardon, mille pardons... je vois de l'inquiétude dans vos yeux... de l'impatience dans ceux de Lisbeth... l'amour du pays m'avait aussi fait oublier... même le danger d'être importun.

PIERRE.

Comment, monsieur, vous pourriez croire...

AUGUSTE.

C'est trop juste, trop naturel... Des affaires de famille... le plaisir de se revoir... (A part.) Moi, je m'en vais songer à mon moyen ingénieux... Diable de moyen ingénieux !... où le trouverai-je ?... Rentrez donc à Paris sans que ça paraisse !...

(Il sort.)

SCÈNE IX.

LISBETH, PIERRE, GRITLY.

LISBETH.

C'est un aimable homme... mais il a raison... il a bien fait de s'en aller...

GRITLY.

Oui... oui, que nous puissions un peu être ensemble, et nous aimer à notre aise.

LISBETH.

Quel bonheur ! quelle surprise de vous revoir ! tout à l'heure encore nous demandions de vos nouvelles à Natz...

PIERRE.

Natz... il est déjà ici ?...

LISBETH.

Oui, avec tous ses compagnons...

GRITLY.

Il ne manquait plus que toi, et maintenant voilà toute la jeunesse du canton qui est de retour.

LISBETH.

Mais aucun d'eux ne s'est conduit comme vous...

PIERRE.

O ciel! qui a pu vous apprendre?...

LISBETH.

Oui, monsieur, le courage que vous avez montré, les blessures que vous avez reçues; nous savons tout cela...

GRITLY.

Aussi ma mère et moi nous sommes fières de toi... et si mon père vivait encore... c'est lui qui serait glorieux...

LISBETH.

Je le crois bien : un vieil invalide qui a servi quarante ans... et qui est mort sous ses drapeaux!

PIERRE, ému.

Assez... assez... ne parlons pas de ça...

LISBETH.

Vous avez raison! plus heureux que lui, vous voilà de retour... vous avez un congé! Que ce doit être doux de rentrer dans son pays quand on y revient comme vous avec honneur... quand on s'est bien conduit... qu'on a fait son devoir... Eh! mais qu'avez-vous donc?

PIERRE.

Rien, rien... je vous jure...

LISBETH.

Mais si vraiment... je ne vous vois pas cet air de joie, de bonheur, qu'on doit avoir... quand on se retrouve avec ceux qu'on aime; il me semble que je suis plus contente que vous...

PIERRE.

Pouvez-vous le penser?

GRITLY, l'observant.

Le fait est qu'il y a quelque chose... voyons, qu'est-ce que tu as?

LISBETH.

Sans doute... des larmes roulent dans vos yeux...

PIERRE.

C'est de bonheur... c'est d'émotion...

GRITLY.

Cependant... plus je te regarde... tu es changé, tu es pâle... Est-ce que c'est aussi le bonheur qui produit cet effet-là?

PIERRE.

Non vraiment... mais je marche depuis ce matin... je suis venu par de là *Stanz*... et peut-être la fatigue... le besoin...

LISBETH.

Est-il possible?... il n'a pas déjeuné!...

GRITLY.

Et nous le laissons mourir de faim!...

LISBETH.

Je cours lui chercher du lait de nos vaches... du lait tout chaud... et nous déjeunerons tous ensemble... cela vaut bien mieux; n'est-ce pas, monsieur?

PIERRE.

Oui, sans doute!... Combien vous êtes bonne!

GRITLY, à Lisbeth.

Apporte en même temps une bouteille de vin, ça ne lui fera pas de peine...

LISBETH.

Tu as raison; je vais en chercher à la maison du maître d'école; c'est un peu loin... mais c'est égal... ne vous impatientez pas.

(Elle sort.)

SCÈNE X.

GRITLY, PIERRE.

GRITLY.

Il est de fait que, pour un militaire... ça vaut mieux... tu préfères ce déjeuner-là, n'est-ce pas?

PIERRE, lui répondant sans l'entendre.

Oui... oui... ma sœur... comme tu voudras... ça m'est égal... je n'ai pas faim.

GRITLY.

Comment, tu n'as pas faim? et ce que tu nous disais tout à l'heure... Allons, v'là qu'il n'y est plus... et qu'il ne m'écoute pas... Pierre, Pierre, mon frère... il y a quelque chose que tu me caches.

PIERRE.

Que veux-tu dire?

GRITLY.

Que tu nous trompes... moi je ne suis pas comme Lisbeth... je suis ta sœur... et les sœurs y voient clair... tu as des chagrins!... peut-être que tu ne l'aimes plus?...

PIERRE.

Moi!

GRITLY.

Ça ne serait pas bien! mais c'est possible... ça peut arriver à tout le monde, et moi qui te parle... Mais il s'agit de toi! Qu'est-ce qui te tourmente? qu'est-ce qui t'inquiète? tu peux me le confier à moi... à ta sœur! Allons... je le vois, tu vas tout m'avouer... ton cœur en a besoin.

PIERRE.

Oui! je suis trop malheureux... tu sauras tout... mais au moins, Gritly, n'en parle à personne... et surtout à Lisbeth.

GRITLY.

Sois donc tranquille... dès que c'est un secret... ça suffit!

PIERRE.

Tu sais, quand je suis parti, combien je regrettais le pays, et comme j'étais triste de m'en éloigner... Pendant les deux premières années, le soin de mon service... une campagne que je fis à côté des Français... deux blessures que je reçus, m'avaient fait prendre goût à mon état, ou plutôt m'avaient fait prendre mon mal en patience... Mais je reviens à Paris... c'est alors que l'ennui d'une vie uniforme et paisible me rendit tous mes souvenirs... je ne rêvais qu'à mon pays, à ma famille, à ma Lisbeth chérie... j'étais dévoré du besoin de retrouver ce beau ciel... ces vallons... ces hameaux... il me semblait qu'ils étaient perdus pour moi, que je ne les reverrais plus... et, te le dirai-je? moi, un soldat, que l'aspect de la mort n'avait jamais ému... eh bien! quand j'étais seul... cette idée me rendait plus faible qu'un enfant, et je sentais des larmes s'échapper de mes yeux...

GRITLY.

Pauvre frère!

PIERRE.

Tout s'était réuni pour augmenter mon supplice... la plupart de mes camarades avaient fini leur temps... ils partaient, ils retournaient au pays... et je ne pouvais les suivre... Je demandai quelques semaines de congé; on me les refusa; et ce jour-là même, le soir, en revenant à la caserne... j'entends au loin un air de nos montagnes... cet air chéri, qui, dès l'enfance, fait battre notre cœur... ce fut le dernier coup... je n'y tins plus... j'avais la fièvre, le délire. Je serais mort... oui, ma sœur, je serais mort... si j'étais resté un jour de plus loin de vous... et je partis à l'instant!

GRITLY.

O ciel! qu'as-tu fait? et quel était ton dessein?

PIERRE.

Je n'en sais rien... j'ai tout laissé, tout abandonné; j'ai toujours marché devant moi; je n'avais point de but, point de projet arrêté... je voulais voir mon pays... m'y voilà ! Maintenant... arrivera ce qui pourra !...

GRITLY.

Mais si ton absence se prolonge, tu vas être condamné comme déserteur.

PIERRE.

Je le sais !...

GRITLY.

Y aurait-il un moyen de rejoindre ton régiment ?

PIERRE.

Jamais... pour rien au monde... je ne sortirai plus d'ici... d'ailleurs il n'est plus temps...

GRITLY.

Mais ça ne peut pas tarder à se découvrir.

PIERRE.

Qu'importe ?...

AIR : de La Sentinelle.

Loin de ces lieux qui furent mon berceau,
Chez l'étranger où je portai les armes,
Si j'étais mort... hélas ! sur mon tombeau
Aucun ami n'aurait versé de larmes...
Maint'nant du sort quel que soit le hasard,
    Si j'dois ici quitter la vie...
    Mes amis pleur'ront mon départ,
    Et du moins mon dernier regard
    Verra le ciel de ma patrie !

Oui... tous mes désirs sont remplis ; je voulais vous revoir... vous embrasser... je voulais respirer encore une fois l'air de nos montagnes... entendre les refrains de nos bergers... Écoute... écoute, ma sœur, je ne me trompe pas...

cet air que nous chantions autrefois... c'est lui... je le reconnais...

GRITLY.

Mais calme-toi donc !
(Chant lointain de la musette qui se rapproche peu à peu.)

SCÈNE XI.

LES MÊMES ; NATZ, en habit de vacher, et descendant lentement la montagne en finissant l'air sur sa cornemuse ; les premières mesures de l'air ne sont dites que par la cornemuse de Natz.

TYROLIENNE : Musique de M. ADAM.

PIERRE, très-ému et suivant l'air.
O douce ivresse !
De ma jeunesse,
Oui, le voici
L'air si chéri...
Trouble enchanteur !
Ah ! de bonheur
Je sens battre mon cœur !
(Natz s'arrête sur un son prolongé.)

NATZ, reprenant haleine.
C'n'est pas trop mal, j'espère...
Quand on a d'la facilité ;
J'ai r'trouvé tout d'suit' le doigté.
(Il aperçoit Pierre.)
Que vois-je ?... Pierre !... mon ami Pierre !
(Il lui saute au cou.)

PIERRE.

Mon cher Natz...

NATZ.
Bonheur inattendu !
C'congé qu'tu désirais, tu l'as donc obtenu ? (Bis.)

PIERRE, embarrassé.

Mais... à peu près...

NATZ.

O dieux!... moi qui voulais t'écrire;
Comm'ça s'rencontre heureusement!
Tu d'vines ce que j'veux te dire...
(Montrant Gritly.)
C'est pour not' mariage...

GRITLY.

Un moment...

NATZ.

Tu vois comme ta sœur soupire ;
Pauvre petit'... v'là quatre ans qu'elle attend.

PIERRE.

Chère Gritly!...

NATZ.

Comment,
Tu donn'rais ton consentement!

PIERRE.

En doutes-tu?... pour le bonheur
D'un ami... de ma sœur!...

GRITLY, voulant le détromper.

Que dit-il donc?... mon frère...

PIERRE, à Natz.

Mais, à mon tour, je veux te faire
Une demande... une prière...
Répète-moi cet air touchant
Que tu jouais en arrivant.

NATZ, avec empressement.

Tant qu'tu voudras... j'lai joué dans tout l'canton
Si souvent pour mes bêt's... à plus forte raison
Pour un frère... un ami...
Je n'me fais pas prier... écoutez... le voici...
(Il recommence l'air et Gritly chante les paroles suivantes; Pierre
écoute avec une émotion graduée.)

AIR SUISSE.

GRITLY.

A nos chalets
Qui peut jamais
Préférer des palais?
Quitter ma mie
Et ma patrie!
Non, vraiment; j'en mourrais!...

PIERRE et GRITLY.

Riches montagnes,
Vertes campagnes,
Ce lac si pur,
Ce ciel d'azur...
Seront toujours
Mes seuls amours
Jusqu'à mes derniers jours!

Ensemble.

GRITLY, préoccupée.

Eh! mais... j'y pense,
Douce espérance!
Ce moyen-là
Réussira...
Grâce aux amours,
Je puis toujours
Je puis sauver ses jours.

NATZ.

Riches montagnes,
Vertes campagnes,
Ce lac si pur,
Ce ciel d'azur...
Seront toujours
Mes seuls amours
Jusqu'à mes derniers jours!

PIERRE, ému.

Riches montagnes, etc.
(La musique continue sur le même rhythme.)

GRITLY, prenant Pierre à part pendant que Natz joue de la cornemuse.

  Plus de tristesse,
  De ta maîtresse
  Calme l'effroi...
  J'réponds de toi...

   PIERRE, bas.

Que veux-tu faire ?

   GRITLY, bas.

  C'est un mystère....
  Ça m'coûte, hélas !...
  Mais pour un frère
  Que n'f'rait-on pas !...
   (A Pierre.)
  Va, laisse-moi,
  Éloigne-toi...

   TRIO

(Ils reprennent l'air entier sur un mouvement plus vif.)

   Ensemble.

   GRITLY, à Pierre.

  Plus de regrets ;
  De nos chalets
 Ne t'éloigne jamais ;
  Toute ta vie
  A ton amie
 Appartiens désormais ;

  Sur ces montagnes,
  Dans nos campagnes,
  Un sort obscur,
  Un bonheur pur,
  Sauront toujours
  Charmer le cours
 De tes paisibles jours.

   NATZ.

  A nos chalets
  Qui peut jamais

Préférer des palais?
Quitter ma mie,
Et ma patrie,
Non vraiment, j'en mourrais!

Riches montagnes,
Vertes campagnes,
Ce lac si pur,
Ce ciel d'azur,
Seront toujours
Mes seuls amours
Jusqu'à mes derniers jours!

PIERRE.

Séjour de paix!
Que nos chalets
Pour mon cœur ont d'attraits!
J'ai vu ma mie
Et ma patrie,
Je mourrai sans regrets!

Riches montagnes, etc.

(Pierre sort après les signes que Gritly lui a faits, tandis que Natz flait la ritournelle sur sa cornemuse.)

SCÈNE XII.

GRITLY, NATZ.

NATZ, reprenant sa respiration.

Ouf!... je n'en peux plus...

GRITLY, s'asseyant de côté, et travaillant à un panier.

Pauvre Natz... comme le voilà fatigué... et comme il a chaud!

NATZ.

Oh! ce n'est rien, c'est que j'ai déjà couru le pays, j'ai été voir nos parents, nos connaissances... voilà trois chalets de suite où je viens de déjeuner... A propos, est-ce que Lisbeth n'est pas là ?

GRITLY.

Non...

NATZ.

C'est un grand monsieur, une espèce de militaire, que j'ai rencontré, et qui m'avait chargé d'une commission pour elle... mais je la ferai, quand je voudrai... parce que c'est agréable d'être son maître... voilà ce que j'appelle un homme, moi !... c'est d'aller où on veut, de manger à son heure, et de ne plus répondre à l'appel.

GRITLY.

A merveille... vous avez été voir tout le monde, excepté moi... c'est aimable à vous !

NATZ.

Oh ! non, mamzelle Gritly... me v'là : ne me grondez pas... Cette pauvre petite ! elle craignait déjà que je ne fusse reparti... Mais dites-moi donc, gentille Gritly, comment avez-vous pu faire en mon absence ?

GRITLY.

Dame ! on se fait une raison... on cherche à s'occuper, à se distraire... Ici, d'ailleurs, il y a toujours tant de monde... des étrangers, des voyageurs.

NATZ.

Oui, c'est tous les jours de nouveaux visages... mais ça passe bien vite.

GRITLY.

Il y en a qui restent.

NATZ.

Vraiment ?

GRITLY.

COUPLETS.

AIR nouveau de M. ADAM.

Premier couplet.

Ce sont des oiseaux de passage
Que nous amènent les beaux jours,
Mais quand leur troupe déménage,
Il nous en rest' queuqz'uns toujours.
  La verdure
   Des coteaux,
  Le murmure
   Des ruisseaux,
N'est plus ce qui leur convient;
Mais faut croir', je suppose
Qu'nous avons autre chose,
Autr'chos' qui les retient.

NATZ, riant.

Ah! et qu'est-ce que ça peut être ?

GRITLY.

Demandez-le à ce jeune Français qui est ici.

NATZ.

Ah! un Français!

GRITLY.

Deuxième couplet.

On dit que c'est l'goût d' la peinture
Qui l'a conduit dans nos cantons;
Mais depuis l'temps, je suis bien sûre,
Qu'il a peint tous les environs.
  La verdure
   Des coteaux,
  Le murmure
   Des ruisseaux,
Ce n'est plus à cela qu'il tient;
Mais faut croir', je suppose,

Qu'nous avons autre chose,
Autr' chos' qui le retient !

NATZ.

Tiens ! quel drôle de corps !

GRITLY.

C'est qu'il est fort aimable.

NATZ, riant.

Ah ! il est fort aimable... eh bien ! tenez, je gagerais, mais vous n'en conviendrez pas... je gagerais qu'il vous a fait la cour.

GRITLY.

C'est vrai... il m'a dit qu'il me trouvait gentille... qu'il m'aimait...

NATZ.

Voyez-vous ça... ce pauvre bonhomme !... il s'adressait bien... je suis sûr que vous l'avez traité avec la fierté d'une montagnarde... ce que nous appelons... du haut en bas.

GRITLY.

Pas trop.

NATZ.

Comment, mamzelle, vous l'avez écouté ?

GRITLY.

Mais... oui.

NATZ.

Et vous me dites cela, à moi ?

GRITLY.

A qui voulez-vous donc que je le dise ? il me semble que c'est vous que ça intéresse le plus.

NATZ.

Au fait, elle a raison... Je vous remercie, Gritly, de votre confiance... je vous en remercie beaucoup, et je vous rends mon estime... parce que si ç'a été un instant de coquetterie, j'aime à croire que maintenant c'est passé.

GRITLY.

Oh! mon Dieu! non.

NATZ.

Comment! cela dure encore?...

GRITLY.

Sans doute, puisqu'il m'a promis de m'épouser.

NATZ.

Et vous convenez d'une trahison pareille?

GRITLY.

Aimez-vous mieux que je vous trompe?...

NATZ.

Tiens! ce raisonnement... « Aimez-vous mieux que je vous trompe? » comme si ça n'était pas déjà fait!... et vous croyez que je le souffrirai, que je me laisserai faire un affront pareil en présence de tout le village!... Non, mademoiselle; je trouverai mille moyens de m'y opposer; car il y en a, des moyens... et il n'y en aurait pas... que j'en trouverais encore.

GRITLY.

Eh! mon Dieu!... je ne vous dis pas le contraire, et la preuve c'est que je suis la première à vous en proposer.

NATZ.

Que dites-vous?

GRITLY.

Oui, monsieur Natz; ce Français est jeune et aimable; il m'offre sa main et sa fortune... Eh bien! si vous le voulez, je renonce à tout, même à l'amour que j'ai pour lui... c'est vous seul que j'aimerai, et que j'épouserai...

NATZ.

Il serait possible!... Qu'est-ce qu'il faut faire pour cela?...

GRITLY.

Quelque chose qui dépend de vous, et qui n'est pas bien difficile.

NATZ.

Tant mieux...

GRITLY.

Quelque chose qui rend service à un ami, qui lui sauve la vie, et qui vous assure à jamais ma tendresse.

NATZ.

Qu'est-ce que c'est?

GRITLY, hésitant.

Ce serait... je ne sais comment vous le dire... ce serait... de vous en aller...

NATZ.

Comment, de m'en aller! Gritly, y pensez-vous? et où ça?

GRITLY.

De vous en aller encore pendant deux ans... à la place de mon frère... qui n'a pas fini son temps...

NATZ.

Eh bien! par exemple... me proposer de repartir, quand il n'y a pas deux heures que j'arrive... je serais encore bon enfant!...

GRITLY.

Et moi j'étais bien bonne de penser à vous, de vous plaindre... de m'adresser des reproches; allez, Natz... vous ne méritiez pas l'amour que j'avais pour vous...

NATZ.

Vous osez encore me parler d'amour!... on vient dire à un homme qui a fait son temps comme un bon et honnête Suisse qu'il est... « Tu vas partir, parce que c'est mon idée... tu vas te faire tuer, si ça se rencontre... parce que c'est mon plaisir... » C'est-il une proposition à faire à quelqu'un qu'on aime, je vous le demande! Vous me direz, pendant mes quatre ans, j'ai eu le bonheur d'être toujours malade, c'est vrai... mais cette fois-ci, je pourrais ne pas être si heureux...

6.

GRITLY.

A la bonne heure, monsieur, comme vous voudrez... mais si je vous abandonne, si j'en épouse un autre... ne vous en prenez qu'à vous... ça sera votre faute.

NATZ.

Dieu! ce serait moi-même qui serais cause!... mais permettez, Gritly... Non pas que je consente... il s'en faut... mais enfin si je consentais... une idée qui me vient... Gritly, une horrible idée!... qu'est-ce qui me répondrait que l'amour qui va vous revenir en cas de départ... vous tiendra encore... pendant deux ans d'absence?

GRITLY.

Qui vous en répondrait?... et mes serments! faut-il vous le jurer ici?

NATZ.

Ce n'est pas la peine, je sais bien... vous me l'avez dit il y a quatre ans... mais je voudrais quelque chose de plus réel, et de plus positif... comme qui dirait un gage de votre parole...

GRITLY.

Et lequel puis-je vous donner?...

NATZ.

Tenez, mademoiselle Gritly, je ne vous ai jamais embrassée... eh bien! rien qu'un seul baiser... et je verrai à me décider...

GRITLY.

C'est bien mal à vous d'avoir de la défiance, après les procédés et la franchise que j'ai eus... mais enfin... s'il vous faut des garanties...

NATZ, l'embrassant.

Dieu! quel plaisir et que je suis heureux! Eh bien! oui, Gritly... c'est toi seule que j'aime, que j'ai toujours aimée... et je ferai tout ce que tu voudras... Encore un... un seul, et je m'en vas...

GRITLY.

Ce pauvre Natz! (Natz l'embrasse encore et met la main sur son cœur avec beaucoup d'émotion.) Eh bien! qu'avez-vous donc?

NATZ.

Ce que j'ai!

GRITLY.

Eh! oui, vraiment!...

NATZ.

Ce que j'ai! c'est que je ne peux plus te quitter, c'est impossible... Avant ces deux baisers-là, je ne dis pas... mais maintenant il n'y a plus moyen... je ne peux plus vivre sans toi...

GRITLY.

Comment, monsieur?

NATZ.

AIR nouveau de M. ADAM.

Non, non, je ne partirai pas;
Partout je veux suivre vos pas.
   Quoi qu'il arriv', mamzelle,
   Près d'vous je resterai,
Et si vous m'êtes infidèle,
   Du moins je le verrai.
   Voyez la belle affaire :
   Moi, pendant qu'à la guerre,
   Je s'rais comm' militaire
   Pour remplacer vot' frère...
   Près de vous, comme amant,
   J'aurais un remplaçant!

Ensemble.

NATZ.

Non, non, je ne partirai pas;
Partout je veux suivre vos pas.
   Quoi qu'il arriv', mamzelle,
A vos côtés je resterai,

Et si vous m'êtes infidèle,
Du moins, je le verrai.

GRITLY, avec colère.

Loin d'ici portez vos pas,
Monsieur, ne me suivez pas ;
Je veux, désormais cruelle,
Fuir les lieux où vous serez,
Et si je suis infidèle,
De vos yeux vous le verrez.

(Elle s'enfuit par la montagne du fond.)

NATZ, l'appelant.

Mamzelle... mamzelle, où courez-vous ?

GRITLY, sur la montagne.

Retrouver M. Auguste et lui demander conseil.

(Elle disparaît.)

SCÈNE XIII.

NATZ, puis PIERRE et LISBETH.

NATZ, furieux.

Et je courrais après elle... Non... je n'aurais pas de cœur !

(Pendant ce temps, Pierre et Lisbeth entrent du côté opposé, sans voir Natz, qui s'est assis sur le banc et qui reste absorbé dans ses réflexions.)

LISBETH, continuant à causer.

Quoi, monsieur, voilà pourquoi vous étiez triste et rêveur ?... Vous étiez jaloux !

PIERRE.

Ah ! mon Dieu, oui. (A part.) Il vaut mieux qu'elle croie cela.

LISBETH.

Jaloux... à la bonne heure !... voilà un motif, et j'aime mieux cela que votre air froid et indifférent.

PIERRE.

Oui... en arrivant j'étais d'abord inquiet; on ne parle que de la jolie batelière... tous les voyageurs en sont épris... et je pouvais craindre... mais depuis que j'ai causé avec ma sœur, elle m'a rassuré... (Lui prenant la main.) et maintenant, ma petite Lisbeth, je suis trop heureux...

LISBETH.

Prenez donc garde... Natz qui est là...

NATZ.

Qui m'appelle?... Ah! c'est vous, cousine Lisbeth... ça me fait penser à une commission qu'on m'avait donnée pour vous... Ce grand monsieur que vous attendez vous prie de ne pas vous impatienter... il est en affaires...

PIERRE, à Lisbeth.

Un monsieur que vous attendez?...

NATZ.

Oui... pour déjeuner ici... en tête-à-tête.

PIERRE, vivement.

En tête-à-tête?

NATZ, à part, regardant à gauche.

Ah! mon Dieu... j'ai cru les voir... je ne peux pas y tenir... je veux les rejoindre... et je crois alors que j'aurais aussi bien fait d'y courir tout de suite... parce que depuis le temps...

PIERRE, le retenant par la main.

Mais écoute-moi donc... tu peux bien rester pour moi... un instant.

NATZ, avec fierté.

Non! monsieur, je ne veux ni rester... ni partir pour vous, et voilà... Adieu!

(Il remet son chapeau et sort.)

SCÈNE XIV.

PIERRE, LISBETH.

PIERRE.

Ah! çà, à qui en a-t-il? et vous, Lisbeth, qu'est-ce que ça signifie?... quel est cet étranger dont il parle?

LISBETH.

Un original... que je ne connais pas et qui m'a demandé à venir prendre du lait ici avec moi...

PIERRE.

Et tu as consenti?... mais, Lisbeth, c'est un rendez-vous!

LISBETH.

Eh! non, c'est un déjeuner! Tu sais bien que chez nous... on ne peut pas refuser aux étrangers le déjeuner du chalet...

PIERRE.

A la bonne heure!... mais je veux être là...

LISBETH, souriant.

Encore de la jalousie!...

PIERRE.

Non! sans doute... mais c'est qu'il y a des dangers dont tu ne te doutes pas, et bien certainement je reste ici.

LISBETH.

Eh! mais, sans doute... tiens... nous n'attendrons pas longtemps... car le voici qui arrive... le vois-tu qui descend la montagne?

(Elle va au-devant de lui.)

PIERRE, levant les yeux vers lui.

En croirai-je mes yeux!... mon colonel!... c'est fait de moi... je suis perdu... où me cacher?

(Il aperçoit le bosquet qui est sur le devant du théâtre à droite, et s'y jette précipitamment.)

LISBETH, allant au-devant de Stubac.

Par ici, monsieur... par ici, suivez le petit sentier.

STUBAC, descendant la montagne.

Merci, mon pelle enfant.

SCÈNE XV.

PIERRE, caché, STUBAC, descendant du rocher à gauche, LISBETH, qui a été au-devant de lui.

STUBAC.

Mille pardons... mon pelle enfant, de bas afoir été exact à la rendez-vous...

LISBETH.

Il n'y a pas de mal... je ne m'en plains pas, (A part.) ni Pierre non plus. (Regardant autour d'elle.) Eh bien! où donc est-il?

STUBAC.

C'est que, foyez-vous... che fiens t'écrire l'ordre te poursuivre un soldat à moi... J'afre fait t'abord mon lettre en français... c'était le tiaple... je l'entendais pas moi-même... J'afre recommencé en allemand, c'était encore bien bire... Il va falloir que técitément j'afre une secrétaire touchours avec moi. (Voyant que Lisbeth ne l'écoute pas.) Eh bien! que afre-vous?...

LISBETH.

Rien, monsieur, c'est... quelqu'un qui était là tout à l'heure... et qui devait déjeuner avec nous...

STUBAC, d'un air galant.

S'il être parti, tant mieux!... nous commencerons sans lui... parce que la tête-à-tête li être pli choli...

LISBETH.

Le tête-à-tête!

STUBAC.
COUPLETS.

AIR : Le beau Lycas aimait Thémire. (*Les Artistes par occasion.*)

Premier couplet.

Si quelqu'un vous tisait, ma chère,
Qu'il n'est heureux qu'en vous foyant,
Loin de répondre avec colère
Il faut le traiter doucement.
(Lui prenant la main.)
Oui, quand je vois c'te main charmante...

LISBETH, à part.

Vraiment je suis toute tremblante.

STUBAC.

Oui, lorsque je vois tant d'appas,
Je sens que mon ardeur augmente.

LISBETH, avec inquiétude.

Et Pierre qui ne revient pas!

Ensemble.

STUBAC.

Je sens que mon ardeur augmente,
Et mon cœur n'y résiste pas.

LISBETH.

Voilà que le danger augmente,
Et Pierre qui ne revient pas!
Pourquoi, pourquoi ne vient-il pas?

STUBAC, à part.

Ça fa pien... ça fa pien!... la petite s'apprifoise...

Deuxième couplet.

L'amour, qui produit des miracles,
Donne du cœur aux plus tremblants,
Bientôt il n'connaît plus d'obstacles,
C'est comm' ça chez les Allemands!...
Oui, loin de maîtriser mon trouble...

LISBETH, à part.
O ciel! rien n'égale mon trouble.

STUBAC.
Hélas! je vous le tis tout bas.
Oui, oui je vous le tis pien bas,
Jo sens que mon ardeur redouble.

LISBETH, de même.
Et Pierre qui ne revient pas!

Ensemble.

STUBAC.
Je sens que mon ardeur redouble,
Et mon cœur n'y résiste pas!

LISBETH.
Voilà que le péril redouble,
Et Pierre qui ne revient pas!

STUBAC, vivement.
Oui, je contiens plus mon impatience respectueuse... et...

LISBETH, s'enfuyant du côté du bosquet.
Monsieur, qu'est-ce que cela signifie?

STUBAC.
Et il faut qu'un petit baiser...

SCÈNE XVI.

LES MÊMES; PIERRE, sortant du bosquet et se mettant entre Stubac et Lisbeth.

PIERRE.
C'en est trop... et dussé-je me perdre... arrêtez!

STUBAC, surpris.
Quel est l'insolent... que vois-je? c'est Pierre... c'est mon déserteur...

LISBETH.

Lui! déserteur!

STUBAC.

Lui-même.

LISBETH.

O ciel!...

SCÈNE XVII.

Les mêmes; GRITLY et AUGUSTE, qui sont entrés sur les derniers mots.

GRITLY, à Auguste.

Là, nous sommes arrivés trop tard; tout est découvert.

AIR : Musique de M. Adam.

Ensemble.

STUBAC.

De rage, de fureur
Je sens battre mon cœur;
Mais de ton insolence,
J'aurai bientôt vengeance;
Redoute ma fureur!

PIERRE, soutenant Lisbeth.

D'amour et de fureur
Je sens battre mon cœur;
Je n'ai plus d'espérance,
Et de votre vengeance
J'ai prévu la rigueur!

LISBETH et GRITLY.

De crainte et de douleur
Je sens battre mon cœur;
Hélas! plus d'espérance
Je le vois, sa vengeance
Va combler mon malheur!

AUGUSTE, regardant Pierre.

Ah! pour eux quel malheur!
C'était un déserteur.
(A Gritly.)
Ne perds pas l'espérance;
Je puis encor, je pense,
Vous rendre le bonheur.

(A la fin de ce morceau, Lisbeth et Gritly se trouvent auprès de Stubac, dont elles cherchent à apaiser la colère, et qu'elles implorent en faveur de Pierre.)

STUBAC.

Non, non, rien ne peut m'émouvoir.

GRITLY.

Mon Dieu! qu'allons-nous devenir? Ah! M. Auguste!...

AUGUSTE.

Soyez tranquille, je me charge d'arranger tout cela... laissez-moi un moment.

(Pierre, Lisbeth et Gritly se retirent dans le bosquet à droite.)

AUGUSTE, allant à Stubac.

Allons, colonel...

STUBAC.

Non, je ne veux rien entendre... je vais donner ordre de le saisir et...

AUGUSTE, l'arrêtant.

Vous n'en ferez rien, vous ne le pouvez pas...

STUBAC.

Comment je pourrai bas faire fusiller un déserteur?

AUGUSTE.

C'est ce qui vous trompe... ce n'est pas un déserteur... c'est un amoureux.

STUBAC.

Qu'est-ce que ça me fait?

AUGUSTE.

Beaucoup... Il est amoureux de Lisbeth, de celle que vous aimez.

STUBAC.

Raison de plus ; ça se trouve pien.

AUGUSTE.

Au contraire... ça se trouve très-mal ; car, si vous faites condamner ce brave jeune homme, on dira que vous avez abusé de votre position et de votre pouvoir pour vous débarrasser d'un rival.

STUBAC.

Mein Gott!... on pourrait supposer !...

AUGUSTE.

C'est fâcheux pour vous... mais c'est ainsi... et, dès que vous tenez à Paris, dès que vous voulez y retourner, il faut que vous en connaissiez les lois et les usages... Oui, monsieur, dès qu'on aime une femme, son mari ou son amant devient sacré à nos yeux... on doit le protéger... c'est une des lois fondamentales du pacte social.

STUBAC.

Mais che être pas l'amant de la petite...

AUGUSTE.

C'est égal, on le croit... c'est la même chose... et vous ne pourriez plus vous montrer nulle part... moi-même je n'oserais pas vous présenter.

STUBAC.

Der Teufel!... che beux bourtant bas faire qu'il n'afre pas déserté...

AUGUSTE.

Non... mais vous pouvez lui avoir donné un congé pour passer quelques jours au pays... pour épouser celle qu'il aime.

STUBAC.

Der Teufel!... il faudrait encore...

AUGUSTE.

Il y va de votre honneur et de vos succès futurs... Partout, à Paris, je publierai votre héroïsme... on vous comparera à STANISLAS de *Michel et Christine*... (Gritly paraît à l'entrée du bosquet et écoute. Auguste lui fait de temps en temps signe d'espérer.) Dans deux mois, quand vous rentrerez dans la capitale, vous vous trouverez, auprès des dames, une réputation romantique toute faite.

STUBAC.

Vraiment !

AUGUSTE.

Ce qui est fort utile... rien ne rapporte plus qu'un amour malheureux... on y gagne cent pour cent, à cause du chapitre des consolations... (A part.) Il est attendri... il cède... il ne résiste plus.

(Gritly, Lisbeth et Pierre s'approchent.)

STUBAC.

Ya... ya, je comprendre... Eh bien ! qu'il trouve au moins un remplaçant... et on verra.

AUGUSTE, à Gritly, Pierre et Lisbeth, qui se sont approchés peu à peu.

A merveille !... Êtes-vous contents ?

GRITLY.

Mais pas du tout... il n'y a pas de remplaçant... on ne peut pas en trouver, à aucun prix.

AUGUSTE.

Il serait possible !

GRITLY.

Ah ! mon Dieu !... qu'est-ce que je vois là ?... c'est Natz.

SCÈNE XVIII.

Les mêmes ; NATZ, avec le chapeau et le havre-sac, Villageois et Villageoises.

NATZ, tristement.

Oui, mademoiselle... un coupable repentant qui vient réparer sa faute.

GRITLY.

Que dis-tu ?

NATZ.

J'ai fait mes réflexions... je me suis dit que c'était affreux de manquer à sa parole, et à un marché conclu, surtout quand on avait reçu des avances.

GRITLY.

C'est bon... c'est bon... ne parlons pas de ça.

NATZ.

Si, mademoiselle... j'en parlerai toujours, parce que ces deux baisers me tourmentent... ça a réveillé mon amour et mes remords... et décidément le sacrifice en est fait... Je vous prierai seulement, pendant que j'achèverai l'engagement de votre frère... de tâcher de tenir le vôtre.

PIERRE.

Quoi ! tu veux partir pour moi ?

NATZ.

Oui, beau-frère... je retourne à Paris.

AUGUSTE, vivement.

A Paris !... il retourne à Paris... Dieu ! mon moyen ingénieux !

GRITLY.

Que dites-vous ?

AUGUSTE.

Que ce n'est pas lui... c'est moi qui partirai.

TOUS.

Vous, monsieur Auguste?

STUBAC.

Vous, soldat!

AUGUSTE.

Eh pourquoi pas?... soldat honoraire... Il vous faut un secrétaire; vous l'avez dit ce matin... vous le prenez dans votre régiment.

STUBAC.

Che pouvoir prendre qu'un Suisse.

AUGUSTE.

Est-ce que je ne le suis pas?... citoyen de Berne!... il faut bien que ça me serve à quelque chose.

Air : du vaudeville des *Scythes et les Amazones.*

A la parade ainsi qu'à la caserne,
En tilbury, nous irons le matin...
Vous commandez... Mais le soir je gouverne,
Et comme ami, comme un élève enfin,
Je vous conduis dans le quartier d'Antin.
  (A Pierre.)
Heureux traité dont mon âme est ravie!
Ainsi, gaîment échangeant leur malheur,
Deux exilés retrouvent leur patrie,
Deux malheureux retrouvent le bonheur!

STUBAC.

Ya... ya, je résiste blus... vous bardez avec moi.

AUGUSTE.

Merci, mon colonel... Pierre, tu es libre... épouse celle que tu aimes... Adieu, ma petite Gritly.

GRITLY, baissant les yeux.

Adieu! monsieur Auguste.

NATZ.

Ah! monsieur Auguste! c'est donc vous qui vous en allez... Comme c'est heureux! ce départ-là m'enlève tous mes soupçons... Quel bonheur, Gritly, de retrouver sa maîtresse fidèle quand on ne s'y attend pas!

AUGUSTE.

Je crois bien... Moi, qui retourne en France... je n'aurais demandé qu'une surprise pareille.

LISBETH.

Ah! je l'espère pour vous.

AUGUSTE.

C'est possible, mais je n'y compte pas... (A Pierre.) Toi, mon garçon, rends-la heureuse au moins... (A mi-voix.) Et vous, Lisbeth, si jamais vous aviez à vous plaindre de lui... rappelez-vous que je suis toujours-là... son remplaçant... (A Stubac.) Allons, colonel, en route.

TOUS.

AIR : Musique de M. ADAM.

Après un aussi long voyage,
Qu'il est doux l'instant du retour!
Courez revoir l'heureux rivage
Où vous avez reçu le jour!

LE
PRINCE CHARMANT
ou
LES CONTES DE FÉES

FOLIE-VAUDEVILLE EN UN ACTE

EN SOCIÉTÉ AVEC MM. DELESTRE POIRSON ET DUPIN.

Théatre de S. A. R. Madame. — 14 Février 1828.

PERSONNAGES.	ACTEURS.
LE PRINCE CHARMANT, marquis de Saluces.	MM. LEFRANS.
FINASSINI, envoyé du comte de Padoue. . .	KLEIN.
FLEUR D'AMOUR, page	NUMA.
LA COMTESSE DE PADOUE.	Mmes LÉONTINE FAY.
REBECCA, ancienne dame d'honneur	JULIENNE.

GARDES DU PRINCE. — PAGES. — DAMES de la suite de la comtesse.

Dans le marquisat de Saluces.

————

LE PRINCE CHARMANT, sauf quelques modifications, avait été représenté précédemment, le 31 décembre 1816, au théâtre des Variétés, sous le titre de : LA PRINCESSE DE TARARE ou LES CONTES DE MA MÈRE L'OIE, Folie-Vaudeville, en un acte, des mêmes auteurs. Les personnages et les acteurs étaient : LE PRINCE OLIBRIUS (Potier); GANACHINI (Tiercelin); COURTE-BOTTE (Brunet); LA PRINCESSE DE TARARE (Mlle Pauline); HONORA (Mme Picot).

LE
PRINCE CHARMANT
ou
LES CONTES DE FÉES

Les jardins du palais du Prince Charmant. A gauche du spectateur, un trône sur lequel le prince se place pour recevoir l'ambassadeur; à droite, sur le premier plan, un socle sur lequel est placé un vase de fleurs ; une porte secrète se trouve sur le devant du socle, c'est par cette porte que la comtesse entre avec Finassini ; du même côté, du second au troisième plan, un vieux chêne creux dans lequel se cache Rebecca.

SCÈNE PREMIÈRE.
FLEUR D'AMOUR, REBECCA.

FLEUR D'AMOUR.

Chut ! vous dit-on.

REBECCA.

Mais enfin je veux savoir pourquoi, depuis huit jours, vous me négligez à ce point.

FLEUR D'AMOUR.

Mais paix donc, Rebecca !... on peut nous voir, nous entendre... et si l'on apercevait une femme dans ce palais... il y va de ma tête.

REBECCA.

Ça m'est égal.

FLEUR D'AMOUR.

A la bonne heure ! mais sachez que, moi, ça ne me l'est pas ; que diable, on n'est pas égoïste comme cela.

REBECCA.

Oui, traître, je suis venue dans ce palais, malgré les périls que j'y cours ; et j'aime mieux te voir pendu pour l'amour de moi, que marié avec une autre... Est-ce là aimer ?

FLEUR D'AMOUR.

Eh ! mon Dieu ! aimez-moi un peu moins.

AIR : On dit que je suis sans malice. (*Le Bouffe et le Tailleur*.)

Je tiens à vous, ma tendre amie ;
Mais encor bien plus à la vie...
Vous ne devez pas m'en vouloir ;
C'est très-facile à concevoir :
Vient-on à perdre sa tendresse,
On retrouve une autre maîtresse ;
Tandis que l'existence, hélas !
Cela ne se retrouve pas !

REBECCA.

Crois-tu qu'on ne te vaille pas, et que si on voulait s'en donner la peine...

FLEUR D'AMOUR.

Si vous pouviez seulement vous donner celle de vous taire... Songez donc que l'entrée de ce palais est défendue à toutes les femmes, et qu'on n'y est pas habitué à ce tapage-là... Grand Dieu ! serions-nous découverts ! Quelqu'un s'avance.

REBECCA.

O ciel !

FLEUR D'AMOUR.

Nous avons aujourd'hui audience... c'est un des ambassadeurs qui me cherche pour l'introduire... Allons vite, cachez-vous derrière ces grands arbres, et si quelqu'un vient, vous savez notre retraite ordinaire... cet arbre antique...

(Montrant le vieux chêne creux.)

REBECCA.

Encore ce vieux tronc d'arbre ! c'est bien agréable !

FLEUR D'AMOUR.

C'est l'affaire d'une heure tout au plus ; et quand il sera temps de vous montrer, vous entendrez le signal ordinaire.

(Faisant le geste de frapper trois fois dans la main.)

AIR : La loterie est la chance. *(Sophie Arnould.)*

Oui, votre langue indiscrète
Me fait craindre un sort fatal ;
Restez dans cette retraite
Jusqu'à mon premier signal.
Attendez que quelque ruse...

REBECCA.

Attendre... Eh ! mon Dieu ! voilà
Vingt ans, si je ne m'abuse,
Que je ne fais que cela !

Ensemble.

REBECCA.

Ah ! mon Dieu ! je suis muette,
Que craignez-vous de fatal ?
J'entre, et dans cette retraite
J'attends le premier signal.

FLEUR D'AMOUR.

Oui, votre langue indiscrète, etc.

REBECCA.

O amour, que d'étourderies tu nous fais commettre !

FLEUR D'AMOUR, la poussant.

Je crois qu'elle parle encore.

SCÈNE II.

FLEUR D'AMOUR, FINASSINI, entrant par la gauche.

FINASSINI.

Se moque-t-on de moi, s'il vous plaît? faire faire antichambre à un ambassadeur!... le seigneur Finassini ! Qui êtes-vous, mon ami?

FLEUR D'AMOUR.

Je me nomme Fleur d'Amour.

FINASSINI.

Fleur d'Amour!... voilà un bien joli nom.

FLEUR D'AMOUR.

Premier page du Prince Charmant.

FINASSINI.

Comment! du Prince Charmant? Vous voulez dire du marquis de Saluces.

FLEUR D'AMOUR.

C'est la même chose, l'un vaut l'autre... C'est un surnom que monseigneur s'est donné, et auquel il tient beaucoup... un surnom historique et sonore, qu'il justifie d'ailleurs par ses qualités physiques et personnelles.

FINASSINI.

N'importe, seigneur page, pourrait-on s'introduire auprès de Son Altesse?

FLEUR D'AMOUR.

Monseigneur se promène tous les matins dans les bois, ainsi que Riquet à la Houppe; mais on l'a fait avertir par M. Chat-Botté, son coureur ordinaire.

FINASSINI.

Comment! M. Chat-Botté?

FLEUR D'AMOUR.

C'est un coureur que Son Altesse s'est donné, à l'instar de celui du marquis de Carabas.

FINASSINI.

Ah! çà, dites-moi donc, le Prince Charmant... Riquet à la Houppe... le marquis de Carabas... quels sont ces seigneurs-là ?

FLEUR D'AMOUR.

Bah !... ce sont des contes... oui, des contes de fées... tout le monde en fait ici... Je vois que vous n'êtes guère au fait pour un ambassadeur.

FINASSINI.

Moi, je ne sais jamais que ce qu'on me dit... Je n'aime pas à me mêler des affaires des autres, et je fais tranquillement mon état d'ambassadeur, sans parler jamais de politique.

FLEUR D'AMOUR, lui donnant un siège et l'invitant à s'asseoir.

Eh bien ! mettez-vous là... D'ici à ce que le prince paraisse, j'ai le temps de tout vous raconter.

FINASSINI, à part.

Diable ! je n'y pensais pas... C'est en effet très-adroit à moi de le faire jaser... (Haut.) Je vous écoute, Fleur d'Amour.

(Il s'assied.)

FLEUR D'AMOUR.

Il y avait une fois un roi et une reine qui...

FINASSINI.

Qui... Il me semble que ça commence drôlement.

FLEUR D'AMOUR.

Ça commence par le commencement... Il y avait une fois un roi et une reine qui avaient un fils...

FINASSINI.

Un fils !...

FLEUR D'AMOUR.

Oui... un fils... C'est celui qui règne maintenant.

FINASSINI.

C'est différent.

FLEUR D'AMOUR.

Et comme le jeune prince ne voulait jamais s'endormir, et que ses gouvernantes ne savaient à quel moyen avoir recours, on fit venir une cargaison entière de journaux, de romans, de discours académiques, enfin tout ce qu'il y avait de plus fort.

FINASSINI.

Ça fit son effet?...

FLEUR D'AMOUR.

Point du tout... le hasard fit que l'on commença par le ballot qui contenait *les Contes de ma mère l'Oie.*

FINASSINI.

De votre mère...

FLEUR D'AMOUR.

Les Contes de ma mère l'Oie... des contes de fées... et loin de l'endormir, ça l'amusa tellement, qu'il ne pouvait plus s'en passer... A douze ans, il les apprenait par cœur au lieu de son rudiment... et son gouverneur qui ne voulait point le contrarier, de peur de perdre sa place, ne lui a jamais fait étudier l'histoire que dans la *Bibliothèque Bleue.*

FINASSINI.

Ce gouverneur-là était un grand politique.

FLEUR D'AMOUR.

Mais savez-vous ce qu'il en est arrivé?

AIR du *Major Palmer.*

De tous ces contes frivoles
Il fait sa règle et sa loi;
Car il croit ces fariboles
Comme paroles de foi.
Oui, tant sa folie est grande!
Il croit au nain Cadichon;
Il croit à la fée Urgande,

A l'enchanteur Pandragon.
Parcourant dans son enfance
Le jardin de ce château,
Il croyait voir l'eau qui danse
Dès qu'il voyait un jet d'eau.
Tout l'étonne, tout l'enchante,
D'un rien sa tête se perd;
La couleuvre qui serpente
Devient le serpentin vert.
Le cor frappe son oreille,
C'est l'annonce d'un géant;
Une beauté qui sommeille,
C'est la Belle au bois dormant.
Même, à ma perruque rousse,
Il croit en moi voir encor
Un cousin en taille douce
De la Belle aux cheveux d'or.

FINASSINI, se levant.

C'est fort désagréable; et vous conviendrez qu'auprès d'un souverain de ce caractère, la conduite d'un ambassadeur est très-délicate... Et moi qui viens lui proposer une alliance avec la comtesse de Padoue... heureusement je compte sur mes talents diplomatiques; et pour la faire paraître avec avantage aux yeux du prince, je lui ai conseillé de se tenir cachée, avec sa suite, aux portes de la ville.

FLEUR D'AMOUR.

C'est très-bien vu.

FINASSINI.

N'est-il pas vrai?

FLEUR D'AMOUR.

D'autant plus qu'elle n'aurait pas été reçue... Aucune femme n'entre dans ce palais... moi-même qui suis le doyen des pages, car voilà quarante ans que j'exerce de père en fils, je ne vois ici qu'en cachette ma bonne amie.

FINASSINI.

Voyez-vous le petit espiègle!... est-ce aussi une fée?

FLEUR D'AMOUR.

Mon Dieu non!... ce n'est ni une fée, ni une enchanteresse... c'est une ancienne dame d'honneur retirée... qui est riche, et que j'aime pour le mariage... (A part, regardant le vieux chêne.) et que, dans ce moment-ci, je voudrais voir à tous les diables.

FINASSINI.

Ce petit gaillard-là voit loin; et avec les dispositions qu'il annonce, il est malheureux qu'il ne se destine pas à la carrière diplomatique.

FLEUR D'AMOUR.

Mais enfin, voici le Prince... Rentrez... je vais vous annoncer et vous introduire.

FINASSINI.

Et moi, je vais préparer mon entrée.

(Il sort.)

SCÈNE III.

FLEUR D'AMOUR, LE PRINCE, Écuyers, Suite.

LE PRINCE, à la cantonade.

Qu'on avertisse mon lecteur ordinaire de se tenir prêt à m'achever l'histoire de *Gracieuse et Persinet*... nous en sommes restés à la quinzième page... A propos de... Fleur d'Amour, est-il vrai que l'ambassadeur du prince de Padoue, mon oncle...

FLEUR D'AMOUR.

Oui, seigneur, il demande audience.

LE PRINCE.

Ah! Fleur d'Amour, il s'agit bien d'ambassade dans ce moment-ci!... Est-ce qu'il ne pourrait pas repasser?

FLEUR D'AMOUR.

Vous ne pouvez vous dispenser de le recevoir.

LE PRINCE.

Prenons donc place.

(Il va s'asseoir.)

SCÈNE IV.

LES MÊMES; FINASSINI, précédé de DEUX PAGES et des GARDES DU PRINCE.

(Sur la ritournelle de l'air, il présente au prince, qui est sur son trône, ses lettres de créance.)

FINASSINI, après avoir salué.

AIR de Jean de Paris.

C'est la princesse de Padoue
Que je vous annonce en ces lieux.

AIR du vaudeville de la Belle Fermière.

Voulant qu'un heureux destin
Avec elle vous enchaîne,
Son père vous offre sa main
Que vous recevrez de la mienne.
Esprit piquant et teint frais,
Elle a mille et mille attraits;
Pour plaire elle a tous les secrets...
Enfin, elle est charmante,
Et c'est moi qui la représente.

LE PRINCE.

Comment! c'est un mariage qu'on me propose?

FINASSINI.

Oui, seigneur, l'intérêt de l'État, le vôtre, exigent qu'aujourd'hui même vous épousiez votre cousine... et s'il faut vous faire valoir ici les grandes considérations politiques, songez que si, dans douze heures, pour tout délai, vous n'avez pas fait un choix, le marquisat de Saluces deviendra la possession de votre oncle.

LE PRINCE.

De mon oncle ! il ne l'aura pas.

FINASSINI.

Mais cependant...

LE PRINCE.

Je vous dis qu'il ne l'aura pas ; et faites-moi la grâce de croire que je sais ce que je dis... (Se levant.) Oui, messieurs, puisqu'il faut vous faire part de mes résolutions... qu'est-ce que c'est que d'épouser une princesse, une reine ?... C'est donc d'après de mûres réflexions, fruit de mes lectures habituelles, que j'ai résolu de contracter une autre alliance plus conforme à mes inclinations, à ma volonté, et par conséquent à votre bonheur... En un mot, j'ai résolu de ne prendre pour épouse qu'une fée.

TOUS.

Une fée !

LE PRINCE, descendant du trône, et venant sur le devant de la scène.

Et une maîtresse fée.

FINASSINI.

D'accord, seigneur... Mais vous ne songez point vous-même au revers politique de la médaille.

LE PRINCE.

J'ai songé à tout ; et si j'épouse une fée, c'est surtout par des arrangements et des considérations d'État... Car enfin, veut-on m'attaquer ? je n'ai qu'un mot à dire à ma femme... crac ! un coup de baguette, voilà des murailles d'airain qui s'élèvent de tous côtés. Faut-il des soldats ?... crac ! un régiment sort de dessous terre, tambour battant, enseignes déployées ; et les munitions qui nous arrivent du ciel, ou de la lune... Hem !... vous n'aviez pas pensé à cela... Et si je veux... qu'est-ce qui empêche les alouettes de tomber toutes rôties ? et ce sera ainsi : car je prétends que tout le monde vive ; et qu'en se promenant dans les rues de ma capitale, on soit exposé à recevoir des cailles ou des per-

dreaux sur la tête... que les fontaines ne coulent que du vin
de Champagne ou du rosolio de Bologne... que tout enfin
soit comme dans le royaume de Cocagne... Qu'avez-vous à
répondre?

FINASSINI.

AIR : Chacun avec moi l'avoûra. *(Philippe et Georgette.)*

A réfuter ce projet-ci,
Mon titre auguste m'autorise;
Si je puis m'exprimer ainsi,
Vous faites presqu'une bêtise...

LE PRINCE.

Téméraire!

FINASSINI.

Prince, excusez cette franchise.
Une fée ici régnera
Et vous-même vous vexera...
Car, avec votre esprit honnête,
Une femme comme cela
Va vous mener...

LE PRINCE.

Va me mener?...

FINASSINI.

Va vous mener à la baguette.

LE PRINCE.

C'est un grand homme d'État... N'importe, j'espère que
je me suis fait comprendre.

FINASSINI.

Plus que vous ne croyez, mon prince... je devine le machiavélisme de vos desseins, qui tendent moins à serrer les
nœuds de l'hymen qu'à desserrer ceux du pacte social, en
renversant l'équilibre politique de la balance des pouvoirs
par la prépondérance magique d'une alliance... qui...
enfin... je m'entends.

LE PRINCE.

Ah!... vous vous entendez... eh bien ! je ne sais pas si je me trompe, mais je crois vous entendre ; je me flatte de vous entendre, il est même possible que je sois le seul ici. Et je n'ai plus de ménagements à garder avec un diplomate aussi astucieux... et si l'astre du soir vous revoit encore dans mes États, dont avec un peu de bonne volonté vous pouvez être sorti avant dix minutes, je jure ici, pour me servir des expressions d'un de nos poètes, que vous et votre suite *serez hachés menu comme chair à pâté.*

FLEUR D'AMOUR, bas au prince.

C'est du marquis de Carabas.

LE PRINCE.

Il a raison, c'est du marquis de Carabas; il connaît ses auteurs... Mais mon observation subsiste... allez.

(Finassini sort ainsi que la suite du prince.)

SCÈNE V.

LE PRINCE, FLEUR D'AMOUR.

LE PRINCE.

Tu as vu comme je lui ai parlé.

FLEUR D'AMOUR.

Je suis sûr que ça vous fera peut-être de mauvaises affaires.

LE PRINCE, irrité.

Fleur d'Amour, mon père et moi, depuis trente ans, nous vous passons toutes vos étourderies. Je veux croire que cela tient à la fougue de votre âge; mais si je vous fais une fois fustiger par mon grand écuyer... (Se reprenant.) Crois, ami, qu'il m'en coûte de prendre avec toi ce ton sévère, qui convient mal à mon caractère naturellement bonasse... Dis-moi un peu, est-ce que tu n'approuves pas mon projet de mariage ?

FLEUR D'AMOUR.

Vous savez bien que nous approuvons toujours... mais où trouver une fée?

LE PRINCE.

C'est là ce qui t'embarrasse?... eh bien! mon cher Fleur d'Amour... et moi aussi... c'est même la seule difficulté.

FLEUR D'AMOUR.

Vous ne la trouverez jamais.

LE PRINCE.

C'est ce qui me la rendra plus précieuse... c'est la rareté de cette espèce privilégiée qui en fait en quelque sorte le mérite... Mais rassure-toi... je crois que je touche au but... Tu connais le grand étang du parc?

FLEUR D'AMOUR.

C'est là que je vais tous les dimanches pêcher à la ligne.

LE PRINCE.

Eh bien! je promenais sur ses bords le vague de mes rêveries mélancoliques... vois-tu? les bras croisés, comme un homme qui pense, c'est-à-dire, je ne sais pas précisément à quoi je pensais... je ne suis même pas bien sûr si je pensais... quand tout à coup, près du vieux pavillon en ruines, j'aperçois la plus jolie petite souris grise, qu'un énorme chat noir, remarque bien la couleur, allait dévorer sans pitié.

FLEUR D'AMOUR.

Eh bien?

LE PRINCE.

Eh bien!... tu ne te rappelles pas l'histoire de la fée Muffette que le prince Persinet délivra ainsi? Je n'en fais ni une ni deux... je fais trois pas en arrière, comme pour avancer... A ce geste menaçant le matou s'enfuit et laisse échapper la fée.

FLEUR D'AMOUR.

La souris.

LE PRINCE.

La fée, qui, crac... rentre dans sa cachette.

FLEUR D'AMOUR.

Dans son trou... comme si elle allait s'amuser à compter des pauses !

LE PRINCE.

Oh! c'était l'effet du premier mouvement; parce que tu te rappelles bien... nous l'avons lu cent fois... dès qu'un chevalier a délivré une fée, l'instant d'après il voit paraître une beauté ravissante... sur un char d'escarboucle, avec une robe d'argent, qui vient vous remercier du service qu'on lui a rendu... ça ne manque jamais... Aussi je vous l'ai attendue de pied ferme et le chapeau sous le bras.

FLEUR D'AMOUR.

Comment! est-ce qu'elle serait venue ?

LE PRINCE.

Ce qui va bien t'étonner, c'est que je n'ai rien vu paraître... tu sens bien que ça n'est pas naturel, et qu'il faut qu'il y ait quelque chose là-dessous... Si j'avais attendu... qu'en penses-tu ?

FLEUR D'AMOUR.

Je pense que si Votre Altesse fût restée plus longtemps au bord du canal, elle eût pu gagner une fluxion de poitrine.

LE PRINCE.

Tu crois?... Eh bien! tu vas me faire le plaisir d'y aller à ma place... tu resteras sur le bord de l'étang jusqu'à ce que tu voies paraître cette aimable fée, ou quelque chose d'approchant, et alors tu auras la complaisance de lui présenter la main et de me l'amener sur-le-champ.

FLEUR D'AMOUR.

AIR : Vent brûlant d'Arabie.

Attendre de la sorte!

Je vais perdre mes pas...
Croyez-vous qu'elle sorte!

LE PRINCE.

Ne me réplique pas.
Vénus, quoique déesse,
Sortit de l'Océan...
Tu vois que ma princesse
Peut sortir d'un étang!

FLEUR D'AMOUR.

Mais, seigneur...

LE PRINCE.

Va, et ne me réplique pas.

(Fleur d'Amour sort.)

SCÈNE VI.

LE PRINCE, seul.

Enfin, après deux ans de recherches, la voilà donc trouvée cette fée tant désirée... C'est la fée Rayonnante, j'en suis sûr... C'est singulier, aussitôt que j'ai aperçu cette délicieuse petite souris, une espèce de pressentiment m'a dit : Prince Charmant, voilà ta compagne... Fée adorable, que tu tardes à te montrer! crains-tu de paraître aux regards d'un simple mortel?... mais je ne suis pas un mortel comme un autre... regarde-moi avec attention... je suis *Charmant;* mais il ne s'agit pas ici seulement des qualités du physique... c'est le moral qu'il faut voir; et, sous ce rapport, je suis encore plus digne de toi... quand ce ne serait que par cette foi robuste, que je conserve à la barbe de mon siècle, pour des merveilles qui font les délices du jeune âge, et que nos philosophes modernes ne craignent pas de traiter de fariboles... Oui, adorable fée!... je suis *Charmant;* mais je suis bien malheureux.

AIR : Viens, gentille dame. (*La Dame Blanche.*)

Viens, gentille fée!
Ma flamme étouffée

Dévore mes sens...
Cède à ma prière,
Parais, et viens faire
Cesser mes tourments :
Parais, je t'attends, je t'attends !

AIR : Fin de l'air de *Délia et Verdikan.*

Prends une forme nouvelle,
Sois brillante ou sans atours,
Ah! tu seras toujours belle,
Tu me charmeras toujours!

(Sur le dernier mot toujours, il frappe avec force dans ses mains; on lui répond dans l'arbre.)

Qu'entends-je? n'est-ce pas mon imagination effervescente qui se repait de vaines chimères?... (Il frappe deux coups; on répond encore.) Non, mon imagination ne se repait point... la nature s'anime; et du fond de cet arbre antique... essayons une dernière épreuve.

(Il frappe trois coups, Rébecca sort vivement de l'arbre.)

REBECCA.

Est-ce toi, tendre ami?... Que vois-je! ce n'est pas lui.

SCÈNE VII.

LE PRINCE, RÉBECCA.

LE PRINCE, qui s'est jeté à genoux sans oser la regarder.

J'en suis sûr, c'est la fée Rayonnante!... Oui, madame vous voyez à vos pieds l'heureux Prince Charmant, qui os à peine lever les yeux sur tant d'attraits.

RÉBECCA, à part.

C'est le prince, grands Dieux! (Haut.) Votre Altesse e étonnée de me voir ainsi.

LE PRINCE.

Non, madame, certainement... (A part, la regardant.) C'e singulier, elle a pris une drôle de figure... (Haut.) Vous av craint sans doute que la faible vue d'un mortel ne pût supporter l'éclat de vos vrais charmes?

REBECCA.

De mes vrais charmes!...

LE PRINCE.

Qui sait d'ailleurs si vous ne voulez pas encore m'éprouver?... Eh! mon Dieu! je suis encore trop heureux... vous pouviez vous présenter à moi sous une forme bien plus... un crocodile... un serpent... que sais-je?... Mais vous avez eu la bonté de ne rien conserver de votre état de ce matin, rien que cette robe, *gris de souris effrayée*, qui me rappelle l'avantage que j'ai eu de faire votre connaissance, et de vous rendre ce léger service.

REBECCA, à part.

Si j'y comprends rien!... (Haut.) Comment, mon prince, vous ne m'en voulez pas de m'être ainsi introduite dans votre palais?

LE PRINCE.

Vous savez bien que je vous y attendais pour vous offrir et mon cœur et ma main... Vous connaissez la loi sévère qui me force à me marier d'ici à quelques heures... et si vous me refusez pour époux, c'en est fait de mon bonheur et de ma couronne.

REBECCA.

Comment! il serait possible que ce fût moi... Ah çà! et Fleur d'Amour?

LE PRINCE.

Je l'ai envoyé vous chercher au bord du canal... C'est un très-bon tour que vous lui avez joué de paraître ainsi.

REBECCA, à part.

Allons, il est au fait... (Haut.) Vous savez donc qui je suis?

LE PRINCE.

Si je le sais?... Je vous aimais sans vous connaître, et depuis que je vous ai vue, ça n'a rien ajouté à ma passion...

Je cours vous chercher ce précieux anneau qui ne doit être donné qu'à ma future épouse ; et dans l'instant, je vous fais proclamer... je vous retrouverai ici, n'est-ce pas ? vous me le promettez ?

REBECCA, à part.

Ma foi, je ne sais pas trop comment ça se fait ; mais cela prouvera du moins à ce volage de Fleur d'Amour...

LE PRINCE.

Quoi ! vous hésitez ?

REBECCA.

Non, je vous le promets... Je vous demande seulement à changer un peu...

LE PRINCE.

Oh ! mon Dieu... faites tous les changements possibles... des changements à vue... faites comme chez vous... mais je vous reverrai, n'est-il pas vrai ?... Regardez-moi... (Ils se regardent tendrement.) J'en suis pour ce que j'ai dit... vous avez choisi là une f...igure bien originale... vous ne la garderez point, n'est-ce pas ?

REBECCA.

Comment ?

LE PRINCE.

Après ça, ce que je vous en dis... ne croyez pas que j'en sois inquiet.

REBECCA, à part.

En vérité, ce prince-là est bien singulier... mais il est bien aimable.

LE PRINCE.

AIR : Oui, j'ai su lui plaire.

Oui, j'ai su lui plaire,
Et j'obtiens son cœur ;
O destin prospère !
Je touche au bonheur.
Préparons tout en secret
Pour un si charmant objet.

LE PRINCE et REBECCA.
J'ai donc su lui plaire, etc.

(Ils sortent.)

SCÈNE VIII.

LA COMTESSE, FINASSINI, entr'ouvrant mystérieusement la petite porte qui se trouve dans le socle à droite de l'acteur.

LA COMTESSE, FINASSINI.

Ensemble.

AIR : De la lumière, } (Introduction de *Tancrède*.)
Le Dieu prospère.

Oui, qu'en silence
Chacun s'avance,
De la prudence,
Parlons bien bas,
De l'étrangère,
Sur cette terre,
Que le mystère
Suive les pas !

LA COMTESSE.
Vous n'avez point fermé la grille?...

FINASSINI.
Non, comtesse.

LA COMTESSE.
C'est bien... il faut en cas d'accident se ménager une retraite... D'ailleurs, le gardien de la porte extérieure veille sur nous, et nous pouvons compter sur lui... c'est lui qui nous a découvert cette issue secrète, dont le prince lui-même n'a point connaissance.

FINASSINI.
Vous avez assez payé son secret... tant d'or à un simple portier !

LA COMTESSE.
J'ai mes projets... Paix !... j'ai cru entendre marcher.

8.

FINASSINI.

Vous m'avouerez que, pour un ambassadeur, vous me faites faire là un pas de clerc.

LA COMTESSE.

Bah! ce ne sera pas le premier.

FINASSINI.

Songez donc qu'on a juré de nous hacher menu comme chair à pâté.

LA COMTESSE.

Crois-tu qu'il aurait ce cœur-là? Ah! mon cher cousin, vous refusez non-seulement de m'épouser, mais même de me voir!

FINASSINI.

Et c'est pour cela que vous voulez affronter sa présence?

LA COMTESSE.

Justement.

FINASSINI.

Mais j'ai eu l'honneur de répéter à Votre Altesse qu'il ne veut pour épouse qu'une maîtresse fée.

LA COMTESSE.

Qui sait si on ne le dégoûtera pas de la féerie et des fées?

AIR : Amis, voici la riante semaine. (*Le Carnaval.*)

Certe, il en est plus d'une, je le pense,
Qui franchement, mon cher, ne me vaut pas;
Qu'a-t-il besoin, d'ailleurs, de leur puissance,
Et qu'en ferait mon cousin ici-bas?
Pauvre garçon, il a la meilleure âme!
D'avance, enfin... c'est très-facile à voir,
Sans être fée, auprès de lui sa femme
Aura toujours bien assez de pouvoir!

FINASSINI.

Il me semble remarquer dans les jardins des préparatifs de fête.

LA COMTESSE.

Allez voir ce que ce peut être, et tâchez de savoir où est le prince.

FINASSINI.

Mais si l'on me découvre... songez que... (Il fait le signe de hacher.) comme chair à pâté.

LA COMTESSE.

Je le veux.

(Finassini sort.)

SCÈNE IX.

LA COMTESSE, seule.

Ah! mon cousin, il faut de la féerie pour vous plaire... J'espère cependant bien m'en passer.

AIR : Musique M. A. DE BEAUPLAN.

Sans avoir recours
A la magie,
Fille jolie,
Au gré de son envie,
Saura toujours
Fixer les amours!

D'un être fantastique
Le pouvoir est moins grand
Que le coup d'œil magique
D'un minois séduisant.

Sans avoir recours, etc.

Prenant l'amour pour guide,
Parfois j'ai réussi ;
Et sans être sylphide,
Je puis charmer aussi...

Sans avoir recours, etc.

Mais on vient de ce côté... Ah! mon Dieu, d'après le portrait qu'on m'en a fait, ne serait-ce pas le prince lui-même?

SCÈNE X.

LA COMTESSE, LE PRINCE.

LE PRINCE, sans voir la comtesse.

Enfin je tiens ce précieux anneau... et dès que je vais voir cette puissante fée...

LA COMTESSE, à part.

Mon cousin n'est pas mal.

LE PRINCE, apercevant la comtesse.

Que vois-je!... eh bien! à la bonne heure, parlez-moi de ça... vous êtes bien mieux que tout à l'heure... il n'y a pas de comparaison... et je reconnais la fée Rayonnante.

LA COMTESSE.

Eh! mais, comme il m'aborde!... on dirait qu'il me connaît déjà.

LE PRINCE.

Si je vous connais! voilà absolument la figure que je désirais épouser... celle qui était l'objet de tous mes rêves... et d'honneur, dans aucun de mes livres, je n'ai rien vu d'aussi joli.

LA COMTESSE, à part.

Qu'est-ce que disait donc Finassini? il n'est pas si extravagant.

LE PRINCE.

AIR de l'Angelus.

De joie et de ravissement
Je sens que mon âme échauffée...
Fée... incomparable...

LA COMTESSE.
Un moment,
Ah! je ne suis pas une fée...

LE PRINCE.
Ah! je trouve en vous une fée.
Vos attraits instruisent au mieux
De votre origine secrète...
Votre pouvoir est dans vos yeux,
Bien plus que dans votre baguette.

LA COMTESSE.
Comment donc! mais c'est une déclaration.

LE PRINCE.
Je vous déclare que c'en est une, et je la crois agréable...
Oui, rien ne me fera manquer à mes serments.

LA COMTESSE.
Je crains pourtant que votre cousine, la comtesse de Padoue...

LE PRINCE.
Il s'agit bien de ma cousine, auprès d'une fée de votre calibre.

LA COMTESSE.
On dit qu'elle me vaut bien.

LE PRINCE.
C'est impossible... et d'ailleurs, j'ai refusé de la voir, et je ne la verrai pas.

AIR d'Ambroise.

Quelle soudaine ardeur me brûle!
Quel feu dans mes veines circule!
C'est bien de la magie! ô ciel!...

LA COMTESSE.
Rien n'est pourtant plus naturel.

LE PRINCE.
Reprenons un peu d'assurance.
(Il reprend sa main et lui met l'anneau.)

Ah! grands dieux! quel trouble est le mien!

LA COMTESSE, regardant l'anneau.

Enfin, il est en ma puissance!
Ah! je le tien,
Oui, je le tien!

LE PRINCE.

Comme j'en tien!

(Sur les dernières mesures du couplet, la comtesse s'échappe et rentre dans la cachette d'où elle est sortie avec Finassini.)

SCÈNE XI.

LE PRINCE, seul.

Oui, je jure à vos pieds... Eh bien!... (Se retournent et ne voyant plus la comtesse.) Comment! elle a disparu! Ma foi, voilà un tour de passe-passe!... C'est que je n'ai pas vu la moindre flamme, le plus petit nuage!

SCÈNE XII.

LE PRINCE, REBECCA, richement habillée, arrivant du côté opposé.

LE PRINCE, se retournant et l'apercevant.

Et de deux!... Ma foi, celui-là vaut l'autre! (Riant.) Ah! ah! ah! c'est charmant... Ah çà, c'est pour rire que vous avez repris votre autre... mais j'aime mieux celle de tout à l'heure.

REBECCA, montrant sa robe.

Prince, d'où vient votre étonnement! Ne vous avais-je pas prévenu de ce changement?

LE PRINCE.

Sans doute... mais c'est que ça a été fait!... crac... paraissez... disparaissez..... Si ça n'était pas abuser de votre complaisance, ne pourriez-vous pas recommencer? Tenez, je vais fermer les yeux...

REBECCA.

Prince, je ne conçois pas ce qui peut ainsi troubler Votre Altesse.

LE PRINCE.

Pardon... je n'insistera pas... Je sens qu'il faut vous laisser faire toutes vos volontés... Tous les grands de ma cour vont venir vous présenter leurs hommages... alors, je demanderai que pour eux... voilà tout ce que je vous demande; - pour moi, je ne suis pas inquiet.

REBECCA.

Comment?

LE PRINCE.

Voyez-vous bien... celle-ci ferait un mauvais effet... alors, vous me promettez, n'est-ce pas?

REBECCA.

Ah! mon Dieu! oui, je vous le promets. (A part.) Si je sais ce qu'il veut dire...

SCÈNE XIII.

Les mêmes; FLEUR D'AMOUR.

FLEUR D'AMOUR.

Mon prince...

REBECCA, à part.

C'est Fleur d'Amour.

FLEUR D'AMOUR.

Les seigneurs et les grands de votre cour demandent à être présentés à leur nouvelle souveraine.

LE PRINCE.

Je vais recevoir leurs félicitations.

FLEUR D'AMOUR, à part.

Qu'ai-je vu ? Rebecca !... Tout est découvert...

LE PRINCE, à Rebecca.

Rappelez-vous votre promesse : au moment où j'entrerai avec ma cour, le changement sera fait, n'est-ce pas ? ça vous est si facile !... Je cours recevoir les félicitations de mes sujets, et je les amène à vos pieds.

(Il sort.)

SCÈNE XIV.

REBECCA, FLEUR D'AMOUR.

FLEUR D'AMOUR.

Comment ! il vous a trouvée ici, il vous a vue... et il est enchanté !... M'expliquerez-vous tout ce que cela veut dire ?

REBECCA.

AIR du Pot de fleurs

Cela s'explique : tant de charmes
N'ont jamais été faits pour vous ;
Chacun va me rendre les armes,
Un prince devient mon époux !

FLEUR D'AMOUR, parlant.

Lui ! vous épouser !

REBECCA.

Si vous voulez bien le permettre,
Dans l'instant, il va sur mon front
Mettre la couronne.

FLEUR D'AMOUR.

Il faut donc
Qu'il ne sache plus où la mettre ?
Ah ! puisqu'il la met sur son front,
Il ne sait donc plus où la mettre !

REBECCA.

Page impertinent !

FLEUR D'AMOUR.

Mais songez donc que voilà bientôt vingt ans que je vous fais la cour... que si je mets à vous oublier le temps que j'ai mis à vous plaire... que diable ! il n'y a pas de raison pour que ça finisse... Allons, un bon mouvement ; et s'il ne faut que se mettre à vos genoux, vous m'y voyez. (Il se jette à ses genoux.) J'y resterai toujours.

REBECCA.

Fleur d'Amour, levez-vous... vous me compromettez.

SCÈNE XV.

Les mêmes ; LE PRINCE, et sa Suite.

LE PRINCE.

O ciel ! mon page aux pieds de mon épouse !

REBECCA.

Ce n'est pas ma faute... je ne voulais pas l'écouter.

LE PRINCE.

Je m'en doute bien... Eh bien ! vous l'avez encore ?... vous m'aviez promis de la quitter... Ah ! j'y suis, c'est à cause de ce maraud... Vous n'avez pas voulu, devant lui... vous avez bien fait... celle-là est encore trop bonne pour lui... et, pour arrêter ses transports téméraires, vous auriez dû prendre pire encore, si c'est possible... Mais puisque rien ne l'effraie, qu'on l'entraîne et qu'on le fustige !

FLEUR D'AMOUR.

O ciel ! trahi et fustigé...

REBECCA.

Prince, je vous demande sa grâce.

LE PRINCE.

Eh bien! à la bonne heure, mais à une condition: c'est que vous reprendrez votre autre figure... celle de ce matin était si jolie!... je donnerais tout au monde pour la revoir.

REBECCA.

Eh! mon Dieu! ce n'est pas si difficile... vous n'avez qu'à regarder.

LE PRINCE.

Ah! c'est bon... elle va changer... (Aux gens de la cour.) Vous allez voir. (A Rebecca.) Allons, commencez... Non, nous aimons mieux ne pas regarder... nous ne regardons pas... Eh bien!

(On entend, dans le lointain, une musique orientale, vive et brillante.)

TOUS.

Quel est ce bruit?...

LE PRINCE.

Ne remuez donc pas... c'est que ça commence... (Le bruit redouble.) C'est ça... voilà le coup de baguette donné... vous allez voir les dragons ailés... les palais de diamants... aïe... aïe... (On aperçoit, dans le fond, descendre de la montagne une suite nombreuse de femmes qui portent des fleurs.) Voyez-vous, quand je vous le disais.

FLEUR D'AMOUR, à part.

Ah çà!... mais voilà que je commence à avoir peur... Est-ce que ma future serait réellement une sorcière?

SCÈNE XVI.

LES MÊMES; LA COMTESSE DE PADOUE, sur un palanquin magnifique, richement habillée, environnée de toute sa SUITE, une baguette à la main.

LE CHOEUR.

AIR : En avant le régiment. (Marche de *Marie*.)

Quelle est cette princesse

Dont l'éclat éblouit les yeux ?
Oui, cette enchanteresse
Vient pour nous de quitter les cieux !

LE PRINCE, donnant la main à la comtesse qui descend de son palanquin.

C'est elle, je la reconnais !... voilà celle que j'ai juré d'aimer toujours. (Se retournant vers Rebecca.) Eh bien ! vous voilà, encore ? disparaissez... on n'a plus besoin de cette figure-là.

FLEUR D'AMOUR.

Si vraiment, car c'est celle de ma femme.

LE PRINCE.

De sa femme ?... (A la comtesse.) Comment, madame aurait justement emprunté la figure de ta femme ?

LA COMTESSE.

Probablement.

LE PRINCE.

Ce pauvre Fleur d'Amour !... Soyez tranquilles tous deux... si madame a, pour quelque temps, emprunté votre figure, vous pouvez être sûrs qu'elle n'en a point fait un mauvais usage... et d'ailleurs on vous en paiera la location au-delà de sa valeur, n'est-il pas vrai ?... (A la comtesse.) Vous avez reçu mon anneau de fiançailles... et puisque vous daignez épouser un simple mortel, un homme simple... permettez que je sois le vôtre, et tous mes vœux seront comblés... Ah çà ! mais maintenant, dites-moi, êtes-vous bien la fée Rayonnante ? ou comment faut-il vous appeler ?

SCÈNE XVII.

LES MÊMES ; FINASSINI, paraissant dans le fond.

FINASSINI.

La comtesse de Padoue... et madame n'a jamais cessé de l'être.

LE PRINCE.

Qu'entends-je ! vous seriez.....

LA COMTESSE.

Votre cousine.

LE PRINCE.

Ma cousine !

FINASSINI.

AIR : *Ces postillons sont d'une maladresse.*

 Moi, son plénipotentiaire,
Seul, en ces lieux, j'ai dirigé ses pas ;
 Une fée est une chimère
 Qu'on ne trouve plus ici-bas.
 Les enchanteurs sont des folies,
 Et dans mon pays, croyez-nous,
 On ne voit pas plus de génies
  Qu'on n'en trouve chez vous.

LE PRINCE.

C'en est fait ; le voile se déchire. (A la comtesse.) En revenant à vous, comtesse, c'est revenir au naturel, à la vérité ; et si jamais j'étais tenté de retomber dans mes anciennes erreurs, il suffirait de me rappeler les excellents discours de M. l'ambassadeur, pour m'empêcher de croire au merveilleux.

TOUS.

AIR du *Laboureur chinois.*

 Quelle douce destinée
 Attend ce couple charmant !
 Chantons ce noble hyménée
 Et cet heureux changement !

LE PRINCE, au public.

AIR : Oh! vous avez des droits superbes. (*Le nouveau Seigneur de village.*)

 Je tiens aux sorciers, j'en fais gloire,
 Mais je connais de prétendus savants,
 Des esprits forts, qui refusent de croire

Aux enchanteurs comme aux enchantements.
Lorsque je veux les défendre, ils insistent :
Pour mieux prouver à tous ces entêtés
  Que les enchantements existent,
Tâchez, Messieurs, de paraître enchantés !

Oui, pour convaincre ces obstinés, et pour leur montrer que les enchantements existent, ce soir, messieurs, cinq minutes seulement, quand même il n'en serait rien, ayez

La bonté, la bonté de paraître enchantés.

YELVA

ou

L'ORPHELINE RUSSE

VAUDEVILLE EN DEUX PARTIES

EN SOCIÉTÉ AVEC MM. DEVILLENEUVE ET DESVERGERS.

Théatre de S. A. R. Madame. — 18 Mars 1828.

PERSONNAGES.	ACTEURS.

ALFRED, fils du comte de Césanne . . . . MM. PAUL.
TCHÉRIKOF, seigneur russe. . . . . GONTIER.
KALOUGA, Cosaque. . . . . KLEIN.

A COMTESSE DE CÉSANNE . . . . Mmes THÉODORE.
FŒDORA, cousine de Tchérikof . . . . NADÈGE-FUSIL.
YELVA, jeune orpheline. . . . . LÉONTINE FAY.
GERTRUDE DUTILLEUL, gouvernante d'Yelva. JULIENNE.

TÉMOINS. — MODISTES. — LINGÈRES. — PAYSANS et PAYSANNES POLONAIS.

A Paris, dans une maison du quartier Saint-Jacques, pour la première partie ; et, dans la Pologne russe, à quelques lieues de Vilna, pour la seconde partie.

YELVA
ou
L'ORPHELINE RUSSE

PREMIÈRE PARTIE

Un appartement simplement meublé. — Porte au fond : deux portes latérales. Sur le premier plan, à gauche de l'acteur, une croisée; une table de toilette du même côté, un peu sur le devant.

SCÈNE PREMIÈRE.

Mme DUTILLEUL, sortant de l'appartement à droite de l'acteur.

A-t-on jamais vu une pareille étourderie? je ne sais à quoi pense cette petite fille : laisser son album dans la grande allée du Luxembourg!... Aussi, c'est ma faute; nous étions là assises sur un banc; je lui parlais de M. Alfred, de notre jeune maître, et quand il est question de lui, ça nous fait tout oublier. Allons, allons, le mal n'est pas grand, je le retrouverai sans doute à la même place; car, au Luxembourg, il n'y a que des gens honnêtes : il n'y va personne; et puis, d'ailleurs, de la rue Saint-Jacques, il n'y a qu'un pas, et si ce n'étaient les six étages au-dessus de l'entresol...

AIR : Muse des jeux et des accords champêtres.

C'est un peu dur, j'en conviens avec peine,
Quand on n'a plus ses jambes de quinze ans ;
Plus d'une fois il faut reprendre haleine
Et raffermir ses pas trop chancelants.
Pourtant, je l'sens, lorsqu'on s'voit à mon âge,
Si près du ciel il est doux d'habiter...
Ça nous rapproche ; et quand vient l'grand voyage,
Il n'reste plus qu'un étage à monter.

(Écoutant.)

Tiens, une voiture s'arrête à la porte. (Regardant par la croisée.) Un monsieur en est descendu ; un beau landau, une livrée verte et un grand Cosaque ; chez qui donc ça peut-il venir ? Il n'y a dans cette maison que des étudiants en droit ou en médecine, et ça ne connaît pas d'équipages ; ça ne connaît que le parapluie à canne.

(Tchérikof entre suivi de Kalouga.)

SCÈNE II.

TCHÉRIKOF, entrant par le fond, Mme DUTILLEUL, KALOUGA.

TCHÉRIKOF, à Kalouga qui est resté derrière lui.

Kalouga, restez, et attendez mes ordres.

Mme DUTILLEUL.

Est-ce à moi, monsieur, que vous voulez parler ?

TCHÉRIKOF.

Pas précisément ; mais c'est égal.

Mme DUTILLEUL.

Pardon, monsieur, n'ayant pas l'honneur de vous connaître, vous ne trouverez pas extraordinaire que je vous demande qui vous êtes.

TCHÉRIKOF.

C'est facile à vous apprendre. Vous saurez, d'abord, qu'on

me nomme Ivan Tchérikof, nom qui jouit de la plus haute considération depuis les bords du Pruth jusqu'aux rives de la Néva ; c'est vous dire assez que je suis Russe ; ma famille est une des plus riches de l'empire ; j'ai pour mon compte trois cent mille roubles de revenu, quatre châteaux, deux palais, cinq mille chaumières et dix mille paysans, tous très-bien constitués et d'un excellent rapport ; j'en ai toujours avec moi un échantillon assez flatteur. (Appelant.) Kalouga, que je vous présente.

(Kalouga s'avance un peu.)

AIR : Dans ma chaumière.

Pour un Cosaque
On le reconnaît au maintien ;
Et quoiqu'il ait l'air un peu braque,
Comment le trouvez-vous ?

Mme DUTILLEUL.

Fort bien
Pour un Cosaque.

TCHÉRIKOF, à Kalouga.

Remerciez madame, et sortez. Allez m'attendre en bas avec mon cocher et mes deux chevaux ; et soyez bien sages tous les quatre. (Kalouga sort.) Voilà, madame, les dons que je tiens du hasard. Quant à mes avantages personnels, j'ai trente ans, un physique assez original, je possède cinq langues et environ une demi-douzaine de décorations, sans compter les médailles.

Mme DUTILLEUL.

Je vous en fais bien mon compliment.

TCHÉRIKOF.

Il n'y a pas de quoi.

Mme DUTILLEUL.

Et puis-je savoir ce qui vous amène chez moi ?

TCHÉRIKOF.

C'est plus difficile à vous expliquer. Vous ne m'en voudrez pas, je l'espère, si je vous avoue qu'ici, à Paris, je m'ennuie à force de m'amuser.

Mme DUTILLEUL.

Je comprends.

TCHÉRIKOF.

Alors, pour faire diversion, j'ai été ce matin me promener au Luxembourg.

Mme DUTILLEUL.

Ce qui nous arrive quelquefois.

TCHÉRIKOF.

Je le sais bien; et, dans une allée solitaire, j'ai trouvé cet album, que je me suis fait un devoir de vous rapporter.

Mme DUTILLEUL.

O ciel! c'est celui d'Yelva. Et comment, monsieur, avez-vous su à qui il appartenait, et où nous demeurions?

TCHÉRIKOF.

Parce que, depuis longtemps, j'ai l'honneur de vous suivre tous les jours au Luxembourg, et de rester des heures entières en contemplation devant vous, ce que vous n'avez pas remarqué, parce que, grâce au ciel, vous avez la vue basse; mais moi qui l'ai excellente, je n'ai perdu aucune des perfections de votre charmante fille; je sais, de plus, que c'est la vertu, la sagesse même; j'en ai la preuve par tous les présents qu'elle m'a refusés.

Mme DUTILLEUL.

Quoi! monsieur, ces cachemires, ces diamants, c'est vous qui avez osé?..

TCHÉRIKOF.

J'ai eu tort d'employer, rue Saint-Jacques, le système de la Chaussée-d'Antin.

Mme DUTILLEUL.

Monsieur!...

TCHÉRIKOF.

Calmez-vous, femme respectable ; je vous ai dit que je me repentais. Je suis jeune, ardent, impétueux... mais, au milieu de mes erreurs, j'aime la vertu... Je vous prie de ne pas prendre cela pour une déclaration. Et depuis qu'hier je vous ai entendu prononcer le nom d'Yelva, lui parler de la Russie, son pays natal, je me suis dit qu'une Moscovite, une compatriote, avait des droits à mon respect, à ma protection, et je viens vous demander sa main.

Mme DUTILLEUL.

Sa main ?

TCHÉRIKOF.

Cela vous étonne! Au fait, c'est par là que j'aurais dû commencer.

AIR : Ses yeux disaient tout le contraire.

Demeurant loin du Luxembourg,
   Je fus trompé par la distance ;
De l'Opéra, mon unique séjour,
   J'avais encor la souvenance.
Ici je vois que pour avoir accès,
   Il faut faire parler, ma chère,
L'amour d'abord, et les cadeaux après ;
   Là-bas c'était tout le contraire !

Mme DUTILLEUL.

Il serait possible! Mais Yelva est une jeune orpheline qui n'a aucun bien.

TCHÉRIKOF.

Je crois vous avoir dit que j'avais trois cent mille roubles, dix mille paysans...

Mme DUTILLEUL.

Mais votre famille consentirait-elle ?

TCHÉRIKOF.

Je n'en ai plus, excepté mon oncle, le comte de Leczinski, que j'ai laissé à Vilna, il y a dix ans, ainsi que ma petite cousine Fœdora, qui alors en avait huit, et je ne dépends pas d'eux; je suis mon maître. J'ai trop de fortune pour un, il faut donc que nous soyons deux. Et si la gentille Yelva veut devenir la comtesse de Tchérikof?...

Mme DUTILLEUL.

Permettez, monsieur, je ne vous ai pas dit... vous ne savez pas encore...

TCHÉRIKOF.

Je ne sais pas encore si cela lui convient, c'est vrai. Mais la voici, nous allons le lui demander.

SCÈNE III.

LES MÊMES; YELVA, sortant de la chambre à gauche.

TCHÉRIKOF.

Approchez, belle Yelva.

YELVA.

Elle le salue, regarde, d'un air d'étonnement et de plaisir, son costume, et semble demander, par ses gestes, quel est cet étranger?

Mme DUTILLEUL.

Monsieur, je dois vous apprendre...

TCHÉRIKOF.

Du tout, je vous prie de laisser parler mademoiselle.

Mme DUTILLEUL.

Et du tout, monsieur, la pauvre enfant ne le peut pas; elle est muette.

TCHÉRIKOF.

O ciel!

Mme DUTILLEUL.

Aussi, vous ne vouliez pas m'écouter.

YELVA.

Elle lui fait signe qu'elle peut l'entendre, mais qu'elle ne peut pas lui répondre.

TCHÉRIKOF.

Pauvre enfant! Un tel malheur la rend encore plus intéressante. Et comment cela lui est-il arrivé?

Mme DUTILLEUL.

Oh! il y a bien longtemps : elle n'avait que quatre ou cinq ans. C'était à la guerre, dans un combat, dans une ville prise d'assaut. Je ne puis vous expliquer cela. Sa mère et les siens venaient de périr sous ses yeux. Et son père, qui l'emportait dans ses bras, fut couché en joue par un soldat ennemi... (Yelva fait un mouvement pour interrompre madame Dutilleul.) Pardon, chère enfant, de te rappeler de pareils souvenirs. (Bas à Tchérikof.) Tant il y a, monsieur, qu'au moment de l'explosion, au moment où elle vit tomber son père, elle voulut pousser un cri; mais l'effroi, la douleur, lui causèrent un tel saisissement, que depuis ce temps...

TCHÉRIKOF.

Je conçois, cela s'est vu très-souvent, une commotion subite peut vous ôter ou vous rendre la parole. Nous avons l'histoire de Crésus, dont le fils n'avait jamais pu dire un mot, et qui, en voyant une épée levée sur son père, s'écria : *Miles, ne Crœsum occidas!* ce qui veut dire : Grenadier, ne tue pas Crésus! Mais c'est là du latin; et quoique nous soyons dans le pays, vous n'êtes pas obligée de le comprendre; revenons à notre jeune Moscovite. (A Yelva.) Savez-vous dans quel endroit, dans quelle ville cela vous est arrivé?

YELVA.

Elle fait signe que non, et qu'elle ne pourrait le dire.

TCHÉRIKOF.

Et avec qui étiez-vous?

YELVA.

Elle indique à Tchérikof qu'elle était alors entourée de gens qui avaient tous de grands plumets, des décorations comme lui, de grandes moustaches... et qu'il en passait beaucoup devant elle, se tenant bien droits et marchant au bruit du tambour.

TCHÉRIKOF.

A ce portrait, je crois reconnaître les superbes grenadiers de notre garde impériale, dont je faisais partie en 1812 ; car j'étais capitaine à treize ans ; c'était ma seconde campagne.

Mme DUTILLEUL.

Et où aviez-vous donc fait la première ?

TCHÉRIKOF.

A Saint-Pétersbourg, comme tout le monde, à l'école des Cadets, où j'étais le plus espiègle. Mais ce que je viens d'apprendre ne change rien à mes intentions : au contraire, mademoiselle, je vais vous parler avec la galanterie française et la franchise moscovite. Vous êtes fort bien, je ne suis pas mal, vous n'avez pas assez de fortune, j'en ai trop, et je cherche quelqu'un avec qui la partager.

AIR : Amis, voici la riante semaine. (*Le Carnaval*.)

Fuyant l'ennui qui me poursuit sans cesse,
J'ai tout goûté... tout vu ; car les plaisirs,
Sans pouvoir même épuiser ma richesse,
Ont de mon cœur épuisé les désirs.
Et, comme époux lorsque je me propose,
Ce que de vous je demande à présent,
C'est du bonheur... car c'est la seule chose
Que je n'aie pu trouver pour mon argent !

Maintenant c'est à vous de répondre, si vous pouvez.

YELVA.

Elle lève les yeux sur lui, lui témoigne sa reconnaissance, et le supplie de ne pas lui en vouloir... mais elle ne peut accepter.

TCHÉRIKOF.

Comment ! vous refusez : et pourquoi? est-ce que je ne vous plais pas? est-ce que je n'ai pas les traits nobles et élégants, la tournure distinguée? celles qui me l'ont dit jusqu'à présent m'auraient-elles trompé? c'est possible.

YELVA.

Elle lui fait signe que non; qu'il est fort bien, fort aimable... qu'elle a du plaisir à le voir.

TCHÉRIKOF.

J'entends; à la manière dont vous me regardez, je crois comprendre que vous avez du plaisir à me voir...

YELVA.

Elle lui fait signe que oui.

TCHÉRIKOF.

Et que vous avez pour moi de l'affection...

YELVA, par gestes.

Oui.

TCHÉRIKOF.

De l'amitié...

YELVA, par gestes.

Oui.

TCHÉRIKOF.

Un commencement d'amour...

YELVA, par gestes.

Non.

TCHÉRIKOF.

J'entends bien; ça ne peut pas être de l'adoration; mais je l'aime mieux, parce que, depuis que je suis en France, j'ai été si souvent adoré par des femmes aimables, qui me le disaient, que je préfère être aimé tout uniment par vous qui ne me le dites pas; j'ai idée que cela durera plus longtemps.

YELVA, par gestes.

Non, non, cela n'est pas possible; je ne puis vous épouser.

TCHÉRIKOF.

Nous ne pouvons pas être unis, et pourquoi? parce que vous êtes muette; en ménage c'est le meilleur moyen de s'entendre : et d'ailleurs voilà votre gouvernante, cette femme estimable qui ne nous quittera pas, et qui pourra suppléer au besoin; tout cela se compense.

Mᵐᵉ DUTILLEUL.

Comment, monsieur, est-ce que vous me prenez pour une babillarde?

TCHÉRIKOF.

Du tout, du tout... surtout dans votre position, comme obligée de parler pour deux, vous n'avez que bien juste ce qu'il faut. Mais vous, Yelva, vous ne pouvez pas me refuser pour un pareil motif; et si vous n'avez pas d'autres objections, si votre cœur est libre, si vous n'aimez personne; car je jurerais bien...

YELVA, par gestes.

Non, ne jurez pas...

TCHÉRIKOF.

Quoi! qu'est-ce que c'est? Je ne comprends pas. Est-ce que votre cœur aurait déjà parlé?

YELVA, par gestes.

Peut-être bien : je n'en suis pas sûre.

TCHÉRIKOF.

Ah! mon Dieu! je crains de comprendre... Hein! qui vient là?

SCÈNE IV.

LES MÊMES; ALFRED, entrant par la porte du fond.

Mᵐᵉ DUTILLEUL.

C'est M. Alfred, notre jeune maître.

ALFRED, sans voir Tchérikof, allant à madame Dutilleul, et à Yelva.

Bonjour, ma bonne Gertrude; bonjour, ma chère Yelva

TCHÉRIKOF.

Eh! mais, si je ne me trompe, c'est M. Alfred de Césanne?

ALFRED, voyant Tchérikof.

Un étranger!

TCHÉRIKOF.

Qui n'en est pas un pour vous. J'ai eu l'honneur de vous voir deux ou trois fois rue d'Artois, chez mon banquier.

ALFRED.

Oui, vraiment, ce seigneur russe, si riche et si aimable.

TCHÉRIKOF, à part.

Il me reconnaît.

ALFRED.

Et comment vous trouvez-vous ici, près du Luxembourg?

TCHÉRIKOF.

Il est vrai que c'est un peu loin, un peu froid, un peu désert. Relativement à votre capitale, ce serait presque la Sibérie... (Regardant Yelva.) si parfois on n'y trouvait des roses.

ALFRED, avec chaleur.

Enfin qu'est-ce qui vous y amène?

(Yelva cherche à le calmer.)

Mme DUTILLEUL, allant prendre l'album.

Cet album que nous avions oublié, et que monsieur a eu la complaisance de nous rapporter.

TCHÉRIKOF.

Ce qui m'a donné l'occasion de faire connaissance avec une aimable compatriote.

ALFRED.

En effet, Yelva a vu le jour aux mêmes lieux que vous, et je conçois qu'une pareille rencontre... Il est si difficile de la voir sans s'intéresser à elle! Daignez me pardonner des soupçons dont je n'ai pas été le maître. Et vous, ma chère Yelva...

(Il va au fond du théâtre, avec Yelva et madame Dutilleul.)

TCHÉRIKOF, à part, pendant qu'Alfred, Yelva et madame Dutilleul ont l'air de causer ensemble.

Maintenant, je comprends tout à fait, et c'est dommage, parce que, malgré moi, je la regardais déjà comme une compagne, comme une consolation que le ciel m'envoyait sur cette terre étrangère; n'y pensons plus.

Mme DUTILLEUL, à Alfred, qui lui a montré, ainsi qu'à Yelva, une lettre de son père.

Quoi! vraiment, votre père ne s'y oppose plus?

YELVA.

Elle témoigne, par ses gestes, la surprise qu'elle éprouve; mais elle ne peut le croire encore.

ALFRED, lui montrant la lettre.

Vous le voyez.

Mme DUTILLEUL.

Jamais je n'aurais osé l'espérer!

YELVA.

Elle porte la lettre à ses lèvres, exprime son bonheur... Puis va à Tchérikof, lui tend la main, et semble lui demander l'amitié qu'il lui a promise.

TCHÉRIKOF.

Quoi! que veut-elle dire?

ALFRED.

Qu'il nous arrive un grand bonheur, et qu'à vous, son compatriote, elle voudrait vous en faire part.

TCHÉRIKOF.

Vraiment! Eh! bien, c'est très-bien à elle, parce que, certainement, je ne croyais plus être pour rien dans son bonheur; mais si, de mon côté, je peux jamais lui être utile, à elle ou à vous, monsieur le comte, vous verrez qu'en fait de noblesse et de générosité la France et la Russie peuvent se donner la main.

ALFRED.

Je n'en doute point, monsieur; et, pour vous le prouver,

j'accepte vos offres. Yelva et moi nous avons un service à vous demander.

TCHÉRIKOF.

Il serait possible!

YELVA.

Elle lui fait signe que oui... et qu'elle le supplie de le lui accorder.

ALFRED, à Yelva.

Rentrez dans votre appartement, tout à l'heure nous irons vous y rejoindre.

(Il baise la main d'Yelva.)

YELVA.

Elle le prie de ne pas être longtemps et fait à Tchérikof un sourire et un geste d'amitié.

(Yelva rentre avec madame Dutilleul dans la chambre à gauche.)

SCÈNE V.

TCHÉRIKOF, ALFRED.

TCHÉRIKOF.

Elle est charmante! mais ça ne m'étonne pas, le sang est si beau en Russie.

ALFRED.

N'est-il pas vrai?

TCHÉRIKOF.

Il ne lui manque que la parole; mais, avec ces yeux-là, on peut s'en passer; moi, d'abord, si je les avais, je ne dirais plus un mot; et quand je voudrais séduire, je regarderais; ce qui voudrait dire : Regardez-moi, aimez-moi.

ALFRED, riant.

Ce serait un fort bon moyen.

TCHÉRIKOF.

N'est-ce pas? je l'ai quelquefois employé; mais entre

nous, qui pouvons adopter une autre forme de dialogue, ce serait tout à fait inutile. Daignez donc me dire verbalement en quoi je puis être utile à ma jeune compatriote, que je connais à peine, et dont j'ignore même les aventures.

ALFRED.

Elles ne seront pas longues à vous raconter. Lors de la retraite de Moscou, recueillie par des soldats qui, quelques jours, quelques semaines après, périrent eux-mêmes ou furent forcés de l'abandonner, Yelva allait expirer de misère et de froid, lorsque mon père, le comte de Césanne, officier supérieur, aperçut sur la neige cette pauvre enfant, qui se mourait et ne pouvait se plaindre; il l'emmena avec lui, la conduisit en France, et l'éleva sous ses yeux, près de moi; c'est vous dire que, depuis ma jeunesse, depuis que je me connais, j'adore Yelva.

TCHÉRIKOF.

Je me doutais bien de quelque chose comme cela.

ALFRED.

Quand mon père s'aperçut qu'une telle amitié était devenue de l'amour, il était trop tard pour s'y opposer; il l'essaya cependant. Yelva fut éloignée de la maison paternelle; et, sous la surveillance de Gertrude, notre vieille gouvernante, elle fut exilée dans ce modeste asile, où il leur fut défendu de me recevoir.

TCHÉRIKOF.

C'est pour cela que vous y venez tous les jours. Je me reconnais là. Les obstacles... il n'y a rien comme les obstacles.

ALFRED.

Ma belle-mère, la meilleure des femmes, qui nous chérit tous les deux comme ses enfants, ne s'opposerait point à notre mariage; mais mon père, qui avait pour moi des vues ambitieuses, me destinait un parti magnifique, une fortune immense.

TCHÉRIKOF.

Et comment avez-vous fait?

ALFRED.

Il y a quelques jours, j'ai déclaré à mon père que, soumis à mes devoirs, je n'épouserais pas Yelva sans son aveu; mais que, s'il fallait être à une autre, je quitterais plutôt la France et ma famille.

TCHÉRIKOF.

Y pensez-vous?

ALFRED.

Je l'aurais fait, et mon père, qui me connaît, s'est enfin rendu à mes prières. « Je ne m'y oppose plus, m'a-t-il dit froidement; faites ce que vous voudrez; mais je ne veux pas assister à ce mariage, ni revoir Yelva. » Depuis ce jour, en effet, il a quitté Paris. Hier seulement, j'ai reçu une lettre de lui, où il m'envoyait son consentement pur et simple; et j'ai fait tout disposer pour que notre mariage ait lieu aujourd'hui même.

TCHÉRIKOF.

Aujourd'hui!... (A part.) J'avais bien choisi l'instant pour ma déclaration.

ALFRED.

Mais un de mes amis, sur lequel je comptais, me manque en ce moment; et si vous vouliez le remplacer...

TCHÉRIKOF.

Moi! être un de vos témoins!

ALFRED.

AIR du vaudeville de *Partie et Revanche.*

C'est Yelva qui vous en prie,
Elle croira, par un rêve flatteur,
Revoir en vous ses parents, sa patrie.

TCHÉRIKOF.

Monsieur, j'accepte, et de grand cœur!

(A part.)
Oui, je serai témoin de son bonheur.
Je venais pour mon mariage,
Et je m'en vais servir au sien :
C'est toujours ça... j'ai du moins l'avantage
De n'être pas venu pour rien.
(Haut.)
C'est bien à vous, monsieur Alfred ; c'est très-bien d'épouser une orpheline sans fortune. Chez nous autres Russes, cela n'aurait rien d'étonnant, parce que nous aimons le bizarre, l'original ; et dans la proposition que vous me faites, dans la situation où je me trouve, il y a quelque chose qui me plaît, qui me convient.

ALFRED.

Vraiment !

TCHÉRIKOF.

Et pourquoi ? parce que c'est original ; et moi, je le suis depuis les pieds jusqu'à la pointe des cheveux. Je suis donc à vos ordres, ainsi que mes gens et ma voiture qui nous attendent en bas.

ALFRED.

Non, je vous en prie, renvoyez-les ; que tout se fasse sans bruit, sans éclat, dans le plus grand incognito.

TCHÉRIKOF.

C'est différent ; ils vont alors retourner à l'hôtel, où je vais les consigner, ainsi que Kalouga, mon Cosaque, parce que ce petit gaillard-là, quand je le laisse seul dans Paris, il a les passions si vives !... Je descends donc leur donner mes ordres, (A part.) acheter mon présent de noces pour la mariée, (A Alfred.) et je reviens ici vous prendre en fiacre, en sapin ; je n'y ai jamais été, ça m'amusera, c'est original

ALFRED.

AIR du vaudeville de *la Somnambule*.

Par ce moyen, nous n'irons pas bien vite.

TCHÉRIKOF.

Tant mieux, morbleu! pourquoi donc se presser?
Lorsque ce sont les chagrins qu'on évite,
En tilbury j'aime à les devancer.
Mais lorsqu'à nous l'amitié se consacre,
Quand le bonheur vient pour quelques instants,
Auprès de nous tâchons qu'il monte en fiacre,
Pour qu'avec lui nous restions plus longtemps.

(Alfred reconduit Tchérikof, qui sort par la porte du fond.)

SCÈNE VI.

ALFRED, YELVA.

(Musique à l'orchestre. — A peine Tchérikof est-il sorti, qu'Yelva entr'ouvre la porte de la chambre à gauche.)

YELVA.

Elle court à Alfred avec joie, lui montre la lettre de son père qu'elle tient encore, et lui dit par ses gestes : Il est donc vrai! votre père y consent.

ALFRED.

Oui, ma chère Yelva, mon père consent enfin à te nommer sa fille, et rien ne s'oppose plus à mon bonheur.

YELVA, par gestes.

Je passerai ma vie auprès de toi, toujours ensemble. Puis regardant autour d'elle avec inquiétude, et montrant la lettre : Ton père, pourquoi n'est-il pas ici?

ALFRED, avec embarras.

Mon père ne peut venir... Des affaires importantes le retiennent loin de Paris... et ce mariage doit avoir lieu aujourd'hui.

YELVA, par gestes.

Aujourd'hui?

ALFRED.

Oui, ce matin même; et je vais tout disposer...

YELVA, par gestes, montrant le chien où était Tchérikof, et le désignant.
Un instant... et mon compatriote, où est-il ?

ALFRED.

Ce jeune Russe ? il va revenir ; il consent à être notre témoin.

YELVA, par gestes.

Tant mieux !

ALFRED.

Il te plaît donc ?

YELVA, de même.

Oui.

ALFRED.

Et tu l'aimes ?

YELVA, par gestes.

Mais oui.

ALFRED, avec un mouvement de jalousie.

Pas comme moi ?

YELVA

Remarquant ce mouvement, se hâte de le rassurer. Je l'aime parce qu'il a l'air bon... mais non comme toi : car toi, je t'aimerai toute la vie.

(L'orchestre joue l'air du duo d'*Aline* : Je t'aimerai toute la vie.)

ALFRED.

Ah ! je n'en veux qu'un gage.

(Il veut l'embrasser.)

YELVA

Le repousse doucement, en lui disant : Non, pas maintenant... mais plus tard... Partez, l'on vous attend.

ALFRED.

Oui, tu as raison, je vais tout préparer... Adieu, Yelva, adieu, ma femme chérie !

(Il lui baise la main.)

YELVA, par gestes.

Adieu, mon mari.

(Alfred sort par le fond, en lui envoyant un baiser.)

SCÈNE VII.

YELVA, puis Mme DUTILLEUL.

(Musique à l'orchestre.)

YELVA.

Restée seule, elle le suit encore des yeux; puis, quand il est disparu, quand elle ne peut plus être vue, elle lui renvoie son baiser.

(Madame Dutilleul entre dans ce moment.)

Mme DUTILLEUL.

Eh bien! eh bien! mademoiselle, qu'est-ce que vous faites?

YELVA

Toute honteuse, ne sait comment cacher son embarras.

Mme DUTILLEUL.

Qu'est-ce que c'est que ces phrases-là? à qui était-ce adressé?

YELVA, par gestes.

A personne.

Mme DUTILLEUL.

A personne!... à la bonne heure; mais il y a des gens qui pourraient prendre cela pour eux; en russe comme en français, ça se comprend si vite!... tout le monde entend cela, vois-tu; aussi il faudra prendre garde quand tu seras mariée, ce qui, du reste, ne peut tarder, et l'on vient déjà de t'apporter...

YELVA, par gestes.

Quoi donc?

Mme DUTILLEUL.

J'étais là dans ta chambre, lorsqu'on a frappé à la petite

porte, celle qui donne sur l'autre escalier, et un monsieur m'a remis ce que tu vas voir.

YELVA, par gestes.

Qu'est-ce donc ?

Mme DUTILLEUL, rentrant et rapportant une corbeille.

Des parures magnifiques... une parure de mariée... je ne m'y trompe pas ; quoiqu'il y ait bien longtemps pour la première fois...

YELVA.

Elle court à la corbeille, en tire un voile, puis une couronne et un bouquet de fleurs d'oranger.

Mme DUTILLEUL.

Cette toilette-là, c'est à moi de l'arranger.

YELVA.

Elle s'assied devant la glace qui est sur la table de toilette.

(Madame Dutilleul arrange son voile et place son bouquet.)

AIR de Monsieur Botte.

Petite fille, à ton âge,
Que ce bouquet est flatteur !
C'te fleur-là r'trace l'image
D'l'innocence et du bonheur.

Le même sort vous rassemble,
Et je crois qu'avec raison,
L'amour peut placer ensemble
Deux fleurs d'la même saison.
Je m'en souviens, à ton âge,
Que c'bouquet m'semblait flatteur !
Il m'offrait aussi l'image
D'l'innocence et du bonheur.

YELVA.

Pendant cette reprise, elle veut lui mettre, en riant, la couronne sur la tête.

Mme DUTILLEUL.

Eh ! bien, que faites-vous ? des fleurs sur mes cheveux blancs !...

(Même air.)

Du temps les traces perfides
Devraient vous en empêcher ;
La fleur qu'l'on met sur des rides
Se flétrit, sans les cacher.
Ah! ce n'est plus à mon âge
Qu'e c'bouquet paraît flatteur ;
Las! il n'offre plus l'image
D'l'innocence et du bonheur!

YELVA.

Pendant cette dernière reprise, elle place sur sa tête la couronne de fleurs, et apercevant sur la toilette un collier de diamants, le prend vivement, et le montre à Mme Dutilleul.

Mme DUTILLEUL.

Oui vraiment, des diamants... ce pauvre Alfred se sera ruiné... mais puisqu'il le veut, il faut qu'aujourd'hui ce riche collier remplace ce simple ruban noir.
(Elle dénoue un ruban qui est au cou d'Yelva et auquel tient un médaillon.)

YELVA.

Elle veut le reprendre, et fait signe qu'elle ne doit point s'en séparer.

Mme DUTILLEUL.

C'est le portrait de ta mère, je le sais, et tu ne le quittes jamais ; aussi tu le reprendras tout à l'heure, quand nous reviendrons de la mairie et de l'église.

YELVA.

Elle sourit à ce mot.. met vivement le collier, arrange le reste de la parure... et regardant la toilette de Mme Dutilleul, lui fait signe qu'elle n'est pas prête, qu'il faut se dépêcher.

Mme DUTILLEUL.

C'est vrai, je ne serai pas prête, et je ferai attendre ; ce cher Alfred est si vif, si impatient!

YELVA

La presse, par ses gestes, de se hâter.

Mme DUTILLEUL.

C'est bon, c'est bon.

AIR du vaudeville du *Chapitre Second*.

Taisez-vous, bavarde,
Ce soin me regarde,
Et dans un instant,
Superbe et brillante,
Je r'viens triomphante
Bénir mon enfant !

J'n'aurai pas, j'espère,
Grand besoin d'atours ;
Le bonheur, ma chère,
Embellit toujours !
(Même geste d'Yelva, qui la pousse vers la porte.)
Taisez-vous, bavarde, etc.

Pour toi, c'est, je gage,
Trop d'parol's... oui-da !
Mais c'est qu'à mon âge
On n'a plus que ça.

Taisez-vous, bavarde,
Ce soin me regarde,
Et dans un instant,
Superbe et brillante,
Je r'viens triomphante
Près de mon enfant.
Adieu, mon enfant,
Adieu, mon enfant !
(Elle entre dans la chambre à droite.)

SCÈNE VIII.

YELVA, seule.

(Musique à l'orchestre.)

Elle a reconduit Mme Dutilleul jusqu'à la porte de la chambre. Quand elle est seule, elle réfléchit, et sourit de l'idée qui lui vient... c'est de répéter tout ce qu'il faudra faire au moment de son union. Elle place deux coussins auprès de la glace... ensuite elle fait le signe de donner la main à quelqu'un, s'avance timidement; elle fait encore quelques pas avec recueillement, et se met à genoux sur un des coussins, en joignant les mains. Elle semble alors écouter attentivement, et répondre oui à la demande qu'elle est censée entendre. (En ce moment, on entend le bruit d'une voiture, elle s'arrête, on frappe à la porte.) Elle semble dire avec joie : C'est lui, c'est Alfred !... Elle va ouvrir, et, en voyant Mme de Césanne, elle marque sa surprise et son contentement.

SCÈNE IX.

Mme DE CÉSANNE, YELVA.

Mme DE CÉSANNE, remarquant sa surprise.

Oui, c'est moi; c'est la belle-mère, c'est l'amie d'Alfred que tu ne t'attendais pas à voir en ce moment.

YELVA.

Elle lui montre sa parure de mariée, lui fait connaître, par ses gestes, que son mariage est pour aujourd'hui.

Mme DE CÉSANNE, douloureusement.

Il est donc vrai !... c'est aujourd'hui, c'est ce matin même que ce mariage a lieu !... et déjà te voilà parée ; je craignais d'arriver trop tard.

YELVA, par gestes.

Vous voilà, je suis trop heureuse. Elle lui baise les mains. (Madame de Césanne détourne la tête.) Qu'avez-vous ? Quel chagrin vous afflige le jour de mon bonheur ?

Mme DE CÉSANNE, regardant autour d'elle avec inquiétude.

Et Alfred, où est-il ?

YELVA, par gestes.

Il est sorti ; mais il reviendra bientôt, je l'espère.

Mme DE CÉSANNE.

Tu es seule, je puis donc te parler avec franchise, je puis donc t'ouvrir mon cœur : écoute-moi, Yelva... Orpheline et sans protecteur, tu allais périr sur cette terre glacée, où l'on t'avait abandonnée, lorsque M. de Césanne, lorsque mon mari a daigné te recueillir, t'a amenée en France, t'a présentée à moi, comme un second enfant que lui envoyait la Providence : et tu sais si j'ai rempli les nouveaux devoirs qu'elle m'imposait.

YELVA.

Elle lui baise la main.

Mme DE CÉSANNE.

Je ne m'en fais pas un mérite; ta tendresse me payait de mes soins. Mais si nous t'avons traitée comme notre enfant, comme notre fille; si nul sacrifice ne nous a coûté; peut-être avons-nous le droit de t'en demander un à notre tour.

YELVA, par gestes.

Parlez, achevez... je suis prête à tout.

Mme DE CÉSANNE.

Je vais te révéler un secret bien terrible, puisque mon mari eût mieux aimé périr que de le confier même à son fils... Le désir d'augmenter ses richesses, de laisser un jour à ses enfants une fortune proportionnée à leur naissance, a entraîné M. de Césanne dans des entreprises hasardeuses, dans de fausses spéculations; et malgré son titre et ses dignités, malgré le rang qu'il occupe dans le monde, il est déshonoré, il est perdu sans retour, si quelque ami généreux ne vient pas à son aide.

YELVA, par gestes.

Grands dieux!

Mme DE CÉSANNE.

Il s'en présente un, le comte de Leczinski, un noble polonais... Autrefois, et quand nos troupes occupaient Vilna, mon mari lui a rendu de grands services, a préservé du pillage des biens immenses, qu'il nous offre aujourd'hui, ainsi que son alliance!... Oui, il nous propose sa fille, l'unique héritière de toute sa fortune... Qu'Alfred l'épouse, et son père est sauvé

YELVA.
Elle fait un mouvement de surprise et de douleur.

Mme DE CÉSANNE.
C'était là le plus cher de nos vœux et notre seule espérance ; mais quand Alfred eut déclaré à son père qu'il t'adorait, qu'il ne voulait épouser que toi, qu'il nous fuirait à jamais, plutôt que d'être à une autre, mon mari a gardé le silence, il lui a donné son consentement, et, retiré loin d'ici, il voulait lui-même, et avant que son déshonneur fût public, mettre fin à son existence; c'est moi qui ai retenu son bras; qui ai ranimé son courage; je l'ai supplié du moins d'attendre mon retour, car il me restait un espoir : cet espoir, Yelva, c'était toi; décide maintenant.

YELVA, par gestes, et dans le plus grand désespoir.
Ah! que me demandez-vous?

Mme DE CÉSANNE.

AIR d'Aristippe.

De toi j'attends l'arrêt suprême
Qui doit nous perdre ou bien nous sauver tous;
Hélas! ce n'est pas pour moi-même,
C'est pour la vie et l'honneur d'un époux,
Qu'en ce moment je suis à tes genoux!
C'est lui, c'est sa main tutélaire
Qui protégea tes jours proscrits;
Et quand par lui tu retrouvas un père,
Voudrais-tu lui ravir son fils?
(Elle tombe aux genoux d'Yelva.)

(Musique à l'orchestre.)

YELVA.

Hors d'elle-même, elle la relève, la presse contre son cœur, lui jure qu'il n'y a point de sacrifice qu'elle ne soit prête à lui faire; et détachant le bouquet, ainsi que la couronne et le voile qui étaient sur sa tête, elle semble lui dire : Vous le voyez, je renonce à lui... je renonce à tout... soyez heureuse... mais il n'y a plus de bonheur pour moi.

Mme DE CÉSANNE.

Yelva, ma chère Yelva, je n'attendais pas moins de ta générosité; mais tu ne sais pas encore à quoi tu t'engages, tu ne sais pas jusqu'où va le sacrifice que j'attends de toi... Il ne suffit pas de renoncer à Alfred, il faut le fuir à l'instant même; car tu connais sa tendresse, et s'il ne te croit pas perdue pour lui, nul pouvoir au monde ne le déciderait à t'abandonner..... Pardon, c'est trop exiger; je le vois, tu peux renoncer au bonheur, mais non à son amour; tu n'auras pas ce courage.

YELVA, par gestes.

Si... j'en mourrai peut-être... mais cette vie que j'abandonne... je vous la dois... et alors nous serons quittes.

Mme DE CÉSANNE, la serrant dans ses bras.

Il serait vrai!... mon enfant! ma fille!

YELVA.

Elle détourne la tête en sanglotant.

Mme DE CÉSANNE.

Oui, ma fille; qui plus que toi méritait ce titre, que j'aurais été trop heureuse de pouvoir te donner? mais il te restera du moins le cœur et la tendresse d'une mère; je partagerai tes chagrins, je sécherai tes larmes, je ne te quitterai plus, nous partons ensemble. On vient. (Trouble d'Yelva.) Il faut partir, mais par cette porte... (Montrant celle du fond.) si Alfred allait nous rencontrer.

YELVA.

Elle lui montre la chambre à gauche, et lui fait signe qu'il y a un autre escalier.

Mme DE CÉSANNE.

Oui, je comprends, une autre issue, éloignons-nous...

YELVA.

Elle fait entendre à Mme de Césanne qu'elle est décidée à partir ; mais elle va prendre le médaillon qui est sur la table, et le presse contre ses lèvres.

Mme DE CÉSANNE.

Le portrait de ta mère... Tu ne veux pas autre chose...
(Madame de Césanne va à la porte du fond, pour s'assurer que personne ne vient encore.)

YELVA.

Elle aperçoit son bouquet de mariée qu'elle a jeté à terre, elle le ramasse, le regarde tristement, le met dans son sein avec le médaillon de sa mère.
(En ce moment, on entend du bruit à la porte du fond ; on met la clef dans la serrure, madame de Césanne entraîne Yelva, qui semble dire un dernier adieu à tout ce qui l'environne, et qui disparaît par la porte à gauche.)

SCÈNE X.

ALFRED, TROIS TÉMOINS, QUELQUES FEMMES portant des cartons.

ALFRED fait entrer les femmes dans la chambre à gauche.

Enfin tout est prêt, tout est disposé... (Aux trois témoins.) En vous demandant pardon, mes amis, des six étages que je vous ai fait monter ; je croyais trouver ici notre quatrième témoin, M. de Tchérikof, qui, j'en suis sûr, aura voulu faire des cérémonies, et se présenter en grande tenue ; ces Russes tiennent à l'étiquette... Où est donc tout le monde ?

SCÈNE XI.

LES MÊMES; Mme DUTILLEUL, sortant de l'appartement à droite : elle est en grande toilette; LES FEMMES rentrent en même temps qu'elle.

Mme DUTILLEUL.

Voilà! voilà!... ne vous impatientez pas. (Montrant sa grande parure.) Il me semble que vous n'avez pas perdu pour attendre, mais à mon âge, il faut plus de temps pour être belle; ce n'est pas comme à celui d'Yelva, où cela va tout seul.

ALFRED.

Et Yelva, où est-elle?

Mme DUTILLEUL.

Vous allez la voir paraître superbe et radieuse, on est toujours si jolie un jour de noces!... c'est à moi de vous l'amener, et j'y vais... Allons, allons, calmez-vous et prenez patience, maintenant ce ne sera pas long...

(Elle entre dans la chambre à gauche.)

ALFRED.

Oui, maintenant elle est à moi! rien ne peut s'opposer à mon bonheur... (S'approchant de la table.) Mais d'où viennent ces diamants?... qui lui a envoyé ces parures? qui a osé?...

FINALE.

(Musique de M. HEUDIER.)

Mme DUTILLEUL, rentrant, hors d'elle-même.
Ah! mon Dieu! ma pauvre Yelva!

ALFRED.
Qu'avez-vous? comme elle est émue!

Mme DUTILLEUL.
Hélas! qui nous la rendra?
De ces lieux elle est disparue.

ALFRED et LE CHOEUR.

O ciel!

(Madame Dutilleul remet une lettre à Alfred.)

ALFRED, la lit en tremblant.

« Alfred, je ne puis plus être à vous, et vous chercheriez
« en vain à connaître les motifs de ma fuite ou le lieu de
« ma retraite; oubliez-moi, soyez heureux, et ne craignez
« rien pour mon avenir; la personne avec qui je pars mé-
« rite toute ma reconnaissance et toute ma tendresse.
« YELVA. »

De mon courroux je ne suis plus le maître :
Ce ravisseur, je saurai le connaître.
(A madame Dutilleul.)
Quel est-il? répondez.

Mme DUTILLEUL.

Je ne sais... attendez...
Cet étranger... oui... ce matin encore
Il offrait de pareils présents.

ALFRED.

Il l'aime donc?

Mme DUTILLEUL.

Depuis longtemps,
En secret il l'adore.

ALFRED.

Tout est connu! c'est pour lui, je le vois,
Qu'elle a trahi ses serments et sa foi.
Ah! de fureur et de vengeance
Je sens ici battre mon cœur;
Partons... Bientôt de cette offense
Je punirai le ravisseur.

Ensemble.

ALFRED.

Je punirai le ravisseur.

LE CHOEUR.

Nous punirons le ravisseur.

(Ils sortent tous par le fond; madame Dutilleul sort avec eux.)

DEUXIÈME PARTIE

Une grande salle d'un château gothique. — Porte au fond; à droite et à gauche, une grande croisée; sur le premier plan, deux portes latérales. L'appartement est décoré de grands portraits de famille.

SCÈNE PREMIÈRE.

TCHÉRIKOF seul, puis KALOUGA, et DEUX DOMESTIQUES.

TCHÉRIKOF, entrant par le fond.

Dieu! qu'il fait froid!... (Kalouga entre, il est suivi de deux valets, qui restent au fond; Kalouga se tient à une distance respectueuse de Tchérikof, à sa droite.) surtout quand on a été en France, et qu'on a l'habitude des climats tempérés... Je ne peux pas me faire à ce pays, et je serai obligé pour me réchauffer, de mettre le feu à mes propriétés... Kalouga, quel temps fait-il?

KALOUGA.

Superbe, monseignir... trois bieds de neige.

TCHÉRIKOF.

Monseignir... Ce que c'est que d'avoir habité la France et l'Allemagne!... il s'est composé un baragouin franco-autrichien, auquel on ne peut rien comprendre.

KALOUGA.

Et ché afré permis à fos fassaux, bour le divertissement,

de promener en patinant, sur les fossés de fotre château...
Fous pouvez le foir de le fenêtre... à travers la fitrage...

TCHÉRIKOF.

Du tout... Rien que de les regarder, il me semble que ça m'enrhumerait.

KALOUGA.

Il être, cebendant, pien chaude aujourd'hui.

TCHÉRIKOF.

Je crois bien, vingt degrés. Il est ici dans sa sphère, lui qui, lorsque nous étions à Paris, étouffait au mois de janvier.

AIR du Pot de Fleurs.

Fils glacé de la Sibérie,
Et regrettant dans chaque endroit
Les doux frimas de sa patrie,
Il n'adorait, ne rêvait que le froid.
Pour lui Paris fut sans charme et sans grâces;
Il n'y goûtait, dans son mortel ennui,
Qu'un seul bonheur... c'était à *Tortoni*,
En me voyant prendre des glaces;
Oui, son bonheur, c'était à *Tortoni*,
En me voyant prendre des glaces!

(Il fait signe aux valets de sortir.)

(A Kalouga.)

Écoute ici... C'est aujourd'hui un grand jour, une noce, une solennité de famille... Le comte de Leczinski, mon oncle, noble polonais, qui a cinq ou six châteaux, dont pa un habitable, a bien voulu accepter le mien pour y marie sa fille, ma cousine Fœdora, qui, à notre départ, n'éta qu'une enfant, et qui a profité de notre absence pou devenir la plus jolie fille de toute la Pologne-Russe.

KALOUGA.

Ya, monseignir, li être un pien peau femme...

TCHÉRIKOF.

Est-ce que je vous ai dit de parler, Kalouga?

KALOUGA.

Nein... (Sur un geste de Tchérikof.) Nicht...

TCHÉRIKOF.

Alors, taisez-vous!... Depuis que ce petit gaillard-là a été en France, il n'y a pas moyen de le faire taire... quand il s'agit de jolies femmes... Que ça t'arrive encore!... je te fais attacher comme Mazeppa, sur un cheval tartare, et tu verras où ça te mènera... Mais revenons... Mon oncle et sa fille sont déjà arrivés hier au soir, ainsi qu'une partie de la noblesse du pays... Nous attendons dans la journée le futur, un jeune seigneur français, que j'ai connu à Paris, et avec qui nous étions très-bien, quoique autrefois nous ayons manqué de nous brûler la cervelle; mais en France cela n'empêche pas d'être amis... Il va arriver, ainsi que sa famille, et j'ordonne, Kalouga, à tous mes vassaux, de redoubler de soins, d'égards, de prévenances; je veux sur toutes les physionomies un air d'hilarité et de bonheur.

AIR : De sommeiller encor, ma chère. (*Arlequin-Joseph.*)

Je n'admets pas la moindre excuse.
Que l'on se montre et joyeux et content!
Oui, je veux que chacun s'amuse,
Sinon, malheur au délinquant!
Cent coups de knout, voilà ce que j'impose
Pour le premier qui s'ennuirait;
Quitte ensuite à doubler la dose,
Si ça ne produit pas d'effet.

KALOUGA.

Je comprendre pien, monseignir.

TCHÉRIKOF.

En ce cas, c'est vous, Kalouga, que je charge de donner l'exemple. (Kalouga prend une physionomie riante.) A la bonne heure! songe que nous devons, par l'urbanité de nos manières, donner aux étrangers une haute idée de notre nation... Il ne suffit pas d'être Cosaque, il faut encore être honnête.

KALOUGA.

Ya, monseignir.

TCHÉRIKOF.

C'est la comtesse Fœdora... Tiens-toi droit, salue, et va-t'en.

(Kalouga salue et sort.)

SCÈNE II.

FŒDORA, TCHÉRIKOF.

TCHÉRIKOF.

Eh bien ! ma belle cousine, comment vous trouvez-vous dans le domaine de mes ancêtres?

FŒDORA.

A merveille, il me rappelle nos premières années et les plaisirs de notre enfance... C'est ici, mon cousin, que nous avons été élevés ; et vous rappelez-vous, lorsque, avec vos frères et sœurs, nous courions tous dans ces grands appartements?

TCHÉRIKOF.

Oui, nous jouions à cache-cache et au colin-maillard.

FŒDORA.

Et quand votre pauvre mère, (Montrant un portrait à droite.) que je crois voir encore, était si effrayée en nous apercevant cinq ou six dans la même balançoire...

TCHÉRIKOF.

C'est vrai... Et vous rappelez-vous, lorsqu'à coups de boules de neige, nous jouions à la bataille de Pultava?

AIR de la Sentinelle.

Oui, sous nos doigts, la glace offrait soudain
Un château-fort dont nous faisions le siège;
Gaîment alors, au pied de ce Kremlin,
Nous construisions trente canons de neige...
Comme Josué, je demandais au ciel
Que le soleil respectât notre gloire;
    Car, saisis d'un effroi mortel,
    Nous tremblions que le dégel
    Ne vint nous ravir la victoire!

Je dis la victoire, parce que c'était toujours moi qui battais les autres; je faisais Pierre le Grand...

FOEDORA.

Et moi l'impératrice Catherine.

TCHÉRIKOF.

C'est maintenant, ma cousine, que vous pourriez jouer ce rôle-là au naturel; car je vous avouerai qu'en vous revoyant, j'ai été tout étonné de ce maintien plein de noblesse et de dignité... je n'en revenais pas.

FOEDORA.

Vraiment!...

TCHÉRIKOF.

C'est bien mieux qu'avant mon départ... et moi, cousine, qu'en dites-vous?

FOEDORA.

Je trouve aussi que vous êtes changé.

TCHÉRIKOF.

C'est ce que tout le monde dit; et vous me trouvez?...

FOEDORA.

Moins bien qu'autrefois.

TCHÉRIKOF.

Bah! c'est étonnant; vous êtes la seule; car tous mes

vassaux me trouvent superbe, et mes vassales sont du même avis.

FŒDORA.

Écoutez donc, Ivan, j'ai peut-être tort de vous parler ainsi ; mais entre cousins...

TCHÉRIKOF.

C'est juste, on se doit la vérité, et je vous ai donné l'exemple ; vous trouvez donc...

FŒDORA.

Que vous n'êtes plus vous-même ; vous n'êtes plus, comme autrefois, un bon et franc Moscovite, un peu bourru, un peu brusque ; j'aimais mieux cela ; car au moins c'était vous, c'était votre caractère. On est toujours si bien quand on est de son pays ! Je suis Moscovite dans l'âme, je n'ai jamais voyagé, je ne connais rien, mais il me semble que ce qu'il y a de plus beau au monde, c'est un seigneur russe, au milieu de ses domaines, entouré de ses vassaux dont il peut faire le bonheur. C'est un prince, c'est un souverain. Et, si j'avais été maîtresse de mon sort, je n'aurais jamais rêvé d'autre existence, ni formé d'autres désirs.

TCHÉRIKOF.

Il se pourrait ! et cependant, aujourd'hui même, vous allez épouser un étranger, un Français, le jeune comte de Césanne !

FŒDORA.

Mon père le veut, et, en Russie, quand les pères commandent, les filles obéissent toujours ; et c'est bien terrible, mon cousin, de quitter ainsi son pays, d'aller vivre en France parmi des vassaux qui n'ont été élevés ni à vous connaître, ni à vous aimer. En a-t-il beaucoup ?

TCHÉRIKOF.

M. de Césanne ?

FŒDORA.

Oui ; combien a-t-il de paysans ?

TCHÉRIKOF.

Il n'en a pas du tout. Dans ce pays-là, les paysans sont leurs maîtres.

FOEDORA.

Il serait possible! les pauvres gens! Qui donc alors peut les défendre ou les protéger?

TCHÉRIKOF.

Ils se protègent eux-mêmes.

FOEDORA.

C'est inconcevable!... Et dites-moi, mon cousin, est-ce que ça peut aller dans un pays comme celui-là?

TCHÉRIKOF.

Cela va très-bien... c'est-à-dire ça pourrait aller mieux; mais ça viendra, grâce aux derniers changements, et quand vous serez une fois en France, vous ne voudrez plus la quitter.

FOEDORA.

J'en doute.

TCHÉRIKOF.

Surtout si vous aimez votre mari; car je pense que vous l'aimez.

FOEDORA.

Ah! mon Dieu, oui, mon père me l'a ordonné; mais on m'avait dit que les Français étaient si légers, si étourdis...

TCHÉRIKOF.

Il est vrai que nous sommes... (Se reprenant.) qu'ils sont fort aimables.

FOEDORA.

C'est possible; et cependant, depuis que M. de Césanne est à Vilna, il a un air si triste!

TCHÉRIKOF.

Que voulez-vous! d'anciens chagrins... il a été trompé. En France, cela arrive à tout le monde; moi, le premier...

11.

FOEDORA.
Faire cinq cents lieues pour cela !
TCHÉRIKOF.
C'est vrai ! il y a tant de gens qui, sans sortir de chez eux, sont aussi avancés que moi ! mais que voulez-vous ? Lorsque je suis parti, j'étais seul au monde ; je n'avais que moi d'ami et de parent ; car, de tous ceux dont nous parlions tout à l'heure, il ne reste plus que nous, ma cousine... et puis, comme j'ai toujours été original, moi, j'avais une manie, c'était de trouver le bonheur, qui est une chose si difficile et si rare, qu'on ne peut pas le chercher trop loin.

AIR nouveau de M. HEUDIER.

Pour le trouver, j'arrive en Allemagne
Où l'on me dit : Voyez plus loin, hélas !
Rempli d'espoir, je débarque en Espagne ;
On me répond : On ne le connaît pas.
En vain la France à l'Espagne succède :
Vite on m'envoie en Angleterre... Enfin
Personne, hélas ! chez soi ne le possède,
Chacun le croit chez son voisin.

FOEDORA.

Même air.

J'en conviens, il est bien terrible
De visiter, pour rien, tant de pays...

TCHÉRIKOF.
Le bonheur est donc impossible ?

FOEDORA.
Je n'en sais rien... mais je me dis :
Puisqu'en courant toute la terre
On ne saurait le rencontrer... je voi
Que le bonheur est sédentaire ;
Pour le trouver, il faut rester chez soi.

SCÈNE III.

Les mêmes; KALOUGA.

KALOUGA.

Monseignir, un grand foiture entre dans la cour du château. Monsir le comte de Césanne.

TCHÉRIKOF.

Ah! mon Dieu!

KALOUGA.

Et puis, il être fenu aussi, dans un kibitch, un monsir avec des papiers.

(Il sort.)

TCHÉRIKOF.

C'est pour le contrat; ce que nous appelons en France un notaire. (A part.) S'il avait pu geler en route, lui et son encrier!

FOEDORA.

Adieu, mon cousin. Il faut alors que je retourne au salon, où mon père va me demander.

TCHÉRIKOF.

Oui, sans doute; mais c'est que j'avais un secret à vous confier.

FOEDORA.

Un secret!... Il suffit que cela vous regarde pour que cela m'intéresse aussi, et nous en reparlerons tantôt, après ce contrat qui m'ennuie; et je vais me dépêcher, pour que cela soit plus tôt fini. A ce soir, n'est-il pas vrai?

(Elle sort.)

SCÈNE IV.

TCHÉRIKOF, seul.

Oui, à ce soir ! Il sera bien temps, quand elle en aura épousé un autre ! Elle a raison, depuis longtemps, je cours après le bonheur, et j'arrive toujours trop tard.

SCÈNE V.

ALFRED, TCHÉRIKOF, Mme DE CÉSANNE, Paysans et Paysannes.

(Tchérikof va au-devant de madame de Césanne, à qui il offre sa main.)

LE CHOEUR.

AIR de la contredanse de *la Dame Blanche*.

Mes amis chantons,
Et fêtons
Cette heureuse alliance,
Que ce soir nous célébrerons ;
Unissons nos vœux et nos chants,
Prouvons, par nos joyeux accents,
Que, suivant l'ordonnance,
Nous sommes tous gais et contents !

(Une jeune fille offre des fleurs dans une corbeille à madame de Césanne, qui lui fait signe de les mettre sur la table.)

TCHÉRIKOF.

Quelle douce harmonie !
C'est fort bien, mes amis ;
Chantez, je vous en prie ;
Vos accents et vos cris
Rappellent en Russie
L'Opéra de Paris.

LE CHŒUR.
Mes amis, chantons, etc.
(Les paysans et paysannes sortent.)

TCHÉRIKOF, à Alfred, avec un peu d'embarras.
Combien je suis heureux, mon cher Alfred, de vous recevoir chez moi, ainsi que votre aimable famille, vous qui avez daigné m'accueillir à Paris, avec tant de grâce et de bonté! Et M. de Césanne, je ne le vois pas?

Mme DE CÉSANNE.
Le comte de Leczinski l'a reçu à son arrivée, et tous les deux se sont enfermés ensemble, ainsi qu'un homme de loi que j'ai cru apercevoir.

TCHÉRIKOF, à Alfred.
Et vous avez, sans doute, présenté vos hommages à ma jeune cousine, à votre future?

ALFRED, froidement.
Mais non; je ne crois pas. Il me tardait de vous voir, et de vous remercier de toutes les peines que ce mariage va vous donner.

TCHÉRIKOF.
Certainement, la peine n'est rien; et si vous saviez, au contraire, avec quel plaisir... (A part.) C'est étonnant, comme j'en ai... (A la comtesse.) Vous ne trouverez pas ici le luxe et les plaisirs de Paris; je désire cependant que cet appartement (Montrant la porte à droite.) puisse vous convenir.

Mme DE CÉSANNE.
Je le trouve superbe.

TCHÉRIKOF.
C'était celui de ma mère, dont vous voyez le portrait, (Montrant un grand portrait qui se trouve sur la porte à droite.) la comtesse de Tchérikof, que j'ai perdue, ainsi que toute ma famille, dans l'incendie de Smolensk.

Mme DE CÉSANNE, avec intérêt.

Vraiment! ah! combien je suis fâchée de vous avoir rappelé de pareils souvenirs.

TCHÉRIKOF.

Oui, oui; il faut les éloigner; d'autant qu'aujourd'hui, il faut être gai, n'est-ce pas, mon cher Alfred? il s'agit d'être gai.

Mme DE CÉSANNE.

Vous avez raison; car, d'après ce que j'ai vu en arrivant, tout est disposé pour ce mariage.

ALFRED.

Oui, ce soir, à minuit; n'est-il pas vrai? et c'est vous, mon cher cousin, qui serez mon témoin.

TCHÉRIKOF, à part.

Son témoin! il ne manquait plus que cela. Voilà la seconde fois que je lui servirai de témoin pour lui faire épouser celle que j'aime.

ALFRED.

Eh quoi! vous hésitez?

TCHÉRIKOF.

Du tout, cousin, c'est une préférence bien flatteuse; mais j'ai peur que cela ne vous porte pas bonheur.

ALFRED.

Et pourquoi?

TCHÉRIKOF.

Parce que ça nous est déjà arrivé, et que ça ne nous a pas réussi.

ALFRED.

Au nom du ciel, taisez-vous!

Mme DE CÉSANNE.

Qu'est-ce donc?

TCHÉRIKOF.

Une aventure originale qu'on peut vous conter maintenant; un mariage dont j'ai été le témoin, c'est-à-dire dont je n'ai rien été.

ALFRED, à Tchérikof.

De grâce...

TCHÉRIKOF.

Ce n'est pas vous, c'est moi qui ai été le plus mystifié. Me donner la peine d'acheter une corbeille magnifique; me faire courir tout Paris pour retenir moi-même trois fiacres jaunes et six chevaux de toutes les couleurs; et revenir ensuite au grand galop, seul, dans trois sapins, pour trouver, qui? personne; pour apprendre, quoi? rien; car la mariée était partie pour aller, où?... je vous le demande.

Mme DE CÉSANNE, à part.

Grand Dieu !

TCHÉRIKOF.

AIR : Un homme pour faire un tableau. (Les Hasards de la Guerre.)

Nous courons, mes fiacres et moi,
Au temple, où partout je regarde...
Personne, hélas! et je ne voi
Qu'un Suisse avec sa hallebarde.
Pour l'hymen pas d'autres apprêts;
Impossible qu'il s'accomplisse...
Pour un mariage français
Nous n'étions qu'un Russe et qu'un Suisse !

Et le plus original, monsieur vient me chercher querelle, m'accuser de l'avoir enlevée, et nous avons manqué de nous battre.

Mme DE CÉSANNE.

Quoi! Alfred, vous auriez pu soupçonner ?...

ALFRED.

Eh bien! oui, malgré toutes les raisons qu'il m'a données, et auxquelles je n'ai rien trouvé à répondre, je n'ai jamais été bien convaincu; et dernièrement encore, ne disait-on pas qu'Yelva l'avait suivi, qu'elle était cachée dans un de ses châteaux ?

TCHÉRIKOF.

Avoir une pareille idée d'un gentilhomme moscovite ! d'un honnête boyard !

ALFRED.

Pardon. Ce n'est pas que je tienne à la perfide qui m'a trahi, et que j'ai oubliée ! mais être trompé par un ami ! (Lui prenant la main.) Ne parlons plus de cela ; qu'il n'en soit plus question. D'ailleurs, je me marie, je suis heureux, j'épouse votre cousine.

SCÈNE VI.

Les mêmes ; KALOUGA.

KALOUGA.

Li être la vaguemastre, qui apporter les gazettes pour monseignir, et les lettres pour toute la société.

ALFRED, vivement.

Y en a-t-il de France ? y en a-t-il pour moi ?

KALOUGA.

Non, mossié. Mais en foilà un bour matam' la comtesse ; elle être de Vilna.

(Il donne la lettre à Tchérikof qui la remet à madame de Césanne.)

Mme DE CÉSANNE.

De Vilna ? j'en attendais, et j'avais dit qu'on me les adressât dans ce château.

TCHÉRIKOF.

Nous vous laissons ; vous êtes chez vous, et voici Kalouga, un jeune Kalmouk, que je mets à vos ordres. (A Alfred.) Venez, je vous conduis à votre appartement, de là au salon, et puis au dîner qui nous attend ; un dîner à la française, où vous retrouverez un de vos compatriotes.

ALPRED.

Et qui donc?

TCHÉRIKOF.

Le champagne; car tous les mois j'en fais venir; j'ai à Paris un banquier, rien que pour cela.

ALFRED.

Vraiment?

TCHÉRIKOF.

C'est que la Russie en fait une consommation... on en boit ici deux fois plus qu'on n'en récolte en France.

Mme DE CÉSANNE.

Ce n'est pas possible.

TCHÉRIKOF.

Si vraiment; l'industrie a fait tant de progrès!
(Tchérikof et Alfred entrent dans l'appartement à droite, dont la porte reste ouverte.)

SCÈNE VII.

Mme DE CÉSANNE, KALOUGA.

Mme DE CÉSANNE.

Ils sont partis. Voilà cette lettre que j'attendais, et que maintenant je n'ose ouvrir. (On entend le son d'une cloche.) Quelle est cette cloche?

KALOUGA.

Ce être à la porte du château; tes vagabonds qui temantir asile bour le nuit. (Allant à la fenêtre de gauche, qu'il ouvre.) *Wer da?* qui vive? fous rébontir bas, tant bire bour fous.
(Il referme la fenêtre. On sonne encore.)

Mme DE CÉSANNE, qui a décacheté la lettre.

Encore! voyez donc ce que ce peut être!

KALOUGA.

Che afre temanter; li afre bas rébontu; si restir à le borte.

Mme DE CÉSANNE.

Par le froid qu'il fait !

KALOUGA.

Li être un pel température pour la piouvac; un blein lune, qui li être pien chaude.

Mme DE CÉSANNE.

Y penses-tu ?

AIR : Qu'il est flatteur d'épouser celle. (Le jaloux malade.)

De misère et de froid, peut-être,
Il va périr... ouvre-lui donc ;
Sois charitable.

KALOUGA.

À notre maître
J'vas en t'mauter la permission.

LA COMTESSE.

Est-elle donc si nécessaire ?
As-tu besoin, dans ta bonté,
Des ordres d'un maître... pour faire
Ce que prescrit l'humanité ?

D'ailleurs je prends tout sur moi.

KALOUGA.

Ce être différent; che opéir d'un air affable, monseignir l'hafré ortonné. Je fais parler à la concierge.

(Il sort par la porte à gauche.)

SCÈNE VIII.

Mme DE CÉSANNE, seule.

Ah ! que ce séjour m'attriste ! tout y est froid et glacé. Il faut leur ordonner d'être humains; ils obéissent du moins,

c'est toujours cela. (Regardant la signature de la lettre.) « Nico-
« lauf, commerçant à Vilna; » lisons. « Madame la com-
« tesse, vous m'avez fait annoncer, par MM. Martin et com-
« pagnie, mes correspondants, qu'une jeune fille, à laquelle
« vous preniez le plus grand intérêt, partirait de France
« le 15 septembre dernier; qu'elle suivrait la route de Ber-
« lin, de Posen et de Varsovie; et que, vers la fin de novem-
« bre, elle arriverait à Vilna. Mais il paraît que, quelques
« lieues avant Grodno, la voiture dans laquelle elle se trou-
« vait a été attaquée; et c'est avec douleur que je vous
« apprends que l'homme de confiance qui l'accompagnait
« est au nombre des voyageurs qui ont péri... » (S'interrompant.)
Grand Dieu! (Reprenant la lecture de la lettre.) « Quant à la
« jeune fille à laquelle vous vous intéressez, on n'a aucune
« nouvelle de son sort; mais du moins, et d'après les ren-
« seignements que nous avons pris, rien ne prouve qu'elle
« ait perdu la vie; et si elle a pu seulement parvenir jus-
« qu'à Grodno, nul doute qu'elle ne nous informe de ce
« qu'elle est devenue. » Et comment le pourrait-elle?

AIR de l'Ermite de Saint-Avelle.

Sur cette terre isolée
Qui sera son protecteur?
Elle s'est donc immolée
Pour moi, pour son bienfaiteur!
Étrangère, hélas! et bannie,
Faut-il, par un malheur nouveau,
Qu'elle vienne perdre la vie
Au lieu même où fut son berceau!

SCÈNE IX.

Mme DE CÉSANNE, KALOUGA et YELVA, entrant par la porte à gauche.

(L'orchestre joue le refrain de *la Petite Mendiante*.)

KALOUGA, soutient Yelva, qui s'appuie sur son bras.

Entrir, entrir, fous, la pelle enfant; mais ce être bas honnête de bas répontre à moi, qui li être pien galant.

(Il la conduit auprès du fauteuil, à droite du théâtre.)

YELVA, en paysanne russe, pâle et se soutenant à peine.

Elle s'appuie sur le fauteuil (Musique à l'orchestre.) et indique que tous ses membres sont engourdis par le froid.

KALOUGA, à madame de Césanne.

Li être un betite fille qui li être bas de ce tomaine; car moi les connaître toutes.

Mme DE CÉSANNE.

C'est bien... (S'approchant d'elle.) Dieu! qu'ai-je vu!
(Musique.)

YELVA.

A ce cri, elle tourne la tête, veut s'élancer vers la comtesse, mais ses forces la trahissent; elle ne peut que tomber à ses pieds en lui tendant les bras.

Mme DE CÉSANNE.

Ma fille, mon enfant! c'est toi qui m'es rendue! mais dans quel état! cette pâleur! ces obscurs vêtements! La misère était donc ton partage?

YELVA.

Elle fait signe qu'elle la revoit, qu'elle est heureuse, qu'elle se porte bien; mais, en ce moment, elle chancelle et retombe sur le fauteuil.

Mme DE CÉSANNE.

O ciel! la fatigue, le froid... (A Kalouga.) Laisse-nous.

KALOUGA.

Ya, montame.

Mme DE CÉSANNE.

Surtout, pas un mot de cette aventure.

KALOUGA.

Ya.

Mme DE CÉSANNE.

Vous n'avez rien vu.

KALOUGA.

Ya.

Mme DE CÉSANNE.

Rien entendu.

KALOUGA.

Ya.

(Il sort.)

SCÈNE X.

YELVA, sur un fauteuil, Mme DE CÉSANNE.

Mme DE CÉSANNE.

Depuis l'horrible catastrophe qui t'a séparée de ton guide, qu'es-tu devenue au milieu de ces déserts?

(L'orchestre joue la romance de *Léonide*.)

YELVA.

Elle lui indique qu'elle s'est trouvée seule, sans argent et presque sans vêtements; elle souffrait; elle avait bien froid; elle a marché toujours devant elle, ne rencontrant personne; elle a continué sa route; elle marchait toujours, mourant de fatigue et de froid, (L'orchestre joue le refrain de *la Petite Mendiante*.) et quand elle rencontrait quelqu'un, elle tendait la main et se mettait à genoux, en disant : Prenez pitié d'une pauvre fille.

Mme DE CÉSANNE.

O ciel! obligée de mendier... Et quand venait le soir?...

et aujourd'hui, par exemple, dans cette campagne éloignée de toute habitation?

YELVA.

Elle fait signe que la nuit commençait à la surprendre; qu'elle cherchait autour d'elle où reposer sa tête; qu'elle n'apercevait rien; et, désespérée, elle était résignée à se coucher sur la terre, et à mourir de froid, lorsque ses yeux sont tombés sur ce médaillon qu'elle avait conservé. (L'orchestre joue l'air de la romance d'*Alexis*.) Elle a imploré sa mère, l'a priée de la protéger.

Mme DE CÉSANNE.

Oui, ta mère que tu implorais devait te protéger.

YELVA.

Soudain elle a aperçu une lumière, (Musique douce.) c'était celle du château; elle a marché avec courage, et, quand elle s'est vue aux portes de cette habitation, elle s'est traînée jusqu'à la cloche qu'elle a sonnée. (L'orchestre joue l'air de *Jeannot et Colin* : Beaux jours de notre enfance.) On est venu ouvrir, et la voilà dans les bras de sa bienfaitrice.

Mme DE CÉSANNE.

Oui, tu ne me quitteras plus; et quoi qu'il arrive, c'est moi qui, désormais, veux veiller seule sur tes jours et sur ton bonheur.

YELVA.

Elle la regarde avec tendresse, puis avec embarras, et montrant son cœur et sa main, elle lui fait entendre qu'il n'y a plus de bonheur pour elle. Puis, tirant de son sein son bouquet de mariage qu'elle a conservé, elle lui demande par gestes : Et celui qui m'aimait, qui devait m'épouser... qu'est-il devenu?... où est-il?

Mme DE CÉSANNE.

Celui qui t'aimait; qui devait t'épouser ?... Alfred...

YELVA, avec émotion.

Oui.

Mme DE CÉSANNE.

Yelva, oublions-le... n'en parlons plus, surtout aujourd'hui.

YELVA, effrayée.

Elle lui demande par ses gestes : Est-ce qu'il est mort?... est-ce qu'il n'existe plus?

Mme DE CÉSANNE.

Non, rassure-toi, il vit, il existe...

YELVA.

Elle témoigne sa joie.

Mme DE CÉSANNE.

Mais, je ne sais comment t'apprendre...

SCÈNE XI.

YELVA, Mme DE CÉSANNE, FŒDORA.

FŒDORA, entrant par le fond.

Madame, on m'envoie vous chercher, on vous demande au salon... (Voyant Yelva.) Mais quelle est cette jeune fille?

Mme DE CÉSANNE.

Une infortunée que nous venons de recueillir, et à qui nous avons donné l'hospitalité.

FŒDORA.

Ah! je veux être de moitié dans votre bienfait!... je veux la présenter à M. Alfred. (Yelva fait, ainsi que madame de Césanne, un geste d'effroi.) Oui, M. Alfred de Césanne; c'est mon mari, celui que je vais épouser!... (A madame de Césanne.) Madame... je veux dire ma mère, car vous savez que tout est déjà disposé; les vassaux, les paysans sont dans le vestibule, les musiciens en tête; il ne manque plus que mon cousin, qui n'était pas encore descendu au salon. (Pendant que Fœdera parle, Yelva et madame de Césanne indiquent par leur pantomime les diverses émotions qu'elles éprouvent. — A Yelva.) Venez, venez avec moi... M. Alfred ne me refusera pas la première grâce que je lui demanderai; et vous ne me quitterez plus... Ne le voulez-vous pas?...

YELVA.
Elle témoigne le plus grand trouble.
Mme DE CÉSANNE.
Excusez-la, cette pauvre fille ne peut ni vous entendre, ni vous répondre, elle ne sait ni le français, ni le russe.
FOEDORA.
Ah! c'est dommage!... elle est si jolie, que j'aurais désiré qu'elle fût de notre pays... Mais c'est égal, venez toujours, vous assisterez à ce mariage... (Yelva s'éloigne avec effroi.) Eh! bien, qu'a-t-elle donc? (Souriant.) Vous avez raison, elle ne me comprend pas; il semble que je lui ai fait peur.
Mme DE CÉSANNE.
Dans l'état de faiblesse où elle est, un peu de repos lui est seul nécessaire.
FOEDORA.
En effet, elle a l'air de souffrir.
Mme DE CÉSANNE.
Ah! c'est qu'elle est bien malheureuse, elle est bien à plaindre, je le sais; tant de coups l'ont frappée à la fois!... mais je connais aussi de quels nobles sentiments elle est capable...
YELVA.
Elle serre la main de Mme de Césanne, comme pour lui dire qu'elle est tout à fait résignée.
Mme DE CÉSANNE.
Et, après tant de sacrifices et de souffrances, elle ne voudrait pas en un moment détruire ce qu'elle a fait.
FOEDORA.
Oui! il faut qu'elle reprenne confiance; puisque la voilà avec nous, bientôt ses malheurs seront finis.
Mme DE CÉSANNE, regardant Yelva.
Vous avez raison, encore un instant de courage, c'est tout ce que je lui demande; et tout sera fini.

YELVA.

Elle essuie ses larmes, regarde Mme de Césanne, lui prend la main, et semble lui dire avec fermeté : Ce courage, je l'aurai. Elle aperçoit à gauche une caisse de fleurs ; elle va en cueillir une, s'approche de Fœdora, lui fait la révérence, et la lui présente.

(L'orchestre joue l'air de *Léocadie*.)

FŒDORA.

Un bouquet pour mon mariage, pauvre enfant ! c'est elle qui la première m'en aura présenté ; fasse le ciel que cela me porte bonheur !

YELVA.

En ce moment elle regarde la parure de mariée de Fœdora, sa couronne et son bouquet de fleurs d'oranger : elle soupire, et l'orchestre finit l'air de *Léocadie* : Voilà pourtant comme je serais. A la fin de l'air, elle se jette dans les bras de madame de Césanne, qui la presse contre son cœur, en lui donnant les marques de la plus vive tendresse.

Mme DE CÉSANNE, à Fœdora.

Venez, venez, on nous attend.

(Elles sortent par le fond.)

SCÈNE XII.

(Musique à l'orchestre.)

YELVA, seule.

Elle tombe anéantie dans le fauteuil... Elle reste un instant absorbée dans sa douleur ; puis, semblant reprendre tout son courage, elle fait signe que tout est fini, qu'elle bannit Alfred de son cœur... « C'est dans ce moment, sans doute, qu'il se marie... » Elle prend le bouquet qu'elle avait conservé, le regarde avec attendrissement et le jette loin d'elle. Elle écoute, croit entendre une musique religieuse, se met à genoux, et prie pour lui. Plus calme alors, elle lève la tête et regarde autour d'elle ; elle éprouve, à l'aspect de ces lieux, une émotion dont elle ne peut se rendre compte ; elle se lève précipitamment et semble reconnaître cette chambre; elle examine avec attention la tenture, les meubles; puis, posant la main sur son cœur, elle cherche à retenir des souvenirs qui lui échappent.

SCÈNE XIII.

YELVA, TCHÉRIKOF, sortant de l'appartement à droite.

TCHÉRIKOF.

Allons, voilà déjà les airs du pays, les chants de noces qui se font entendre. Je leur ferai donner le knout, pour leur apprendre à chanter et à être heureux sans moi... Mais quelle est cette paysanne? O ciel! en croirai-je mes yeux?... Yelva sous ce déguisement, et dans ce château!

YELVA.

A sa vue, elle fait un geste de surprise, et court à lui.

TCHÉRIKOF.

Et Alfred, quel sera son étonnement?

YELVA.

Elle lui fait signe de se taire.

TCHÉRIKOF.

Quoi! vous ne voulez pas qu'il sache?... vous craignez sa présence?

YELVA.

Elle fait signe que oui.

TCHÉRIKOF.

Et comment êtes-vous ici? Qu'est-ce qui vous amène chez moi?

YELVA, par gestes.

Ceci est à vous?

TCHÉRIKOF.

Oui, ce château m'appartient.

(Musique à l'orchestre.)

YELVA.

Elle le regarde avec une nouvelle attention, et comme si elle ne l'avait jamais vu; il semble qu'elle veuille lire sur son visage et reconnaître ses traits.

TCHÉRIKOF.

Qu'a-t-elle donc? d'où vient l'émotion qu'elle éprouve?

YELVA.

Elle met une main sur son cœur, et de l'autre lui fait signe de se taire et de ne point troubler les idées qui lui arrivent en foule. Oui, quand elle était petite, elle a vu tout cela... Elle court à la fenêtre à gauche, montre les jardins.

TCHÉRIKOF.

Dans ces jardins!... eh! bien, que voulez-vous dire?

YELVA.

Elle lui fait signe qu'il y a une balançoire, (L'orchestre joue l'air: Balançons-nous.) des montagnes russes d'où on descendait rapidement.

TCHÉRIKOF, étonné.

Il me semble qu'elle parle de balançoire, de montagnes russes... Qu'est-ce que cela signifie?

YELVA.

Elle témoigne son impatience de ce qu'il ne comprend pas. (L'orchestre joue l'air : Un bandeau couvre les yeux.) Puis, comme une idée qui lui vient, elle lui fait signe qu'autrefois, dans ce salon, elle jouait avec des enfants de son âge; et, faisant le geste de se mettre un bandeau sur les yeux, elle court après quelqu'un, comme si elle jouait au colin-maillard. (Air vif.) Tous ses gestes se succèdent rapidement, et sans qu'elle fasse presque attention à Tchérikof, qui la regarde d'un air étonné et attendri.

TCHÉRIKOF.

Pauvre enfant! je ne sais pas ce qu'elle a, ni ce qu'elle veut dire, mais il y a dans ses gestes, dans sa physionomie, une expression que je ne puis définir, et dont, malgré moi, je me sens tout ému.

LE CHŒUR en dehors.

AIR de *la Dame Blanche.*

Chantons, ménestrels joyeux,
Refrains d'amour et d'hyménée ;
La plus heureuse destinée
Comble en ce jour tous leurs vœux !

YELVA.

Elle le prend par le bras pour lui dire : Écoutez !

TCHÉRIKOF.

Ce sont mes vassaux, qui chantent un air du pays.

YELVA.

Elle semble lui dire : C'est cela même ! Son émotion est au comble. Elle prend la main de Tchérikof, la serre dans les siennes, la porte sur son cœur.

TCHÉRIKOF.

Je n'y suis plus, je n'y conçois rien ; elle paraît si contente et si malheureuse... et cette amitié si tendre qu'elle me témoigne... vrai, ça donnerait des idées... Yelva... ma chère Yelva... rassurez-vous.

SCÈNE XIV.

Les mêmes ; ALFRED, entrant par la porte à droite, qu'il referme sur lui ; il aperçoit Yelva dans les bras de Tchérikof.

ALFRED.

Ciel !... Yelva !...

YELVA.

En voyant Alfred, effrayée, hors d'elle-même, elle s'arrache des bras de Tchérikof, et s'enfuit précipitamment dans l'appartement à gauche, dont elle ferme la porte.

ALFRED, à Tchérikof, après un instant de silence.

Eh bien ! monsieur, mes soupçons étaient-ils injustes ? qu'avez-vous à répondre ?

TCHÉRIKOF.

Rien... jusqu'à présent... car je ne comprends pas plus que vous.

ALFRED.

Et moi je comprends, monsieur, que vous êtes un homme sans foi.

TCHÉRIKOF.

Monsieur de Césanne!

ALFRED.

Oui, c'est vous qui me l'avez ravie; qui l'avez enlevée à mon amour; qui l'avez cachée dans ces lieux, où vous l'avez séduite... Je n'en veux d'autre preuve que l'amour qui brillait dans vos yeux... que les caresses qu'elle vous prodiguait... et la terreur dont ma vue l'a frappée.

TCHÉRIKOF.

Je vous répète que j'ignore ce qui en est... Mais quand ce serait vrai, quand par hasard elle m'aimerait, est-ce que vous prétendez me les enlever toutes? est-ce que vous n'épousez pas ma cousine?... est-ce que je n'ai pas le droit comme un autre?...

ALFRED.

Non, vous n'avez pas le droit de tromper un homme d'honneur, vous qui n'êtes qu'un...

TCHÉRIKOF.

C'en est trop...

ALFRED et TCHÉRIKOF.

AIR de la Batelière.

De rage et de fureur
Je sens battre mon cœur;
Mais d'une telle offense
J'aurai bientôt vengeance;
Redoutez ma fureur!

(Ils sortent par le fond.)

SCÈNE XV.

YELVA, Mme DE CÉSANNE, sortant de l'appartement à gauche.

Mme DE CÉSANNE.

Yelva! quelle agitation... Eh bien! Alfred a-t-il pénétré dans ces lieux? l'aurais-tu revu?

YELVA.

Elle fait signe que oui.

Mme DE CÉSANNE.

Où donc? ici?

YELVA, par gestes.

Oui.

Mme DE CÉSANNE.

D'où venait-il?

YELVA.

Elle montre la porte à droite : De là!...

(Musique à l'orchestre.)

YELVA.

En ce moment, elle s'est approchée de la porte à droite, qu'Alfred a refermée, en entrant, à la scène précédente. Sur cette porte est le portrait que Tchérikof a montré à la scène cinquième. Yelva stupéfaite s'arrête, regarde le tableau, court à Mme de Césanne, et le lui montre de la main et avec la plus grande émotion.

Mme DE CÉSANNE.

C'est l'ancienne maîtresse de ce château, la mère du comte de Tchérikof, qui a péri, ainsi que toute sa famille, dans l'incendie de Smolensk.

YELVA.

Elle tire vivement de son sein le médaillon qu'elle porte, le donne à Mme de Césanne, en lui disant : Regardez, c'est elle.

Mme DE CÉSANNE.

O ciel! les mêmes traits; c'est bien elle, c'est ta mère.

YELVA.

Elle court se jeter à deux genoux devant le tableau, l'entoure de ses bras, le presse de ses lèvres; puis, s'inclinant en baissant la tête, elle semble lui demander sa bénédiction.

SCÈNE XVI.

Les mêmes; FOEDORA, accourant.

FOEDORA.

Ah! mon Dieu! quel malheur! M. Alfred et mon cousin...

Mme DE CÉSANNE.

Eh bien?

FOEDORA.

Ils avaient été chercher des armes, et je viens de les voir tous les deux descendre dans le parc; ils n'ont pas voulu m'écouter; ils vont se battre!

Mme DE CÉSANNE.

Que dites-vous? ah! courons sur leurs pas!...

(Elle sort.)

FOEDORA.

Pourvu qu'il en soit encore temps!

YELVA.

Elle donne les marques du plus violent désespoir; elle demande par gestes à Fœdora de quel côté doit se passer le combat. Fœdora lui montre la croisée à droite, qui donne sur les jardins. Yelva court l'ouvrir précipitamment, et, au même instant, on entend un coup de pistolet. Yelva indique, par des gestes d'effroi, qu'elle voit les deux adversaires. Elle est restée auprès de la croisée, tendant les bras vers eux; et, après les plus violents efforts, elle parvient à prononcer ce mot : *Alfred!*... Au même instant, affaiblie par les efforts qu'elle a faits, elle tombe évanouie.

FOEDORA la reçoit dans ses bras, la porte sur le fauteuil, et lui prodigue
des secours.

Pauvre enfant! elle a perdu connaissance...

SCÈNE XVII.

LES MÊMES; ALFRED, TCHÉRIKOF, Mme DE CÉSANNE,
tenant Alfred et Tchérikof par la main, DOMESTIQUES.

TCHÉRIKOF, tenant à la main le médaillon d'Yelva.

Ah! que m'avez-vous appris? ma sœur! ma sœur! où est-elle?

Mme DE CÉSANNE, lui montrant Yelva qui est sur le fauteuil, étendue et sans connaissance.

La voilà.

TCHÉRIKOF.

Et ce cri dont nous avons été frappés, et qui a suspendu notre combat?

FOEDORA.

C'est elle qui l'a fait entendre; la frayeur, l'émotion... mais je crains qu'un tel effort ne lui coûte la vie.

TOUS.

Grand Dieu!

(Yelva est évanouie dans le fauteuil; Tchérikof à droite, Alfred à gauche, à ses genoux; madame de Césanne auprès d'Alfred, Fœdora, derrière le fauteuil, prodiguant ses soins à Yelva.)

FINALE.

(Musique de M. HEUDIER.)

TCHÉRIKOF.

Ma sœur!... le sort nous l'enlève.

ALFRED.

Je la perds, quand pour moi renaissait le bonheur!

FOEDORA.

Écoutez... taisez-vous... je sens battre son cœur.

Mme DE CÉSANNE.

Oui, déjà de son front s'efface la pâleur;
- Et sortant d'un pénible rêve,
Elle revient à la vie.

TOUS.

O bonheur!

LE CHOEUR.

O Dieu tutélaire,
Je bénis ton secours!

YELVA.

Elle revient peu à peu à elle, regarde lentement tous ceux qui l'entourent, mais sans les reconnaître encore; elle cherche à rappeler ses idées, aperçoit Mme de Césanne, prend sa main qu'elle baise, puis se retourne, aperçoit Alfred, fait un mouvement de surprise; (Tout le monde se penche et écoute attentivement.) elle le regarde et lui dit tout doucement : *Alfred!*... De l'autre côté, elle aperçoit Tchérikof, lui tend la main et dit : *Mon frère!*...

ALFRED.

Me pardonneras-tu? m'aimeras-tu?

YELVA, se levant.

Toujours!

LE
VIEUX MARI

COMÉDIE-VAUDEVILLE EN DEUX ACTES

EN SOCIÉTÉ AVEC M. MÉLESVILLE.

THÉATRE DE S. A. R. MADAME. — 2 Mai 1828.

| PERSONNAGES. | ACTEURS. |

M. DE BRUCHSAL, conseiller aulique. . . . . MM. FERVILLE.
ALPHONSE DE BRUCHSAL, son neveu. . . PAUL.
OLIVIER, cousin de Mathilde . . . . DESPRÉAUX.
VICTOR, valet d'Alphonse, en livrée de chasseur . GABRIEL.
MICHEL, vieux domestique de M. de Bruchsal . . NUMA.
UN CHEF D'OFFICE . . . . BORDIER.

Mme DE LINSBOURG . . . . Mmes JULIENNE.
MATHILDE, sa nièce . . . . NADÈJE-FUSIL.

UN DOMESTIQUE. — DEUX FEMMES DE CHAMBRE. — UN BIJOUTIER.
— LINGÈRES. — MODISTES. — FOURNISSEURS. — VALETS.

A Dusseldorf, au premier acte ; et, dans une terre à six lieues de la ville, au deuxième acte.

LE
VIEUX MARI

ACTE PREMIER

Un salon richement meublé. A gauche de l'acteur, une fenêtre donnant sur la rue. A droite, la porte d'un appartement : plus bas, une table.

SCÈNE PREMIÈRE.
Mme DE LINSBOURG, OLIVIER.

OLIVIER.

Quoi, ma tante, vous voilà à Dusseldorf! Vous avez pu vous décider à quitter votre terre ?

Mme DE LINSBOURG.

Ce n'est pas sans peine, mon cher Olivier... Voyager dans cette saison, et à mon âge, il a fallu toute ma tendresse pour ma chère Mathilde.

OLIVIER.

Elle vous a donc écrit ?...

Mme DE LINSBOURG.

Oui, la lettre la plus singulière, à laquelle je n'ai rien

pu comprendre. Ces petites filles ne s'expliquent jamais qu'à moitié... je m'en souviens.

AIR du vaudeville du Château perdu.

Comme elle aussi, jadis, dans ma jeunesse,
J'étais timide et ne parlais jamais...
En fait d'hymen et même de tendresse
Je déguisais mes sentiments secrets...
Et dans mon cœur l'amour qui pouvait naître
Par la pudeur fut si bien combattu,
Que bien des gens l'ont pu savoir peut-être,
Mais mon mari n'en a jamais rien su !

Tout ce que j'ai pu voir dans sa lettre, c'est qu'elle était triste, malheureuse ; j'ai pris la poste aussitôt, et me voilà.

OLIVIER.

Ah ! c'est le ciel qui vous envoie. Moi, d'abord, je n'ai plus d'espoir qu'en vous.

Mme DE LINSBOURG.

Que se passe-t-il donc ?

OLIVIER.

On la marie aujourd'hui même.

Mme DE LINSBOURG.

Mathilde !

OLIVIER.

Oui, ma tante.

Mme DE LINSBOURG.

Aujourd'hui ?

OLIVIER.

Dans deux heures. Toute la ville de Dusseldorf est invitée. On se rassemble déjà dans l'autre salon.

Mme DE LINSBOURG.

Est-il possible !

OLIVIER.

Vous avez dû voir les voitures dans la cour, les coche

avec les bouquets, ce mouvement, ces préparatifs... Et moi-même, quoique j'en enrage, car vous savez combien j'aime ma cousine, vous me voyez obligé de faire les honneurs, en grande tenue, l'habit noir et les gants blancs.

Mme DE LINSBOURG.

Sans me prévenir, sans daigner me consulter, moi, sa tante, la veuve du président de Linsbourg !

OLIVIER.

Je vous dis que c'est une infamie !

Mme DE LINSBOURG.

Mais je devais m'attendre à tout de la part de son tuteur ; l'être le plus ridicule, le plus sot... un M. Rudmann, un vieux négociant qui n'a que de vieilles idées, car tout est vieux chez lui, jusqu'à sa société, où il n'admet que des douairières. Aussi j'ai bien juré de n'y jamais mettre les pieds... Ah ! mon Dieu ! à propos de cela, est-ce que je ne suis pas chez lui, par hasard ?

OLIVIER.

Non, cet hôtel est celui de M. de Bruchsal, le futur en question.

Mme DE LINSBOURG.

Comment ! la noce se fait chez le marié ?

OLIVIER.

Le tuteur a trouvé cela plus économique.

Mme DE LINSBOURG.

Mais ça ne s'est jamais vu ! c'est de la dernière inconvenance ! C'est fort beau du reste. Il est donc riche, cet homme ?

OLIVIER.

Que trop... il a une terre superbe à six lieues de Dusseldorf, qu'il avait fait acheter, ainsi que cet hôtel, quand on le nomma intendant des finances de cette province.

Mme DE LINSBOURG.

AIR du vaudeville de *Partie et Revanche.*

Avant d'arriver il commence
Par acquérir cet hôtel élégant ;
Puis une maison de plaisance...

OLIVIER.

Un fonctionnaire prudent,
N'eût-il pas même un sou vaillant,
Si dans la finance, par grâce,
Il obtient un poste important,
Peut acheter, sitôt qu'il entre en place,
Bien sûr de payer en sortant.

Depuis un an, il n'était pas encore venu à Dusseldorf, et la première fois qu'il y fait un voyage, c'est pour m'enlever ma cousine.

Mme DE LINSBOURG.

Et tu l'as souffert, toi qui es si mauvaise tête ?

OLIVIER.

Parbleu ! si ce n'était son âge...

Mme DE LINSBOURG.

Son âge ! comment ! c'est un vieillard ?

OLIVIER.

Eh ! sans doute, voilà une heure que je vous le dis... plus de soixante ans.

Mme DE LINSBOURG.

Soixante ans ! quelle horreur ! moi qui me suis toujours figuré son mari un beau jeune homme, les yeux noirs, l'air sentimental... Soixante ans ! je ne la laisserai pas sacrifier ainsi.

OLIVIER, se frottant les mains.

C'est cela, ma tante, parlez pour moi.

Mme DE LINSBOURG.

Laisse-moi faire... Eh! justement la voici, cette chère enfant.

SCÈNE II.

MATHILDE, en toilette de mariée, Mme DE LINSBOURG, OLIVIER.

MATHILDE, courant à madame de Linsbourg.

C'est vous, ma bonne tante!

Mme DE LINSBOURG.

Elle est encore embellie. Viens donc que je t'embrasse. Il y a si longtemps...

(Elle l'embrasse à plusieurs reprises.)

MATHILDE.

Ah! je vous attendais avec une impatience...

Mme DE LINSBOURG.

Chère petite! tu étais bien sûre que je quitterais tout pour toi; et si j'en avais le temps, je commencerais par te gronder.

MATHILDE.

Moi, ma tante! et pourquoi?

Mme DE LINSBOURG.

Tu me le demandes? Ce cher Olivier m'a tout raconté. Tu sens bien que lui-même y a tant d'intérêt... Mais, grâce au ciel, on peut encore te sauver, et je m'en charge.

MATHILDE.

Comment?

Mme DE LINSBOURG.

Dis-moi d'abord tes petits secrets; voyons, tu aimes quelqu'un?

MATHILDE, troublée.

Que dites-vous ?

Mme DE LINSBOURG.

C'est tout naturel, à ton âge; d'ailleurs, ta lettre le faisait entendre.

OLIVIER, se rapprochant.

Il serait possible !

Mme DE LINSBOURG.

Oui, oui; j'ai vu cela.

MATHILDE, voulant l'empêcher de parler.

Mais, ma tante...

Mme DE LINSBOURG.

C'est justement parce que je suis ta tante que cela me regarde; il faut que je le connaisse; c'est un jeune homme, n'est-ce pas? cela va sans dire; (Elle regarde Olivier.) et son nom ? (Mathilde ne répond rien et paraît embarrassée de la présence d'Olivier. — Après un silence.) Je comprends.

AIR POLONAIS.

(Bas à Olivier.)
Tu le vois bien, c'est pour toi fort heureux.
Dans ces lieux
Elle craint ta présence;
Oui, tu le vois, ton aspect en ces lieux
De ses feux,
Empêche les aveux.

OLIVIER, de même.
Me promettez-vous
De lui parler de ma constance?
Me promettez-vous...

Mme DE LINSBOURG, de même.
Je promets tout... mais laisse-nous;
Si tu veux par moi
Être mari... tâche d'avance

D'en remplir l'emploi,
Ainsi donc, va-t'en et tais-toi !

Ensemble.

Mme DE LINSBOURG.

Tu le vois bien, c'est pour toi fort heureux.
Dans ces lieux
Elle craint ta présence.
Tu le vois bien, ta présence en ces lieux
De ses feux,
Empêche les aveux.

OLIVIER.

Oui je le vois, c'est pour moi fort heureux ;
Dans ces lieux
Elle craint ma présence.
Je le vois bien, ma présence en ces lieux
De ses feux,
Empêche les aveux.

(Olivier sort.)

SCÈNE III.

MATHILDE, Mme DE LINSBOURG.

Mme DE LINSBOURG, à Mathilde.

Maintenant tu peux tout m'avouer ; j'ai bien deviné à ton embarras que c'était lui.

MATHILDE.

Qui donc ?

Mme DE LINSBOURG.

Ton cousin, que tu aimes.

MATHILDE.

Olivier ! mais non, je vous assure.

Mme DE LINSBOURG.

Comment, mademoiselle, ce n'est pas ce pauvre garçon ?

MATHILDE.

Et pourquoi voulez-vous que ce soit lui?

Mme DE LINSBOURG.

Parce que, des cousins, c'est tout naturel, c'est l'usage; du moins, de mon temps, c'était ainsi; mais maintenant qu'on a tout changé... Enfin, vous aimez quelqu'un, et je veux savoir...

MATHILDE, lui prenant la main.

Eh bien! ma tante, c'est vrai, ou du moins j'ai cru un moment... mais ne me demandez pas son nom, je ne puis vous le dire; je ne le reverrai sans doute jamais.

Mme DE LINSBOURG.

Et tu y penseras toujours?

MATHILDE.

Non; j'espère l'oublier tout à fait. J'ai déjà commencé; car cette union était impossible, en supposant qu'il se fût occupé de moi; vous savez que mon tuteur n'aurait jamais consenti à me marier à un jeune homme; il me l'avait déclaré. (En confidence.) Il a les jeunes gens en horreur.

Mme DE LINSBOURG.

C'est ce que je disais tout à l'heure, la maison la plus ennuyeuse...

MATHILDE.

Et pour être plus sûr de son fait, tous ceux qu'il recevait avaient au moins soixante et dix ans.

Mme DE LINSBOURG.

Miséricorde! des Lovelaces du temps de Frédéric-Guillaume; et c'est parmi ces antiquités que tu as choisi un mari?

MATHILDE, soupirant.

Que voulez-vous? il a bien fallu... j'ai choisi le plus jeune; M. de Bruchsal n'a que soixante ans.

Mme DE LINSBOURG, ironiquement.

Que soixante ans! oh! je conçois qu'il a dû te paraître un petit étourdi!

MATHILDE, souriant.

Pas tout à fait ; mais il est si bon, si aimable...

AIR : De l'aimable Thémire. (ROMAGNESI.)

Jamais il ne se fâche,
Et toujours il sourit ;
Lorsqu'à plaire il s'attache,
Que de grâce et d'esprit !...
En parlant il fait même
Oublier qu'il est vieux...
Et je crois que je l'aime,
Quand je ferme les yeux.

Dès le premier jour, il avait deviné ma situation ; ses regards me suivaient avec un intérêt si tendre !... Que vous dirai-je? la maison de mon tuteur m'était devenue insupportable ; je savais que le mariage seul pouvait m'affranchir de cet esclavage, et lorsque M. de Bruchsal se proposa, je l'acceptai avec reconnaissance.

Mme DE LINSBOURG.

C'est cela, je m'en doutais, un mariage de désespoir !

MATHILDE.

Mais du tout, ma tante ; je vous jure que je serai très-heureuse.

Mme DE LINSBOURG.

Très-heureuse ; c'est que tu ne sais pas... c'est que tu ne peux pas savoir...

MATHILDE.

Quoi donc, ma tante?

Mme DE LINSBOURG, à part.

Pauvre petite! à son âge, j'aurais dit comme elle. (Haut.)

13.

Songe donc, mon enfant, un mari de soixante ans! et qui a la goutte peut-être par-dessus le marché!

MATHILDE.

Mais...

Mme DE LINSBOURG.

C'est clair; ils l'ont tous.

MATHILDE.

Il ne me l'a pas dit.

Mme DE LINSBOURG.

Est-ce qu'on dit ces choses-là? comme ça serait gracieux pour moi! au lieu d'un neveu leste et vif qui me donne la main, c'est moi qui serais obligée de lui donner le bras.

AIR : Amis, voici la riante semaine. (*Le Carnaval.*)

A cet hymen, ma nièce, je m'oppose,
Et la vertu te le défend aussi;
Tu ne sais pas à quel risque on s'expose,
Lorsque l'on prend un vieillard pour mari :
Que de périls menacent une belle!
Que de faux pas, quand on n'a, mon enfant,
Pour soutenir la vertu qui chancelle
Qu'un vieil époux qui peut en faire autant!

Ainsi, n'y pensons plus.

MATHILDE.

Ma tante!...

Mme DE LINSBOURG.

Plus tard nous causerons de tes amours et du bel inconnu; l'important maintenant est de rompre ce mariage ridicule.

MATHILDE.

Le rompre!... O ciel! ma tante, que dites-vous? quand tout est signé, que tout est prêt pour la cérémonie!

Mme DE LINSBOURG.

Peu importe!

MATHILDE.

L'affliger, le désespérer, lui qui est si bon!

Mme DE LINSBOURG.

Je l'exige, ma nièce, ou je ne vous revois de ma vie.

AIR : Non, non, je ne partirai pas. (*Le mal du pays.*)

Il faut rompre de pareils nœuds,
Ou je quitte à l'instant ces lieux!...

MATHILDE.

Calmez votre colère...

Mme DE LINSBOURG.

Non... je renonce à vous,
Et je pars pour ma terre
S'il devient votre époux.
Lui!... votre époux! (*Bis.*)

Ensemble.

MATHILDE.

O ciel! rompre de pareils nœuds,
Je ne puis me rendre à vos vœux.
Ne quittez pas ces lieux,
Non, non, non, non, ne quittez pas ces lieux!

Mme DE LINSBOURG.

Il faut rompre de pareils nœuds;
Pour toujours je quitte ces lieux,
Recevez mes adieux...
Non, non, non, non, recevez mes adieux!

(Elle sort sans écouter Mathilde.)

MATHILDE, seule.

Ma tante!... mon Dieu! comment la retenir?... Ah! voici
M. de Bruchsal; il pourra peut-être lui faire entendre raison.

SCÈNE IV.

ALPHONSE, vêtu en vieux : il sort de l'appartement à droite en grande toilette ; MATHILDE.

MATHILDE.
Ah ! monsieur, venez vite, je vous en prie.

ALPHONSE, souriant.
Vite, c'est un peu difficile pour moi, ma chère Mathilde ; pardon, je vous ai fait attendre ; vous, vous êtes jolie tout de suite ; mais à un vieillard, il lui faut du temps...

« Pour réparer des ans l'irréparable outrage ; »

Enfin, me voilà en costume de marié, tout comme un autre... Qu'avez-vous ? vous paraissez agitée ?

MATHILDE.
C'est vrai, j'ai bien du chagrin.

ALPHONSE, avec bonté.
Contez-moi cela tout de suite, ma chère amie, pour que j'en aie aussi.

MATHILDE.
Cette bonne tante, dont je vous ai si souvent parlé...

ALPHONSE.
Madame de Linsbourg ? elle est arrivée, m'a-t-on dit.

MATHILDE.
Oui ; et elle vient de repartir sur-le-champ.

ALPHONSE.
Comment ?

MATHILDE, avec embarras.
Elle s'est fâchée, je ne sais pourquoi elle a des préventions contre ce mariage, elle n'aime que les jeunes gens.

ALPHONSE.

Je comprends; cela veut dire qu'elle n'aime pas les vieillards.

MATHILDE.

Oui, monsieur.

ALPHONSE.

Et vous, qui avez été élevée par elle, partagez-vous ses sentiments sur la vieillesse?

MATHILDE.

Non, monsieur.

AIR : Vos maris en Palestine. (*Le comte Ory.*)

Je la respecte et l'honore,
Et je pense, en vérité,
Qu'on lui doit bien plus encore
Quand chez elle esprit, bonté,
Changent l'hiver en été.

ALPHONSE.

Savoir vieillir sans trop déplaire
Est difficile, je le sens.

MATHILDE.

Ah! pour moi, quand viendra ce temps...
Je sais ce qu'il faudra faire :
Je vous regarde... et j'apprends.

Et quand ma tante vous connaîtra mieux, elle sera comme moi; mais pour cela, il faut qu'elle vous voie, et si elle s'en va...

ALPHONSE.

Soyez tranquille, je me charge de la calmer; nous irons tous deux lui faire visite.

MATHILDE.

Oh! que vous êtes bon, monsieur! C'est que, dans deux heures, elle aura quitté Dusseldorf.

ALPHONSE.

J'irais bien tout de suite; mais c'est que tout est disposé pour notre mariage; on nous attend, et quand on vieillit, on devient un peu égoïste, et surtout très-pressé.

AIR : Muse des jeux et des accords champêtres.

Prêt à former cet heureux mariage,
Je craindrais trop de perdre un seul moment;
Car le bonheur est, hélas! à mon âge,
Un vieil ami qu'on voit si rarement!
De sa visite, alors qu'il nous honore,
Vite ouvrons-lui... dès qu'il vient d'arriver...

MATHILDE.

Le lendemain il peut venir encore.

ALPHONSE.

Oui... mais il peut ne plus nous retrouver!

Ainsi permettez que d'abord je m'assure du titre de votre époux. Après la cérémonie, je vous conduirai chez votre tante, et je suis bien sûr qu'elle consentira à venir vivre avec nous.

MATHILDE.

Il serait possible!

ALPHONSE.

Cet arrangement vous plaît-il?

MATHILDE, souriant.

Eh mais, il faut bien que je m'essaie à vous obéir, monsieur.

ALPHONSE, lui baisant la main.

Non, non, jamais, chère Mathilde. C'est moi qui veux suivre vos ordres, deviner vos désirs, et... Qui vient là?

MATHILDE.

Victor, qui paraît avoir à vous parler.

SCÈNE V.

Les mêmes; VICTOR.

ALPHONSE, à Victor.

Qu'est-ce que c'est?

VICTOR, lui faisant des signes.

Pardon, je voulais dire à monsieur... les marchands qui ont fait les fournitures pour la noce se sont présentés avec leurs mémoires.

ALPHONSE, vivement.

Déjà! morbleu, c'était bien la peine de nous interrompre; qu'ils aillent au diable!

MATHILDE.

Eh! mon Dieu! vous vous emportez comme un jeune homme.

ALPHONSE.

Non; c'est que ces imbéciles choisissent si mal leur moment; venir parler d'argent, quand il est question de bonheur!

(Il baise la main de Mathilde.)

VICTOR, continuant ses signes.

C'est ce que j'ai pensé; je leur ai dit de revenir après la cérémonie.

ALPHONSE.

C'est bien.

VICTOR.

J'avais aussi à dire à monsieur... (A Alphonse et le tirant par son habit.) Il faut que je vous parle en particulier.

ALPHONSE, surpris.

Hein! (A Mathilde.) Pardon, ma chère amie, quelques commissions importantes; je vous suis dans le salon.

MATHILDE.

Ne vous faites pas attendre, (Bas.) et puis, pour ma tante; vous savez...

AIR : Et tes serments, ma chère.

Ah! de grâce, aimez-la!
Ce que, dans votre zèle,
Vous aurez fait pour elle,
Mon cœur vous le paira.

ALPHONSE.

D'après cette promesse,
Pour la tante je vais
Ce soir me mettre en frais
De soins et de tendresse...
(Lui baisant la main.)
Et vous ne m'en rendrez
Que ce que vous pourrez.

(Mathilde sort, Alphonse la conduit jusqu'à la porte.)

SCÈNE VI.

VICTOR, ALPHONSE.

ALPHONSE, à Victor, avec inquiétude.

Qu'y a-t-il donc?

VICTOR.

Tout est perdu.

ALPHONSE, vivement.

Ah! mon Dieu!

VICTOR.

Eh bien! monsieur, ne sautez donc pas comme cela : à votre âge, c'est dangereux. Vous n'aviez pas pensé au contrat; on va signer.

ALPHONSE.

Eh bien?

VICTOR.

J'ai pensé que vous ne pourriez pas signer le nom de votre oncle.

ALPHONSE.

Je signerai le mien. Alphonse de Bruchsal; je supprimerai le prénom.

VICTOR.

Monsieur, cela finira mal pour nous.

ALPHONSE.

C'est possible; mais quand on est amoureux, quand on en perd la tête, quand on a affaire à un tuteur qui n'aime que les vieillards...

VICTOR.

M. Rudmann, passe encore; mais votre oncle, que dira-t-il, lui qui ne peut souffrir le mariage ni pour lui ni pour les autres? il est capable de vous déshériter.

ALPHONSE.

Mon oncle! mon oncle, qui jamais n'est venu ici, que personne n'y connaît! et quel tort puis-je lui faire dans cette circonstance?

AIR : De sommeiller encor, ma chère. (*Arlequin-Joseph.*)

Contre sa tournure caduque
J'ai changé mes vingt-cinq printemps;
J'ai pris ses rides, sa perruque,
Et jusqu'à ses pas chancelants...
J'ai pris ses soixante ans, sa goutte,
Et bien loin de s'en offenser,
Mon cher oncle voudrait sans doute
Pouvoir toujours me les laisser!

En attendant, je vais signer le contrat en son nom; de là à l'église; et hâtons-nous, car jusqu'à ce moment, je n'existerai pas. Surveille surtout ce M. Olivier, ce petit cousin, qui me déplaît souverainement.

VICTOR.

Comment, monsieur, vous en êtes jaloux?

ALPHONSE.

Quand on a soixante ans, on est jaloux de tout le monde. Si tu savais combien mon rôle est terrible! tandis que je fais le piquet ou le whist des grand'mamans, je vois Mathilde folâtrer et danser avec son cousin, le seul jeune homme qui, à cause de la parenté, ait accès dans la maison; et quand on est seul, on a tant de mérite! A chaque instant, il regarde Mathilde; il lui prend la main devant moi, sans se gêner; je suis censé avoir la vue basse; il lui parle à l'oreille, pour se moquer de moi, pour me tourner en ridicule, et je ne peux pas me fâcher; car, auprès du tuteur, je me suis vanté d'être un peu sourd. Mais, patience, je lui revaudrai cela; et aujourd'hui, aussitôt le mariage célébré, je me brouille avec toute la famille.

VICTOR.

Et sous quel prétexte?

ALPHONSE.

Est-ce que j'en ai besoin? est-ce qu'à mon âge, on n'est pas humoriste, quinteux, bizarre? la vieillesse a ses privilèges, et j'en profite. Mais juge donc quel triomphe, si malgré tout cela, je pouvais me faire aimer de Mathilde.

VICTOR.

Quoi! monsieur, elle ne se doute pas un peu?...

ALPHONSE.

Comment lui faire un pareil aveu? Une jeune personne aussi modeste que timide pourrait-elle se prêter à une ruse semblable? Non, elle ne connaîtra la vérité que quand elle sera à moi, quand elle m'appartiendra : le lendemain de notre mariage.

UN DOMESTIQUE, entrant.

Une lettre pour monsieur le baron.

ALPHONSE.

« Le baron de Bruchsal. » C'est bien cela. (Le domestique sort. Alphonse lit.) « Monsieur et très-honoré maître... » Qui m'écrit ainsi? ce n'est pas toi?

VICTOR.

Non, monsieur.

ALPHONSE, continuant.

« Vous avez bien raison, et moi aussi, de détester le ma-
« riage, il ne peut que porter malheur. C'était pour assister
« à celui de ma nièce, que vous m'aviez permis d'aller passer
« quinze jours au pays; mais ces repas de noce sont si longs,
« que la première quinzaine je suis resté à table, et la se-
« conde, dans mon lit, sauf votre respect... » (S'interrompant.) D'où diable me vient une pareille confidence? (Regardant la signature.) « Michel Goinffer. »

VICTOR.

N'est-ce pas le nom du vieux valet de chambre de votre oncle? Comment lui écrit-il à Dusseldorf?

ALPHONSE.

Voyons. (Continuant de lire.) « Je vous prie donc, mon très-
« honoré maître, de ne pas vous mettre en colère, comme
« c'est votre habitude, si vous ne trouvez rien de prêt à
« l'hôtel, parce qu'il m'a été impossible d'arriver avant vous
« à Dusseldorf, comme vous me l'aviez ordonné; mais je
« sais que vous devez y être le 20... » (Parlé.) O ciel! c'est aujourd'hui! (Lisant.) « Et je ferai mon possible pour m'y
« trouver le même jour; vous promettant bien que j'ai assez
« de noce comme ça. MICHEL GOINFFER. » Me voici bien dans un autre embarras; mon oncle qui va arriver chez lui, dans son hôtel; quel parti prendre?

VICTOR.

Je vous le demande?

ALPHONSE, après un moment de réflexion et d'incertitude.

Ma foi, le plus simple est de me marier sur-le-champ.

VICTOR.

Mais votre oncle, en arrivant, va descendre ici.

ALPHONSE.

Il ne m'y trouvera plus.

VICTOR.

Comment?

ALPHONSE.

La cérémonie terminée, je pars avec ma femme.

VICTOR.

Partir! et où irez-vous?

ALPHONSE.

Au château de Ronsberg, à la terre de mon oncle; je serai toujours chez moi. Tu m'y joindras.

VICTOR.

Oui, monsieur.

ALPHONSE.

Guette le vieux Michel.

VICTOR.

Soyez tranquille.

ALPHONSE.

AIR du quatuor de *la Reine de seize ans.*

De la disgrâce
Qui nous menace
Un trait d'audace
Peut nous sauver.

SCÈNE VII.

LES MÊMES; OLIVIER entre, et voyant Alphonse et Victor, il s'arrête au fond pour les écouter.

ALPHONSE, à Victor.
Mais, sentinelle
Sûre et fidèle,
Sache avec zèle
Tout observer.

Pour couronner notre entreprise,
A mon cocher donnant le mot,
Je veux, au sortir de l'église
Enlever ma femme aussitôt.

OLIVIER, à part.
Qu'entends-je, ô ciel! et quel complot!

ALPHONSE.
Dans leur château, monsieur, madame,
Tous les deux iront se cacher...

OLIVIER, de même.
Vouloir nous enlever sa femme!...
Je saurai bien l'en empêcher.

Ensemble.

ALPHONSE et VICTOR.
De la disgrâce
Qui nous menace
Ce trait d'audace
Peut nous sauver;
Valet fidèle,
Fais sentinelle,
Sache avec zèle
Tout observer.

OLIVIER, à part.

De la disgrâce
Qui nous menace
Un trait d'audace
Peut nous sauver;
Cousin fidèle,
Fais sentinelle,
Sache avec zèle
Tout observer.

(Alphonse et Victor entrent dans l'appartement à droite.)

SCÈNE VIII.

OLIVIER, seul.

Enlever ma cousine! l'emmener au château de Ronsberg! nous saurons bien les y retrouver; et je vais d'abord, de la part du mari, y inviter toute la famille, et même ma tante, qui, par bonheur, n'est pas encore partie. Puisqu'ils veulent être seuls, ce sera un bon tour à leur jouer.

(Il s'assied à la table, et écrit.)

SCÈNE IX.

OLIVIER, à la table, MICHEL, en veste de voyage, et une valise sous le bras.

MICHEL, le nez en l'air.

Pas mal, pas mal, notre nouvel hôtel est assez bien! je suis content du rez-de-chaussée et du grand escalier; mais il faudra voir les chambres de domestiques, c'est l'essentiel. Par exemple, je n'ai pas encore aperçu une figure de connaissance, ce qui me fait espérer que ni monsieur ni ses gens ne sont encore arrivés. (Apercevant Olivier.) Qu'est-ce que je vois là? un étranger... (Otant son chapeau.) quelqu'un sans doute qui venait pour mon maître, et qui s'écrit en son absence.

OLIVIER, appelant sans se déranger.

Holà! quelqu'un des gens de M. de Bruchsal!

MICHEL, s'avançant.

Voilà, monsieur.

OLIVIER.

Je n'avais pas encore vu celui-là.

MICHEL.

J'arrive à l'instant; depuis trente ans, j'ai l'honneur d'être le valet de chambre de M. le baron, et l'avantage d'être son intendant! Oserais-je demander ce qu'il y a pour le service de monsieur?

OLIVIER.

Des commissions à faire de la part de ton maître.

MICHEL, surpris.

De mon maître; il est donc ici?

OLIVIER.

Et où veux-tu qu'il soit?

MICHEL.

Il est donc arrivé aujourd'hui, de bien bonne heure?

OLIVIER.

Aujourd'hui! voilà plus de trois semaines.

MICHEL.

Est-il possible! et depuis quand monsieur s'avise-t-il d'avoir comme ça des idées, de lui-même et sans m'en prévenir? il me dit : « Je ne serai à Dusseldorf que le 20, je n'y serai pas avant. » Et moi qui me fiais là-dessus, et qui étais tranquillement à être malade...

OLIVIER.

Est-ce qu'il te doit des comptes? est-ce qu'il ne peut pas changer?

MICHEL.

Non, monsieur; c'est toujours, chez nous, arrêté et réglé d'avance! depuis trente ans, monsieur se lève et se couche à la même heure.

AIR du *Ménage de garçon.*

Son costume est toujours le même :
Habit brun, cheveux à frimas!...
Il a toujours même système,
Mêmes amis, mêmes repas...
Quel bon maître! il ne change pas!...
Enfin, lorsque la destinée
L'met en colèr' le jour de l'an...
Il s'y maintient toute l'année,
Tant il a peur du changement!

Et m'exposer à être en retard! ne pas me prévenir!

OLIVIER, se levant.

Il avait bien autre chose à penser, surtout au moment de son mariage!

MICHEL, stupéfait.

Son mariage! qu'est-ce que cela signifie?

OLIVIER.

Que ton maître se marie!

MICHEL.

Mon maître, le vieux conseiller, le baron de Bruchsal?

OLIVIER.

Lui-même.

MICHEL, avec colère.

Monsieur, vous l'insultez, et je ne souffrirai pas...

OLIVIER.

Ah çà, à qui en a-t-il donc? je te dis de porter à l'instant toutes ces lettres à la famille de sa femme.

MICHEL.

De sa femme!... est-ce que ce serait vrai?
(On entend dans la coulisse la ritournelle du chœur suivant.)

OLIVIER, à Michel.

Tiens! tiens! entends-tu? on m'appelle.

LE CHŒUR en dehors.

AIR du Maçon.

Ensemble.

Quel bonheur! quelle ivresse!
Quel beau jour! quel plaisir!
Allons, que l'on s'empresse,
Il est temps de partir!

OLIVIER.

Quels accents d'allégresse
Viennent de retentir!
On m'appelle, on s'empresse;
La noce va partir.
Quel beau jour! quelle ivresse!

MICHEL.

Je n'en puis revenir!

OLIVIER.

On m'appelle, on s'empresse,
La noce va partir.

MICHEL.

De douleur, de tristesse,
Ah! je me sens mourir!

LE CHŒUR, en dehors.

La noce va partir.

(Olivier sort en courant.)

VOIX en dehors.

La porte !... la voiture de la mariée !... rangez-vous !

SCÈNE X.

MICHEL, puis VICTOR, qui entre au moment où Michel regarde par la fenêtre.

MICHEL, seul.

C'est donc pour cela qu'il m'a trompé, qu'il m'a éloigné ; il craignait ma vue et mes reproches. (Regardant par la fenêtre.) Ah ! mon Dieu, oui ! ce tapage, ce monde qui se presse, ces pauvres qui encombrent la rue ; et sur toutes les physionomies, cet air triste et lugubre ; c'est bien une noce ; ah ! mon Dieu, le voilà, le voilà qui monte en carrosse, je ne vois que son dos ; mais c'est bien lui, rien qu'à son habit brun et sa perruque, je le reconnaîtrais entre mille ! il n'y a plus à en douter !

VICTOR, à part, après avoir regardé par la fenêtre.

Bon ! les voilà partis ; nous sommes sauvés !

MICHEL.

Je ne sais pas si c'est l'idée ; il me semble déjà maigri et rapetissé.

VICTOR, le saluant.

N'est-ce pas à monsieur Michel que j'ai l'honneur de parler ?

MICHEL.

Lui-même. (A part.) Que me veut encore celui-là ?

VICTOR.

C'est moi qui, en votre absence, occupais, par *intérim*, la place de valet de chambre.

MICHEL.

Un nouveau domestique ! et un jeune homme encore !... je

vous dis que, quand je ne suis pas là, il ne fait que des étourderies, et je n'aurais jamais dû le quitter, surtout depuis sa dernière maladie; car, il a beau dire, sa tête n'est plus la même; et on aura profité de sa faiblesse, de son inexpérience, pour le sacrifier.

VICTOR.

Y pensez-vous? une femme charmante!

MICHEL.

Raison de plus! mon pauvre maître, un si brave homme! un si honnête homme! quelle perte j'ai faite là!

VICTOR.

Un instant, il n'est pas encore défunt.

MICHEL.

C'est tout comme... il n'en vaut guère mieux; et je ne pourrai jamais me faire à le voir marié; c'est plus fort que moi; lui qui me répétait, il n'y a pas encore dix ans : « Tiens, mon vieux Michel, ne nous marions jamais, nous en serons plus heureux, nous vieillirons ensemble. » Et après trente ans de service, voir arriver une femme! comme ça va tout changer, tout bouleverser! il ne m'obéira plus, d'abord, c'est sûr. (S'essuyant les yeux.) Enfin, puisque c'est sans remède, je vais toujours me rendre à la cérémonie, pour assister...

VICTOR, à part.

Ah! diable! (Haut.) Y pensez-vous? dans ce costume? quand tous ses gens ont des livrées neuves, vous allez faire scandale.

MICHEL.

C'est juste, c'est juste, l'étiquette avant tout; quelle que soit la conduite de monsieur envers moi, il faut encore lui faire honneur; je vais mettre mes plus beaux habits. (Sanglotant et reprenant sa valise.) Je vais aussi préparer mon bouquet et mon compliment; mon pauvre maître! (A Victor.) Où sont les chambres de domestiques, monsieur?

VICTOR, le poussant et lui montrant la porte à droite.

Au quatrième, de ce côté; allez vite, car la cérémonie doit être avancée.

MICHEL, sortant.

Ah! c'est un coup dont je ne me relèverai pas! ni monsieur non plus!

(Il sort. — On entend le bruit d'une voiture qui entre dans la cour.)

VICTOR, seul.

Dieu merci, nous en voilà débarrassés; il était temps... j'ai entendu une voiture entrer dans la cour et je tremblais. (Il regarde par la fenêtre.) Et mais, ce n'est pas de la noce! un landau de voyage! des chevaux de poste... Ah! mon Dieu! quoique je ne l'aie jamais vu, rien qu'au costume, c'est notre oncle, j'en suis sûr; le voilà qui monte; ma foi; laissons-le s'en tirer comme il pourra, et courons rejoindre mon maître.

(Il sort par la porte à droite.)

SCÈNE XI.

M. DE BRUCHSAL, arrivant par le fond.

Michel! Michel!... comment, morbleu! personne! toutes les portes ouvertes, cela fait une maison joliment tenue, et une belle manière de prendre possession... (Il regarde autour de lui.) Mais où diable s'est donc fourré ce maudit concierge? et ce paresseux de Michel! il devrait être ici depuis longtemps; il m'a fait sans doute préparer un appartement, un bon feu; mais je ne sais où; je ne connais pas mon hôtel, je suis harassé, et pour m'achever, attendre une heure dans la rue; un embarras, une queue de voitures qu'il a fallu laisser défiler devant moi. (Se jetant dans un fauteuil.) On m'a dit que c'était une noce. (Haussant les épaules.) Hum! encore un imbécile qui était fatigué d'être heureux! Je vous demande à quoi ça sert de se marier? à se rendre l'esclave d'une coquette ou d'une prude, ou d'une folle, et avoir toujours l'argent à la main ; car c'est là tout le rôle d'un mari, des compliments à recevoir et des mémoires à payer. Ce pauvre benêt, que je viens de rencontrer, va-t-il en avoir ! la corbeille, le repas, le... Quelle est cette figure ?

SCÈNE XII.

M. DE BRUCHSAL, UN CHEF D'OFFICE.

M. DE BRUCHSAL.

Que voulez-vous, mon ami ?

LE CHEF D'OFFICE.

Pardon, monsieur, je désirerais parler à madame ou à M. de Bruchsal.

M. DE BRUCHSAL, avec humeur.

Madame !... M. de Bruchsal, c'est moi.

LE CHEF D'OFFICE.

Vous, monsieur ! eh bien ! je m'en doutais presque ; parce qu'à la tournure, quoique je n'eusse pas encore eu l'honneur de voir monsieur... (D'un air satisfait.) Monsieur a-t-il été content du déjeuner ?

M. DE BRUCHSAL, le regardant.

Du déjeuner ?

LE CHEF D'OFFICE.

Celui que m'a commandé votre valet de chambre.

M. DE BRUCHSAL, à part.

Voyez-vous, ce gourmand de Michel !

LE CHEF D'OFFICE.

Ce n'était qu'un ambigu, comme monsieur l'avait désiré ; mais le dîner de noce sera beaucoup mieux.

M. DE BRUCHSAL.

Le dîner de noce ; et quelle noce ?

LE CHEF D'OFFICE.

La vôtre.

M. DE BRUCHSAL.

La mienne !

LE CHEF D'OFFICE.

Je pense du moins que la cérémonie est terminée, puisque vous voilà de retour.

M. DE BRUCHSAL.

Je suis marié ! moi ?

LE CHEF D'OFFICE.

De ce matin ; c'est un mariage qui fait assez de bruit, la file des voitures tenait toute la rue.

M. DE BRUCHSAL, se levant.

Toute la rue ! est-ce que par hasard ce serait ma noce que j'ai vu passer ?

LE CHEF D'OFFICE.

Eh ! oui, monsieur ; toute la ville vous le dira.

M. DE BRUCHSAL, s'emportant.

Eh ! morbleu, toute la ville a perdu la tête, et vous aussi ; je suis garçon, grâce au ciel, et si vous en doutez encore, tenez, voilà mon domestique qui vous le certifiera. Arrive donc.

SCÈNE XIII.

LES MÊMES ; MICHEL, en toilette et le bouquet à la main ; il sort de l'appartement à droite.

MICHEL, d'un air composé.

Permettez, monsieur, que je joigne mes félicitations...

M. DE BRUCHSAL.

Te voilà ; c'est bien heureux !

MICHEL, cherchant à retenir ses larmes.

Oui, monsieur, oui; je suis peut-être en retard, ça n'est pas de ma faute... (Sanglotant.) Ah! monsieur... ah! notre maître! qui m'aurait dit cela de vous!

M. DE BRUCHSAL.

Hein! Qu'est-ce que c'est?

MICHEL.

Pardon; j'ai tort de vous en parler; car, enfin, la sottise est faite, et puisque c'est fini, je souhaite que votre femme vous rende aussi heureux que vous le méritez.

M. DE BRUCHSAL.

Ma femme!

LE CHEF D'OFFICE.

Vous l'entendez.

M. DE BRUCHSAL.

Et toi aussi! tu oses me soutenir que je suis marié?

MICHEL.

Hélas! monsieur, j'étais comme vous; je ne voulais pas le croire! il a fallu que je le visse de mes propres yeux; oui, notre maître, je vous ai vu tout à l'heure monter dans la voiture de la mariée.

M. DE BRUCHSAL, hors de lui.

Tout à l'heure!

MICHEL.

Oui, monsieur.

M. DE BRUCHSAL.

Écoute, Michel : si c'était un autre que toi, je l'aurais déjà fait sauter par la fenêtre; mais je ne puis croire qu'un vieux et fidèle serviteur ose se jouer à ce point; je ne me suis pas marié, cependant, sans m'en apercevoir... que diable! je suis bien éveillé, je suis dans mon bon sens, j'ai bien ma tête à moi...

MICHEL.

Vous le croyez, monsieur ; c'est ce qui vous trompe ; je vous ai toujours dit que depuis votre dernière maladie...

M. DE BRUCHSAL, le repoussant.

Va-t'en au diable !

SCÈNE XIV.

Les mêmes ; un Bijoutier, Lingères, Modistes, Fournisseurs, des mémoires à la main.

LE CHŒUR.

AIR : Au lever de la mariée. (*Le Maçon.*)

Nous venons tous rendre hommage
A monsieur le marié...
(Présentant tous leur mémoire à M. de Bruchsal.)
Le bonheur d'un bon ménage
Ne peut être trop payé ;
Nous venons tous rendre hommage
A monsieur le marié !

M. DE BRUCHSAL, étourdi.

Non, je ne sais si je veille !
(Aux fournisseurs.)
Qu'est-ce donc ?... et que voulez-vous ?...

LE BIJOUTIER.

Les mémoires... pour la corbeille...

UNE MODISTE, présentant le sien.

Frais de noce, trousseau, bijoux.

LE BIJOUTIER, de même.

Dix mille florins !... c'est pour rien !

MICHEL.

Là, monsieur... je le disais bien !

M. DE BRUCHSAL.

Comment, morbleu!

LE CHŒUR.

Nous venons tous rendre hommage, etc.

M. DE BRUCHSAL.

Un instant, un instant! (Aux fournisseurs.) Qui vous a dit de m'apporter ces mémoires?

LE BIJOUTIER.

C'est votre valet de chambre, monsieur.

M. DE BRUCHSAL, courant à Michel.

Comment, drôle, c'est toi?

MICHEL, se débattant.

Eh! monsieur, prenez donc garde; ce doit être l'autre, votre nouveau.

M. DE BRUCHSAL.

Mon nouveau!

MICHEL.

Vous voyez, monsieur : pour un instant que je vous laisse seul, vous avez de jeunes domestiques, vous avez fait des dettes, vous avez fait un mariage, vous aurez bientôt cinq ou six enfants.

M. DE BRUCHSAL.

Des enfants!

MICHEL.

Oui, monsieur; maintenant vous êtes capable de tout.

M. DE BRUCHSAL.

Je deviendrai fou! Et sur quelles preuves oses-tu me soutenir...

MICHEL.

Des preuves! encore une que j'oubliais, et que j'ai là dans ma poche, des lettres d'invitation que vous envoyez à votre nouvelle famille.

(Il lui montre plusieurs lettres.)

M. DE BRUCHSAL.

Des lettres!... (En lisant quelques-unes.) Eh! oui, je les invite à venir à mon château de Ronsberg, où je me rends avec ma femme... Ah! je le tiens maintenant!...

FINALE.

AIR du finale du premier acte du Plus beau jour de la vie.

M. DE BRUCHSAL.
Quel que soit l'imposteur!...
(A Michel.)
Mes chevaux, ma voiture!
Ah! rien n'égale ma fureur!...
(Il va pour sortir.)

LES FOURNISSEURS, s'opposant à sa sortie.
Eh quoi! partir... sans solder ma facture!
Non, non, monsieur... c'est une horreur!

M. DE BRUCHSAL.
Je ne dois rien... allez-vous-en au diable!

LES FOURNISSEURS, lui barrant le passage.
Comme mari... vous êtes responsable,
Et vous pairez...

M. DE BRUCHSAL, furieux.
Quel complot effroyable

MICHEL.
Quel embarras!

TOUS.
Vous ne partirez pas.

MICHEL, le calmant.
Monsieur... monsieur...

M. DE BRUCHSAL.
Redoutez ma colère!

MICHEL, à part.
Dieux ! il va se faire
Une mauvaise affaire !

LE CHŒUR.
Songez-y, monsieur, la justice est sévère ;
Payez-nous, ou bien nous arrêtons vos pas.

M. DE BRUCHSAL.
Craignez ma colère !

TOUS.
Non, non, point d'affaire !

MICHEL, à son maître.
Payez-les... sinon nous resterons en gage.

M. DE BRUCHSAL, tirant son portefeuille.
Morbleu ! c'est bien dur, et de bon cœur j'enrage.

TOUS.
Je vois que monsieur va se montrer plus sage !...

M. DE BRUCHSAL, leur donnant des billets.
Tenez... votre argent... le voici !
Quel ennui !

Ensemble.

M. DE BRUCHSAL.
Dix mille florins ! quel tour abominable !...
Le mari,
Morbleu ! me paira tout ceci !

MICHEL, le regardant.
Quel joli moment !... comme c'est agréable
De jouer ainsi
Le rôle de mari !

TOUS, recevant de l'argent.
Je l'avais bien dit, il devient raisonnable
C'est toujours ainsi
Que finit un mari.

TOUS, l'entourant et le saluant.

Ah! monsieur, pardon... recevez notre hommage ;
L'amour vous sourit, le plaisir vous attend...
Combien il est doux l'instant du mariage !
Pour un tendre époux quel moment enivrant !...
Nous bénissons tous un si beau mariage ;
Recevez nos vœux et notre compliment !

Ensemble.

TOUS.

Adieu, bon voyage!
Ah! pour vous quel moment!

M. DE BRUCHSAL et MICHEL.

De bon cœur j'enrage!...
Sans perdre un instant mettons-nous en voyage;
Cet hymen vraiment,
Aura fait mon tourment!
Partons sur-le-champ.

(Ils sortent tous, en entourant M. de Bruchsal et Michel.)

ACTE DEUXIÈME

Un salon de campagne ouvrant sur des jardins. — Porte au fond; portes latérales; deux croisées au fond. A droite, la porte de l'appartement de Mathilde; à gauche, un guéridon chargé de viandes froides, de fruits, etc., avec deux couverts.

SCÈNE PREMIÈRE.

MATHILDE, ALPHONSE, DEUX FEMMES DE CHAMBRE qui portent des cartons ; ensuite VICTOR.

(Ils entrent par le fond; Mathilde donne à une de ses femmes son châle et son chapeau ; Alphonse jette de côté son manteau de voyage.)

ALPHONSE, donnant la main à Mathilde.

N'êtes-vous pas trop fatiguée, ma chère amie?

MATHILDE, s'asseyant.

Un peu; les chevaux allaient si vite; je me sens encore tout étourdie; mais ce ne sera rien.

ALPHONSE.

Je vous demande pardon de ce brusque départ; j'ai voulu vous épargner les curieux, les visites; on m'en avait annoncé qui ne nous auraient pas été agréables.

MATHILDE.

Vous avez très-bien fait, monsieur.

ALPHONSE.

Et puis, dans ces premiers moments, on n'est pas fâché d'être seul, et chez soi. Dans cette terre du moins, nous ne craindrons pas les importuns. (Regardant la table.) Je vois avec plaisir que Victor a fait exécuter mes ordres. Vous avez besoin de prendre quelque chose, n'est-ce pas? un fruit, une tasse de thé; justement j'en ai demandé en descendant de voiture... Eh! tenez, le voilà.

VICTOR, sortant du cabinet à gauche, apporte un plateau qu'il pose sur le guéridon, et, s'approchant d'Alphonse, il lui dit à voix basse :

A mon départ l'ennemi était maître de la place.

ALPHONSE, bas à Victor.

Il était temps de se sauver. (Haut.) C'est bien, laissez-nous. (Aux femmes de chambre, en leur montrant la porte à droite.) Voici l'appartement de votre maîtresse; vous pouvez le préparer, et vous retirer par le petit vestibule. Nous n'aurons plus besoin de vous.

(Les femmes entrent dans l'appartement, et Victor sort par le fond.)

SCÈNE II.

MATHILDE, ALPHONSE.

MATHILDE, à part, un peu inquiète.

Ah! mon Dieu! on nous laisse seuls.

DUO.

AIR : Di piacere mi balza il cor.

ALPHONSE, à part.

Près de ma femme
Me voici donc... pour mon cœur doux instants!...
Ah! qu'à ma flamme
Il tarde de n'avoir déjà plus soixante ans !

MATHILDE, à part.

Mon trouble augmente.

ALPHONSE.

Qu'avez-vous donc?... quel effroi
Près de moi?...

MATHILDE.

Non!... mais ma tante...
Je la croyais en ces lieux.

ALPHONSE.

J'exaucerai vos vœux.

Ensemble.

MATHILDE.

Non, plus d'effroi
Et, près de moi,
Que mon mari
Soit mon meilleur ami!

ALPHONSE.

Oui, sans effroi
Regardez-moi :
Votre mari
N'est-il pas votre ami?

(Alphonse conduit Mathilde à la table, la fait asseoir, et s'assied auprès d'elle à sa gauche.)

ALPHONSE.

Permettez que je vous serve. (Il verse le thé, et lui offre des fruits.) Ces petits soins ont tant de charmes : c'est un si grand bonheur d'être là, dans son ménage, de pouvoir s'occuper uniquement de celle qu'on aime, et qui vous appartient pour toujours! (Mathilde soupire involontairement. — A part.) Ah! mon Dieu! ce mot la fait soupirer. (Haut et inquiet.) Qu'est-ce que c'est, chère amie? quelle inquiétude, quel chagrin vous tourmente?

MATHILDE.

Moi, monsieur?

ALPHONSE.

Auriez-vous déjà des regrets? ou peut-être quelque autre souvenir...

MATHILDE.

Quoi, vous pourriez penser?...

ALPHONSE.

Quand ce serait vrai, il n'y aurait rien d'étonnant! et je pardonne d'avance.

MATHILDE.

Bien vrai! cela ne vous fâchera pas?

ALPHONSE, à part.

Ah! mon Dieu! (Haut, avec trouble.) Il y a donc quelque chose?

MATHILDE, timidement.

Je conviens que je m'étais fait d'avance du mariage, et surtout de mon mari, une idée, un portrait...

ALPHONSE.

Qui me ressemble?

MATHILDE, de même.

Très-peu! Je me figurais quelqu'un qui aurait à peu près vos traits, vos manières, toutes les bonnes qualités que j'aime en vous; mais toutes ces qualités-là j'aurais voulu...

ALPHONSE.

Eh bien?

MATHILDE.

Qu'il les eût depuis moins longtemps.

(Ils quittent la table, et viennent sur le devant de la scène. Mathilde se trouve à droite du spectateur.)

ALPHONSE.

Je comprends, qu'il fût plus jeune.

MATHILDE, vivement.

Oui, qu'il eût mon âge! et des yeux si expressifs, une voix si tendre...

ALPHONSE, souriant.

Enfin, un portrait de fantaisie, qui ne ressemblât à rien.

MATHILDE.

Si; je crois que cela ressemblait à quelqu'un.

ALPHONSE, à part.

O ciel!

MATHILDE.

Quelqu'un que j'ai rencontré, avant mon mariage.

ALPHONSE, vivement.

Et vous osez!...

MATHILDE, effrayée.

Non, monsieur, non, je n'ose pas! c'est parce que vous m'avez dit que cela vous ferait plaisir; car, sans cela...

ALPHONSE.

En effet, vous avez raison. (A part.) Maudite curiosité! (Haut.) Achevez, je vous en prie! Vous disiez que ce jeune homme...

MATHILDE.

Ai-je dit un jeune homme? je n'en sais rien, car je l'ai si peu vu; trois ou quatre fois, à un bal que donnait un de nos voisins, un banquier de Dusseldorf.

ALPHONSE, avec joie.

Qu'entends-je! et son nom?

MATHILDE.

Ah! mon Dieu! monsieur, vous devez le connaître; car, d'après quelques mots qui lui sont échappés, j'ai toujours pensé depuis qu'il devait être un de vos parents, et sans doute votre neveu.

ALPHONSE.

Ah! que je suis heureux!

MATHILDE.

Et de quoi donc?

ALPHONSE.

AIR : A soixante ans, on ne doit pas remettre. (*Le Dîner de Madelon.*)

Je peux trembler qu'un autre ne vous aime;
Mais un neveu!... je le vois sans chagrin;
Car mon neveu, c'est un autre moi-même,
Ce qui me plaît, il le trouve divin,
Et ce que j'aime, il l'adore soudain!...
Aussi, mes biens et mes trésors, ma chère,
Tout ce que j'ai de mieux en ce moment,
Tout, après moi, lui revient... il le prend;
   Et je vois sans trop de colère
   Qu'il commence de mon vivant.

MATHILDE.

Vraiment! si je l'avais su! moi qui craignais de vous en parler!

ALPHONSE.

Au contraire, ne me laissez rien ignorer. Racontez-moi tous les détails; dites-moi ce que vous pensez de lui.

MATHILDE.

Beaucoup de bien; d'abord, il vous ressemble beaucoup; et un jour que nous causions en dansant, car on danse pour causer, il me dit qu'il s'appelait Alphonse de Bruchsal, qu'il habitait ordinairement Berlin, mais qu'il serait heureux de se fixer à Dusseldorf, de m'y revoir...

ALPHONSE.

Voilà tout?

MATHILDE.

Oui, monsieur.

ALPHONSE, lentement et la regardant.

C'est singulier; je croyais qu'il vous avait pris la main et qu'il l'avait serrée.

MATHILDE, troublée.

Comment? c'est vrai, monsieur, je l'avais oublié. (A part.) Ah! mon Dieu! comme il faut prendre garde avec les maris! (Haut.) Qui donc a pu vous apprendre?...

ALPHONSE.

Voyez, Mathilde, comme il faut toujours dire la vérité à son époux. Tout ce que vous venez de me raconter, je le savais d'avance et de mon neveu lui-même.

MATHILDE.

Ah! c'est bien mal à lui, c'est bien indiscret; je ne l'aurais pas cru... et je n'avais pas besoin de cela pour l'oublier; car, je vous l'ai dit, monsieur, j'y pensais si peu, si peu, que cela ne valait pas la peine d'en parler; seulement, et d'après ce qu'il m'avait dit de lui, de sa famille, il me semblait que cela annonçait des intentions, et j'attendais toujours qu'il se fît présenter chez nous, lorsqu'un soir on annonce M. de Bruchsal. Ce nom fit battre mon cœur; je levai la tête, mais ce n'était point lui. (Baissant les yeux.) C'était vous, monsieur; l'accueil que je vous fis d'abord, vous ne le dûtes, j'en conviens, qu'à mes souvenirs, à cette ressemblance; mais plus tard, vos bontés seules ont appelé ma confiance, mon affection; vous savez le reste. (Vivement.) Voilà la vérité, monsieur; vous connaissez le fond de ma pensée, et je vous jure désormais de n'en plus avoir une seule qui ne soit pour vous.

ALPHONSE.

Ah! ma chère Mathilde!

AIR de *Délia et Verdican.*

A ton bonheur je consacre ma vie.

MATHILDE.

De ses bontés que mon cœur est ému!

ALPHONSE.
Par tes attraits mon âme est rajeunie.

MATHILDE.
D'où vient ce trouble à mes sens inconnu?

ALPHONSE.
Et toi, Mathilde, et toi, m'aimeras-tu?

MATHILDE.
Oui, je crois que je vous aime
Comme... un mari...

ALPHONSE.
C'est bien peu!

MATHILDE.
Prenez garde! je vais même
Vous aimer comme un neveu.

ALPHONSE, à ses genoux.
Ah! je n'y résiste plus!... Mathilde, ma bien-aimée, apprends donc...

SCÈNE III.

OLIVIER, ALPHONSE, MATHILDE.

OLIVIER.
A merveille!

MATHILDE.
Mon cousin Olivier!

ALPHONSE, à part, toujours à genoux.
Au diable la famille!

OLIVIER, lui donnant la main.
Faut-il vous aider à vous relever? les amis sont toujours là.

ALPHONSE.
Quoi, monsieur, c'est vous!

OLIVIER.

Moi-même; j'ai bien pensé que vous vous ennuieriez ici tous seuls; l'hymen est un tête-à-tête qui dure si longtemps! j'ai couru chez ma tante, et je l'ai décidée à m'accompagner.

MATHILDE.

Ma tante! elle serait ici?

OLIVIER.

Sans doute; vos femmes l'ont fait entrer dans la chambre de la mariée; elle vous attend.

MATHILDE.

J'y cours. (S'arrêtant devant Alphonse.) Vous permettez, monsieur?

OLIVIER.

Est-ce qu'il y a besoin de permission?

ALPHONSE.

Allez, ma chère Mathilde, disposez-la à me recevoir; je vous rejoins bientôt; (Bas.) nous reprendrons notre entretien.

OLIVIER, donnant la main à Mathilde et la conduisant à son appartement.

Eh bien! vous ne me remerciez pas, ma cousine?

MATHILDE, lui tendant la main qu'il baise.

Oh! si fait, vous êtes charmant.

(Elle entre dans son appartement, Olivier se dispose à la suivre.)

SCÈNE IV.

ALPHONSE, OLIVIER.

ALPHONSE, à part.

Décidément, je ne pourrai jamais m'habituer au système des cousins. (Au moment où Olivier va entrer dans l'appartement de Mathilde, Alphonse accourt, et l'arrête en lui disant.) Où allez-vous donc, cousin?

15.

OLIVIER.

Mais je... (A part.) Il est vexé, tant mieux, je lui apprendrai à me jouer de ces tours-là! (Haut.) J'espère, cousin, que vous êtes content de nous voir.

ALPHONSE, brusquement.

Du tout.

OLIVIER, à part.

Il a une franchise originale.

ALPHONSE.

Qui vous a prié d'amener Mme de Linsbourg?

OLIVIER.

Le sentiment des convenances; ma cousine n'ayant plus de mère, la présence de sa tante était indispensable; c'est de droit, c'est l'usage.

ALPHONSE.

Eh! monsieur, on se passera d'elle et de vous.

OLIVIER.

Vous vous vantez, et vous serez peut-être bien aise de nous avoir. Vous ne vous étiez occupé ni du bal, ni du souper; mais moi qui pense à tout, j'ai pris sur moi...

ALPHONSE.

De quoi faire?

OLIVIER.

D'amener des convives et des violons; deux cents personnes qui vont arriver.

ALPHONSE.

J'en suis fâché, monsieur. Ils passeront la nuit à la belle étoile; car ils n'entreront pas. Mais je ne vous empêche pas d'aller les rejoindre.

OLIVIER.

Hein! qu'est-ce que c'est? (A part.) Le petit vieillard devient aussi trop brutal. (A Alphonse.) Savez-vous, cousin, que cette phrase aurait l'air de me mettre à la porte?

ALPHONSE.

Vraiment !

OLIVIER.

Et que, quoique parent, je serais obligé de...

ALPHONSE, vivement.

Il serait possible !... comme vous voudrez, monsieur, je suis à vous.

OLIVIER.

Qu'est-ce qu'il dit? je crois qu'il accepte.

ALPHONSE.

Ici même, et sur-le-champ.

OLIVIER.

Ah çà, qu'est-ce qu'il lui prend donc? il paraît qu'il est encore vert.

AIR du vaudeville de Turenne.

Je ne pourrais le souffrir de tout autre ;
Mais votre titre ici retient mon bras...
De ma famille, en ce moment la vôtre,
L'honneur m'est cher... et dans le monde, hélas!
De ce duel que ne dirait-on pas ?
Je suis galant, ma cousine est gentille,
Et me tuer, c'est vous donner à vous
Un ridicule...

ALPHONSE, avec ironie.

Eh! non, c'est, entre nous,
En ôter un à la famille.

OLIVIER.

Monsieur, je pardonne tout, excepté une épigramme... et je suis à vous.

ALPHONSE.

AIR de Cendrillon.

Cela suffit... dans l'instant au jardin...

OLIVIER.

Que ce rendez-vous a de charmes!

ALPHONSE.
Vous choisirez et l'endroit et les armes.

OLIVIER.
C'est un gaillard que monsieur mon cousin ;
Est-il pressé !... malgré ses cheveux blancs,
  Vouloir, morbleu! sans rien entendre,
Se faire ainsi tuer à soixante ans :
  Ne pouvait-il donc pas attendre?

ALPHONSE et OLIVIER.
C'est convenu; ce soir, dans ces jardins,
  A ce rendez-vous plein de charmes
Nous nous rendrons chacun avec nos armes;
Nous nous battrons en amis, en cousins.

(Olivier sort par le fond.)

SCÈNE V.

ALPHONSE, seul.

Oui, morbleu, je suis enchanté! j'avais besoin de trouver quelqu'un sur qui ma colère pût tomber, et j'aime mieux donner la préférence au cousin ; après cela du moins je serai tranquille dans mon ménage.

SCÈNE VI.

ALPHONSE, VICTOR.

VICTOR, accourant.
Alerte ! alerte ! monsieur...

ALPHONSE.
Qu'est-ce donc ?

VICTOR.
Nous sommes débusqués, l'oncle nous suit à la piste !

ALPHONSE.

Mon oncle!

VICTOR.

Sa voiture est au bas du perron.

ALPHONSE, troublé.

Dieux! serait-il instruit!...

VICTOR.

Je l'ignore; mais ne perdez pas une minute; sauvez-vous.

ALPHONSE.

Eh! où cela?... ah! chez ma femme; arrivera ce qui pourra.

(Il va pour ouvrir la porte de Mathilde qui est fermée.)

Mme DE LINSBOURG, en dedans.

On n'entre pas.

ALPHONSE.

C'est la tante; que le diable l'emporte! Il faut pourtant que je voie Mathilde... Eh! mais la fenêtre qui donne sur la terrasse... je pourrai, quand la tante se sera retirée...

VICTOR, aux aguets.

Voici votre oncle, dépêchons-nous!

ALPHONSE, sautant par la fenêtre.

Eh! vite.

(Il disparaît par la fenêtre à droite et Victor sort par la gauche, tandis que M. de Bruchsal et Michel entrent par le fond.)

SCÈNE VII.

M. DE BRUCHSAL, MICHEL.

(Ils arrivent comme des gens harassés.)

M. DE BRUCHSAL.

Allons, Michel, arrive donc!

MICHEL, d'un ton piteux.

Voilà, monsieur. (Soupirant.) Quel métier! six lieues de poste ventre à terre, et par des chemins affreux !

M. DE BRUCHSAL, s'asseyant.

C'est vrai, je suis brisé.

MICHEL.

Et moi donc! Quand je vous disais, monsieur, que le mariage ne vous valait rien !

M. DE BRUCHSAL.

Tu vas encore recommencer?

MICHEL.

Non, non; j'ai tort; vous m'avez donné votre parole d'honneur que vous n'étiez pas marié, je dois vous croire jusqu'à preuve contraire!... mais, au nom de Dieu, prenez un peu de repos; car, avec ce train de vie-là, vous ne pouvez pas aller loin. (Il lui montre la table.) Justement, tenez, voilà une table qui vient d'être servie, et un poulet qui a une mine!...

M. DE BRUCHSAL.

Ah! ah! je ne pense pas que ce soit pour nous... mais, ma foi, je suis chez moi, et ça ne pouvait pas venir plus à propos.

MICHEL.

Oui, monsieur, croyez-moi, mangez, prenez des forces, vous en avez besoin; on ne sait pas ce qui peut arriver.

(M. de Bruchsal se met à table; Michel le sert.)

M. DE BRUCHSAL, dépliant sa serviette.

Il paraît que mon *Sosie* ne se laisse manquer de rien.

MICHEL, regardant avec envie.

Dame! quand on se trouve dans une bonne maison!... Au moins ces petites promenades coup sur coup ont l'avantage de vous faire connaître vos **propriétés**.

M. DE BRUCHSAL.

AIR : Un homme pour faire un tableau. (*Les Hasards de la guerre.*)

Tout vient confondre ma raison,
Tant l'aventure est peu commune ;
Est-ce un rêve, une illusion ?...

MICHEL, le servant.

Non... ce repas n'en est pas une !
Ne l'épargnez pas, croyez-moi,
Et qu'ici rien ne vous dérange ;
Car, de tous les biens, je le voi,
Le plus sûr est celui qu'on mange.

M. DE BRUCHSAL, mangeant.

C'est singulier que nous n'ayons encore vu personne ! Je n'ai qu'une crainte, c'est qu'ils ne soient déjà repartis.

MICHEL.

Non, non, rassurez-vous ; j'ai demandé en bas si madame était ici, on m'a dit que oui.

M. DE BRUCHSAL.

Madame !... ah çà, veux-tu bien te taire !

MICHEL.

Pardon, monsieur, c'est un reste de soupçon... Voulez-vous me permettre de vous servir à boire ?

M. DE BRUCHSAL.

A ta santé, mon garçon.

MICHEL.

A la vôtre, monsieur ; c'est plus urgent encore...

(Il lui verse. — Pendant que M. de Bruchsal mange et boit, entre madame de Linsbourg.)

SCÈNE VIII.

Les mêmes; Mme DE LINSBOURG, paraissant sur le seuil de la porte de l'appartement de Mathilde.

Mme DE LINSBOURG, à part.

Pauvre enfant! elle est toute tremblante; moi, je suis indignée, et c'est dans ce moment-là qu'il faut que je fasse connaissance avec son mari, avec mon neveu; me voilà bien disposée pour une première entrevue!... (Haut.) Monsieur de Bruchsal!

M. DE BRUCHSAL, toujours à table.

Qui m'appelle? qui vient là?

MICHEL, apercevant madame de Linsbourg.

C'est peut-être votre épouse. (A part.) Si c'est elle, ça me rassure un peu.

Mme DE LINSBOURG.

Monsieur, vous pouvez venir, on vous attend!

M. DE BRUCHSAL.

On m'attend? et qui donc?

Mme DE LINSBOURG.

Eh! mais, votre femme.

M. DE BRUCHSAL.

Ma femme!...

MICHEL, triomphant.

Là, monsieur!...

M. DE BRUCHSAL, à part, se hâtant de manger.

Voilà, parbleu! qui est trop fort. (Haut.) Je vous demande pardon, madame, je suis à vous dans l'instant.

MICHEL.

Oui, monsieur, il ne faut pas que ça vous empêche de souper.

Mme DE LINSBOURG, le regardant, et à part.

Eh bien! il ne se dérange pas; il reste tranquillement à table, quand je viens l'avertir... (Haut.) Vous ne m'avez donc pas entendue, monsieur? j'ai eu l'honneur de vous dire...

M. DE BRUCHSAL, jetant sa serviette et se levant.

Que la mariée m'attendait... si vraiment; mais oserai-je, avant tout, vous demander, madame, à qui j'ai l'honneur de parler?

Mme DE LINSBOURG.

Je sais, monsieur, que nous ne nous sommes pas encore vus, puisque ce matin je n'ai pas voulu assister à votre noce.

MICHEL, bas à son maître.

Quand je vous le disais...

M. DE BRUCHSAL.

Te tairas-tu!

Mme DE LINSBOURG.

Mais je suis la tante de votre femme, la présidente de Linsbourg.

M. DE BRUCHSAL.

De Linsbourg, la veuve du vieux président?

Mme DE LINSBOURG.

Oui, monsieur.

M. DE BRUCHSAL.

Qui avait, dit-on, épousé une femme si sévère, si prude, je veux dire si respectable... et c'est vous, madame, c'est vous qui venez aujourd'hui... (A Michel, lui montrant la table.) Emporte tout cela, et va m'attendre dans la chambre à côté.

MICHEL, hésitant.

Monsieur, c'est que je voudrais...

M. DE BRUCHSAL, brusquement.

Obéis, te dis-je...

MICHEL, à part.

Comme le mariage lui change déjà le caractère !

(Il sort en emportant le couvert.)

SCÈNE IX.

Mme DE LINSBOURG, M. DE BRUCHSAL.

Mme DE LINSBOURG.

Je sens, monsieur, que ma présence en ces lieux a droit de vous étonner, et je vous dois l'explication de ma conduite.

M. DE BRUCHSAL.

A merveille ! j'allais vous la demander...

Mme DE LINSBOURG.

J'ai d'abord été si opposée à ce mariage, que je n'ai pas même voulu y assister; mais je viens de voir Mathilde...

M. DE BRUCHSAL.

On la nomme Mathilde ?

Mme DE LINSBOURG, étonnée.

Oui, monsieur.

M. DE BRUCHSAL.

C'est un joli nom.

Mme DE LINSBOURG.

Je croyais ne la trouver que résignée à son sort; mais point du tout; elle m'a semblé heureuse et satisfaite, et, malgré vos soixante ans, je croirais presque que vous avez su lui plaire.

M. DE BRUCHSAL.

Moi !... (A part.) Décidément, si c'est une plaisanterie, elle n'a rien d'effrayant, et nous verrons bien... (A madame de Linsbourg.) Ma chère tante, vous avez peut-être l'habitude de vous retirer de bonne heure, et je crains qu'il ne soit déjà bien tard...

Mme DE LINSBOURG.

Je comprends, monsieur. Je vous laisse.

M. DE BRUCHSAL, lui offrant la main pour la reconduire.

Voulez-vous me permettre, ma chère tante?

Mme DE LINSBOURG.

Volontiers, mon cher neveu.

(M. de Bruchsal la conduit jusqu'à la porte du fond. — Elle sort.)

SCÈNE X.

M. DE BRUCHSAL, seul.

(Il ferme la porte et pousse les verrous.)

Là, fermons bien! Si j'y comprends un mot, je veux mourir; mais c'est égal, voilà assez longtemps qu'ils se moquent de moi; je vais prendre ma revanche; puisqu'ils m'ont marié à une jeune personne charmante, à ce qu'il paraît, ma foi, (Se frottant les mains.) allons trouver ma femme.
(Il s'avance à pas de loup vers la porte de la chambre de Mathilde; au même moment, Michel entre du côté opposé et l'arrête par la main.)

SCÈNE XI.

M. DE BRUCHSAL, MICHEL.

MICHEL, tout effaré.

Ah! monsieur, où allez-vous?

M. DE BRUCHSAL.

Cela ne te regarde pas!

MICHEL, l'arrêtant.

Si, monsieur; vous n'irez pas.

M. DE BRUCHSAL.

Comment?

MICHEL.

Je ne vous quitte pas, je m'attache à vous ; je sais que vous allez vous battre !

M. DE BRUCHSAL.

Moi !...

MICHEL.

N'essayez pas de le nier, je viens de rencontrer votre adversaire, qui vous attend avec deux épées sous le bras, pour vous chercher querelle.

M. DE BRUCHSAL.

Mon adversaire !... une querelle !... et à quel propos, imbécile ?

MICHEL.

A cause de votre femme dont vous êtes jaloux, et à qui il fait la cour.

M. DE BRUCHSAL.

On fait la cour à ma femme !...

MICHEL.

Ça vous étonne ! une jeune fille ! car elle est jeune, elle...

M. DE BRUCHSAL, hors de lui.

Ah ! je crois, Dieu me pardonne, que l'enfer s'est déchaîné contre moi ; mais cela ne m'arrêtera pas. (Voulant entrer dans la chambre de Mathilde.) Va-t'en, j'ai besoin d'être seul.

MICHEL, l'arrêtant toujours.

Pour aller vous faire tuer, n'est-ce pas ?

M. DE BRUCHSAL.

Eh ! non...

MICHEL.

Vous en mourez d'envie, je le vois !...

M. DE BRUCHSAL.

Du tout; au contraire...

MICHEL, suppliant.

Monsieur, monsieur, je vous le demande à genoux!

M. DE BRUCHSAL.

Tais-toi donc, bourreau!... Voici quelqu'un... Dieu! serait-ce ma femme?...

(Mathilde entre.)

SCÈNE XII.

Les mêmes; MATHILDE, sortant de sa chambre; elle est en toilette du soir, robe blanche croisée, sans garniture, coiffure très-simple en cheveux, petit fichu de gaze.

(A l'entrée de Mathilde, M. de Bruchsal s'éloigne, et va s'asseoir sur un fauteuil, auprès de la porte du cabinet à gauche.)

MATHILDE, à part, regardant M. de Bruchsal.

Le voici! ah! mon Dieu! je n'aurai jamais le courage... cependant, après ce que je viens d'apprendre, il le faut bien; car il n'y a que moi qui puisse obtenir la grâce d'Alphonse; et puis, ce qui me rassure, c'est que mon mari est là.

M. DE BRUCHSAL, à part, et un peu embarrassé.

Je ne sais trop comment débuter, ni comment entrer en ménage; commençons par me fâcher, ça me servira de contenance. (Haut et s'approchant.) Hum! hum!

MATHILDE, à part.

Comme il a l'air méchant!

M. DE BRUCHSAL, la regardant de près, et à part.

Ah! diable! c'est qu'elle est fort jolie!

MICHEL, à part.

Comme il la regarde !

M. DE BRUCHSAL, à Michel, qui est à sa gauche.

N'est-ce pas, Michel, qu'elle est fort bien ?

MICHEL, de mauvaise humeur.

Qu'est-ce que ça fait ? il s'agit bien de cela ; je vous demande de quoi monsieur va s'occuper dans un pareil moment ?

M. DE BRUCHSAL, à Mathilde.

C'est moi que vous cherchiez, madame ?

MATHILDE, tremblante.

Oui, monsieur.

MICHEL, à part.

Voilà le coup de grâce.

M. DE BRUCHSAL, à part.

Au moins, je ne puis pas me plaindre, ils m'ont choisi une petite femme charmante... (A Michel.) Va te coucher, mon ami.

MICHEL, bas.

Monsieur, je n'ose pas ; vous irez vous battre avec l'autre.

M. DE BRUCHSAL, de même.

Est-ce que j'y pense ? (Regardant Mathilde.) et maintenant moins que jamais ; laisse-nous.

MICHEL, à part.

Je ne peux pas m'y décider.

AIR : La voilà, de frayeur. (*Léonide.*)

Ensemble.

MATHILDE.

Quel moment ! quel effroi !
Son regard m'inquiète ;
Quelle frayeur secrète
Vient s'emparer de moi ?

M. DE BRUCHSAL, à Michel.

Bonne nuit, laisse-moi...
(Regardant Mathilde.)
Quelle grâce parfaite!...
Et quelle ardeur secrète
M'agite malgré moi?

MICHEL.

Bonne nuit... quel effroi
Me trouble, m'inquiète?
Quelle frayeur secrète!...
Je tremble, non pour moi.

Faut-il encor que je demeure?...
Monsieur n'a plus besoin de moi?...

M. DE BRUCHSAL.

Non, demain... pas de trop bonne heure...

MICHEL, à part.

De chagrin j'en mourrai, je croi;
Qui, moi, son fidèle acolyte,
Sans frémir je n'y puis songer,
C'est dans le moment du danger
Qu'il faut, hélas! que je le quitte!

Ensemble.

MATHILDE.

Quel moment! quel effroi! etc.

M. DE BRUCHSAL.

Bonne nuit, laisse-moi... etc.

MICHEL.

Bonne nuit... quel effroi, etc.
(Michel entre dans l'appartement à gauche.)

SCÈNE XIII.

MATHILDE, M. DE BRUCHSAL.

M. DE BRUCHSAL.

Ne trouvez-vous pas, madame, que c'est une situation assez singulière que la nôtre? et quand je vois cet air de candeur et de modestie... peut-être vous a-t-on mariée, comme moi, sans que vous le sachiez, sans que vous en doutiez; cela peut arriver; j'en ai la preuve...

MATHILDE.

En vérité, monsieur, vos doutes commencent à m'embarrasser beaucoup; ce mariage a été si bizarre, si précipité.... je n'ai vu mon mari que fort peu. Et si je me suis trompée, jugez-en vous-même. Un vieillard se présente chez mon tuteur, il se nommait M. de Bruchsal, aimable, plein d'esprit... tout le monde était séduit par ses manières douces et prévenantes; on m'ordonne de l'épouser, je m'y résignai sans peine. Voilà tout ce que je puis vous dire.

M. DE BRUCHSAL.

Et ce vieillard, c'était moi?

MATHILDE.

C'était la même bonté dans les regards, la même indulgence, la même douceur...

M. DE BRUCHSAL, s'emportant.

Corbleu!...

MATHILDE, effrayée.

Ah! par exemple, il ne se fâchait jamais, monsieur; et maintenant, à la manière dont vous me regardez, il me semble que ce n'est plus lui.

M. DE BRUCHSAL, s'arrêtant et à part.

Diable! n'allons pas détruire la bonne opinion que l'on a de moi; car je commence à trouver l'aventure charmante.

(Haut.) Je ne me fâche pas non plus; au contraire, je suis enchanté d'avoir pu vous plaire ainsi à mon insu. Mais je cherche comment j'ai pu y parvenir; j'avoue que ça m'étonne; et pour qu'une jeune personne se résigne à passer sa vie près de moi...

MATHILDE, s'oubliant.

Ah! c'est mon plus cher désir.

M. DE BRUCHSAL, l'observant.

Même à présent?

MATHILDE.

Plus que jamais!

AIR : Pour le trouver, j'arrive en Allemagne. (*Yelva.*)

J'y vois pour moi tant d'avantage...
Des conseils d'un ami prudent
On a grand besoin à mon âge...
Le monde est, dit-on, si méchant...
Pour marcher seule en ce monde perfide,
Je suis si jeune...

M. DE BRUCHSAL.

Et moi si vieux...

MATHILDE.

Eh bien!
Désormais vous serez mon guide,
Moi, je serai votre soutien!

M. DE BRUCHSAL.

Il est sûr que le mariage envisagé ainsi, comme un point d'appui, aurait bien son côté agréable. Et moi, qui avais des préventions contre lui...

MATHILDE.

Et pourquoi donc?

M. DE BRUCHSAL.

Vous le dirai-je? tout m'effrayait; les embarras du ménage, cet esclavage continuel, jusqu'à ce titre de mari et de femme.

MATHILDE.

Eh bien! ne m'appelez pas votre femme, appelez-moi votre fille, votre pupille, votre nièce, ce que vous voudrez, pourvu que ce titre me rapproche de vous, et me permette de vous aimer.

M. DE BRUCHSAL.

Que dit-elle?

MATHILDE.

Ainsi, du moins, je vivrai près de vous, je serai à la tête de votre maison; ces embarras du ménage, ces soins qui vous effraient, je vous-les épargnerai. Pour que le temps vous paraisse moins long, le soir, je vous ferai des lectures, de la musique; le matin, je vous entourerai de tous ceux qu vous respectent et vous chérissent; vos vieux amis seront les miens et ils viendront souvent, car ils seront bien reçus. Heureux vous-même, vous voudrez qu'on le soit autour de vous, et, de temps en temps, nous accueillerons la jeunesse, dont les riantes idées égaieront les vôtres, et vous rappelleront vos jeunes souvenirs.

M. DE BRUCHSAL, s'animant.

Cela commence, rien qu'en vous écoutant... oui, ma chère femme...

MATHILDE.

Nous sommes convenus que vous ne me donneriez plus ce nom-là.

M. DE BRUCHSAL.

C'est que maintenant il me plaît beaucoup. Oui, vous serez maîtresse absolue; vous n'aurez qu'à commander pour être obéie.

MATHILDE, émue, et regardant du côté de son appartement.

Est-il vrai?

M. DE BRUCHSAL.

Je le jure.

MATHILDE.

Quoi! vous ne me refuserez jamais rien?

M. DE BRUCHSAL.

Jamais.

MATHILDE.

Quelle que soit la grâce que je vous demande?...

M. DE BRUCHSAL.

N'importe.

MATHILDE.

Eh bien! il en est une que j'implore.

M. DE BRUCHSAL.

Je l'accorde d'avance; et puisque cette jolie main est à moi... (Voulant y porter les lèvres.) ne me permettrez-vous pas?...

MATHILDE, lui prenant à lui-même la main qu'elle embrasse, et tombant à ses genoux.

Ah! monsieur, c'est moi qui vous le demande...

M. DE BRUCHSAL, attendri.

Quoi!... que faites-vous?... eh bien, me voilà tout ému. Mon enfant, ma chère enfant, relevez-vous.

(On frappe.)

SCÈNE XIV.

Les mêmes; MICHEL.

MICHEL, accourant de côté, sans voir son maître.

Courez tous... dépêchez...

M. DE BRUCHSAL.

Qu'est-ce donc?

MICHEL, le voyant.

Ah! mon Dieu!

M. DE BRUCHSAL.

Michel! Qu'as-tu donc? d'où vient ta frayeur?

MICHEL.

Il n'y a pas de quoi, peut-être?... Comment, monsieur, vous voilà ici? et, dans le moment où je vous parle, vous vous battez dans le jardin.

MATHILDE.

Comment?

M. DE BRUCHSAL.

Ah! tu vas recommencer!...

MICHEL.

Oui, monsieur, vous êtes là-bas, vous êtes ici, vous êtes partout : il n'y a pas de jeune homme qui ait votre activité. J'étais à la fenêtre de ma chambre, parce que je ne pouvais pas dormir; je prenais le frais en songeant aux inquiétudes que vous me donnez; voilà que tout à coup j'entends du bruit au-dessous de moi; je regarde, vous sortiez de l'appartement de madame par la terrasse...

M. DE BRUCHSAL.

Moi!...

MICHEL.

Oui, monsieur, vous avez sauté par-dessus le balcon; le cousin est venu vous joindre, et, un moment après, l'épée à la main dans le taillis...

MATHILDE, troublée, courant à Michel.

O ciel! mon mari! il faut courir; où est-il?

MICHEL.

Eh! le voilà, devant vous.

MATHILDE.

S'il était blessé!...

MICHEL.

Vous voyez bien que non... mais j'ai eu une peur!...

Mme DE LINSBOURG, frappant à la porte du fond.

Ouvrez, ouvrez vite!

MICHEL, effrayé.

Ah! c'est mon dernier jour!

M. DE BRUCHSAL.

Encore un événement!

Mme DE LINSBOURG, en dehors.

Mathilde!... mon neveu!...

MATHILDE, courant ouvrir.

C'est ma tante.

SCÈNE XV.

Les mêmes; Mme DE LINSBOURG.

MATHILDE.

Eh bien! ma tante?

Mme DE LINSBOURG, courant à M. de Bruchsal.

Ah! le voilà, ce cher neveu! Que je l'embrasse! J'avais des préventions contre vous, mon cher ami, je le confesse; mais votre conduite, votre générosité, dans ce malheureux duel...

M. DE BRUCHSAL.

Ma générosité!...

Mme DE LINSBOURG, à sa nièce, en s'essuyant les yeux.

AIR : Ces postillons sont d'une maladresse.

C'est Olivier qui vient de m'en instruire;
Car tous les deux sont amis désormais :
Après l'avoir désarmé...

MATHILDE.

Je respire!

Mme DE LINSBOURG.

Le vainqueur même a proposé la paix!

MICHEL, montrant son maître.

A ce trait-là, moi, je le reconnais.

Mme DE LINSBOURG.

Mais à votre âge!... un duel!... quelle folie!...
Risquer ses jours!...

M. DE BRUCHSAL.

J'étais en sûreté!
J'aurais pu même ainsi perdre la vie
Sans nuire à ma santé.

Mme DE LINSBOURG.

Que voulez-vous dire?

M. DE BRUCHSAL.

Vous allez le savoir. (A Mathilde.) Dites-moi, je vous prie, croyez-vous que ce soit moi qui me suis battu tout à l'heure?

MATHILDE, hésitant.

Je ne sais.

M. DE BRUCHSAL, montrant la porte à droite.

Qui ai sauté par la fenêtre de votre chambre?

MATHILDE, baissant les yeux.

Je ne crois pas.

Mme DE LINSBOURG, vivement.

Qu'est-ce que j'apprends-là? Comment! ma nièce... Quel est l'audacieux?

M. DE BRUCHSAL, à madame de Linsbourg.

Ah! ne la grondez pas! c'est ma femme, c'est moi seul que cela regarde. (A Mathilde.) Mathilde, à moi, votre ami, ne me direz-vous pas qui était là, dans votre appartement?

MATHILDE, troublée.

Qui?...

M. DE BRUCHSAL.

Vous hésitez; manqueriez-vous déjà à votre promesse de tout à l'heure?

MATHILDE.

Non, je les tiendrai toutes; mais vous, monsieur, n'oubliez pas les vôtres. Cette grâce que j'implorais, et que vous m'avez accordée d'avance, je la réclame en ce moment; (D'un ton tout caressant.) car cette personne qui vous a offensé, en usurpant votre nom, vos droits...

M. DE BRUCHSAL.

Eh bien?...

MATHILDE, tendrement.

Elle vous aime, elle vous révère, autant que moi.

M. DE BRUCHSAL.

Il y paraît!...

MATHILDE.

Elle voudrait votre bonheur...

M. DE BRUCHSAL.

Joliment!

MATHILDE.

Elle n'aspire, ainsi que moi, qu'à passer sa vie auprès de vous.

M. DE BRUCHSAL, frappé d'une idée.

Comment!... est-ce que ce serait?... Non, non, pas possible!... Mais, achevez, je vous en prie; son nom?...

MATHILDE.

Vous lui pardonnerez?

M. DE BRUCHSAL, avec impatience.

Son nom?

MATHILDE, saisissant sa main.

Vous lui pardonnez, n'est-ce pas?

M. DE BRUCHSAL.

Eh bien, oui! ne fût-ce que par curiosité. Mais quel est-il enfin?

MATHILDE, voyant venir Alphonse et Olivier.

Le voici!

M. DE BRUCHSAL.

Mon neveu!...

TOUS.

Son neveu!...

SCÈNE XVI.

Les mêmes; ALPHONSE et OLIVIER, se tenant par la main.

(Alphonse a repris son costume de jeune homme.)

ALPHONSE, courant à son oncle.

Ah! mon cher oncle!...

M. DE BRUCHSAL.

Comment, c'est toi?... quoi! cet époux invisible, qui se marie, et qui se bat à ma place!...

Mme DE LINSBOURG.

À la bonne heure! c'est beaucoup mieux!

M. DE BRUCHSAL.

Non, c'est très-mal! c'est indigne! et je suis furieux!...

(Mathilde passe auprès de M. de Bruchsal, et cherche à le calmer.)

MICHEL.

De ce qu'il a pris votre place?

M. DE BRUCHSAL.

Non... de n'avoir pas pris la sienne, (A Mathilde.) de ne pas vous avoir épousée; je m'y étais déjà habitué.

MICHEL, à part.

Voilà qu'il a du regret à présent!...

M. DE BRUCHSAL.

Une femme si bonne, si aimable, qui aurait été à la tête de ma maison, qui, tous les soirs, m'aurait fait de la musique, pour m'endormir, voilà la femme qu'il me fallait!

MATHILDE.

C'est tout comme... puisque je ne vous quitterai pas.

M. DE BRUCHSAL.

Je l'espère bien, et je ne pardonne qu'à cette condition-là. Mais c'est égal, vous m'avez raccommodé avec le mariage, et c'est votre faute, si je rencontre jamais une femme pareille...

MICHEL, à part.

Ah! mon Dieu! qu'est-ce qu'il lui prend encore?

ALPHONSE, souriant.

Je suis tranquille, mon oncle, il n'y en a pas deux comme elle.

MICHEL, bas.

Il faut l'espérer.

M. DE BRUCHSAL.

Hein, qu'est-ce que tu dis, Michel?

MICHEL.

Je dis, monsieur, que votre neveu est un brave jeune homme qui nous a rendu un fameux service. Et pour vous, comme pour moi, j'aime mieux que ce soit lui... (Montrant Mathilde.) Madame aussi, j'en suis sûr.

Ensemble.

ALPHONSE et MATHILDE.

AIR du *Coureur de veuves.*

A notre tristesse
Qu'une douce ivresse
Succède en ce jour :

Un destin prospère,
   Par les mains d'un père,
   Bénit notre amour!

M. DE BRUCHSAL, Mme DE LINSBOURG et OLIVIER.

   A votre tristesse
   Qu'une douce ivresse
   Succède en ce jour :
   Un destin prospère,
   Par les mains d'un père,
   Bénit votre amour!

MATHILDE, au public.

AIR : Si ça t'arrive encore. (ROMAGNÉSI.)

O vous de qui dépend ici
Le destin de tous nos ouvrages,
Voici venir un vieux mari
Qui sollicite vos suffrages.
Qu'aux yeux de votre tribunal
Son âge excuse sa faiblesse;
Et, suspendant l'arrêt fatal,
Laissez-le mourir de vieillesse...
Oui, suspendant l'arrêt fatal,
Laissez-le mourir de vieillesse!

LA
MANIE DES PLACES
ou
LA FOLIE DU SIÈCLE

COMÉDIE-VAUDEVILLE EN UN ACTE

EN SOCIÉTÉ AVEC M. BAYARD.

Théatre de S. A. R. Madame. — 19 Juin 1828.

| PERSONNAGES. | ACTEURS. |

M. DE BERLAC . . . . MM. Numa.
M. DE NOIRMONT, ancien inspecteur général . . . Dormeuil.
FRÉDÉRIC DE RINVILLE. . . . . Perrin.
M. DUFOUR, commissaire au Mont-de-Piété. . . . . Klein.
GEORGES, commis de l'hôtel garni. . . . . Allan.
JOSEPH, domestique de l'hôtel. . . . . —
UN DOMESTIQUE. . . . .

Mme PRESTO, tenant un hôtel garni. . . . . Mmes Julienne.
JULIETTE, sa fille . . . . Dormeuil.

À Paris, rue de Rivoli, dans l'hôtel garni tenu par madame Presto.

LA MANIE DES PLACES
OU
LA FOLIE DU SIÈCLE

Une grande salle de l'hôtel. — Porte au fond, et deux portes latérales sur les derniers plans. Sur le premier plan, à gauche et à droite, portes d'appartements au-dessus desquelles sont des numéros; la porte à gauche de l'acteur, qui est celle de M. de Berlac, doit porter le n° 54. A droite, sur le devant, une table sur laquelle on voit un grand livre où sont inscrits les noms des voyageurs.

SCÈNE PREMIÈRE.
FRÉDÉRIC, GEORGES.

GEORGES.

Comment! vous ici, monsieur Frédéric de Rinville?

FRÉDÉRIC.

Eh! mon pauvre Georges, par quel hasard dans un hôtel garni? et premier garçon, à ce qu'il me semble?

GEORGES.

Du tout, monsieur, premier commis, ce qui est bien différent ; et puis la situation fait tout ; un hôtel, rue de Rivoli, ce n'est pas déroger. On ne reçoit ici que des ducs, des marquis, des princes étrangers. Nous avons manqué avoir les Osages.

FRÉDÉRIC.

Je ne sais pas alors si moi, qui ne suis ni prince, ni marquis, ni Os...

GEORGES.

Vous avez cinquante mille livres de rente ; c'est reçu partout ; et puis, vous avez des amis qui vous sont dévoués. Élevé près de vous, ayant presque fait mes études, en vous voyant faire les vôtres, je pouvais solliciter comme tout le monde ; mais, dans cette maison, j'ai pris d'autres idées.

AIR de *Marianne*. (DALAYRAC.

Ici, je deviens philosophe...
Nous logeons des solliciteurs
Dont j'ai vu mainte catastrophe
Emporter toutes les grandeurs.
Je veux souvent
Suivre en avant
Les gens heureux que protège un bon vent
Ils sont montés...
A leurs côtés
Je rêve aussi des rangs, des dignités ;
Mais qu'une tempête survienne,
Je les vois revenir confus,
Pleurant les places qu'ils n'ont plus,
Et je reste à la mienne !

Aussi, je n'ai pas d'autre ambition que de rester ici, et de m'y marier.

FRÉDÉRIC.

Je comprends ; tu aimes l'hôtesse.

GEORGES.

Pas tout à fait ; j'aime sa fille sérieusement, et je serai

déjà son mari sans un procès que nous suscite un concurrent; car je suis malheureux, moi! il y a toujours de la concurrence. Mais vous avez l'air préoccupé, inquiet, et moi qui vous ennuie de mes affaires.

FRÉDÉRIC.

Écoute : tu es un garçon actif, discret, intelligent : j'ai toujours eu besoin de ton zèle, et maintenant plus que jamais.

GEORGES.

Parlez, monsieur Frédéric. Faut-il courir? Faut-il vous suivre?

FRÉDÉRIC.

Dis-moi : n'avez-vous pas dans cet hôtel un voyageur arrivé depuis peu; tête poudrée, air enjoué, œil vif, même un peu hagard, toujours allant, venant, parlant de son crédit, et jetant à tort ou à travers des espérances, des cordons et des places?

GEORGES.

Si, monsieur; il y en a ici beaucoup, nous en voyons tous les jours, parce que, comme je vous disais tout à l'heure... la situation... vis-à-vis des Tuileries et à côté d'un ministère...

FRÉDÉRIC.

Eh! ce n'est pas de cela qu'il s'agit, mais de quelqu'un que tu as dû voir chez moi; tu le connais, M. de Berlac.

GEORGES.

Non, non; mais Julien, votre valet de chambre, m'en a souvent parlé. Attendez donc; vous aimiez sa fille?

FRÉDÉRIC.

Oh! je l'aime plus que jamais. Le jour du mariage était fixé, j'allais être heureux, lorsqu'aux dernières élections, il prit fantaisie à mon beau-père de se porter candidat. J'avais quelque influence; il comptait sur moi; il avait raison; j'aurais tout fait pour lui, excepté d'en faire un député.

AIR] de *Julie.*

Pour lui j'aurais donné ma vie ;
Mais il s'agissait, en ce jour,
Des intérêts de ma patrie,
J'oubliai ceux de mon amour.
Oui, l'on doit, s'immolant soi-même,
Préférer toujours, en bon fils,
La mère qui nous a nourris
A la maîtresse qui nous aime!

M. de Berlac ne doutait pas du succès ; il faisait déjà des discours superbes qui nous ennuyaient à mourir ; il commanda son habit qui devait servir à un autre (cela s'est vu quelquefois). Enfin, le jour fatal arriva ; il n'eut pas une voix, pas même la mienne. Juge de sa colère !... Dès lors, plus d'amitié entre nous, plus de mariage ; il me bannit de sa présence ; il ne veut même pas que mon nom soit prononcé devant lui.

GEORGES.

Ma foi, monsieur, à votre place, je l'aurais envoyé à la Chambre ; il ne penserait pas à faire sa fortune, puisqu'elle est faite, il est aimé, estimé ; c'est ce qu'il faut, je crois.

FRÉDÉRIC.

Assurément, c'est un excellent homme, mais la tête...

GEORGES.

La tête ?

FRÉDÉRIC.

Oui, oui, plus rien ! c'est fini !

GEORGES.

O ciel ! que dites-vous là ? ah çà, il lui est donc arrivé quelque malheur ?

FRÉDÉRIC.

Une maladie assez à la mode aujourd'hui, une ambition rentrée. L'échec qu'il venait de recevoir aux élections avait déjà donné à son esprit, un peu faible, un nouveau ded'exaltation, lorsqu'un matin, il lit dans le *Moniteur*, partie officielle : « M. de Berlac vient d'être nommé conseiller d'État. » Juge de sa joie, de son ravissement! Le jour de la justice est donc enfin arrivé! Il court chez tous ses amis, même chez moi, avec qui il était brouillé; il m'offre son crédit, sa protection; car le voilà en place, le voilà conseiller d'État. Il le fut en effet toute la journée ; mais le lendemain, l'implacable *Moniteur* lui apprit sa destitution.

GEORGES.

Si tôt que cela?

FRÉDÉRIC.

Il n'avait pas été nommé : c'était par erreur.

GEORGES.

Du ministère?

FRÉDÉRIC.

Non, de l'imprimeur; une faute d'impression, une lettre changée, M. de Berlac, au lieu de Gerlac : erreur bien permise entre deux mérites aussi inconnus l'un que l'autre. Mais vois à quel point une lettre, un jambage de plus ou de moins peuvent influer sur la raison humaine! Il a été accablé du coup, et son cerveau, déjà malade, n'a pu supporter la perte d'une place qu'il n'avait jamais eue.

GEORGES.

Je crois bien : on s'habitue si vite... Si encore, en le destituant, on lui avait donné des consolations, des dédommagements; enfin, une place supérieure, comme cela se pratique... quelquefois.

FRÉDÉRIC.

De ce côté-là, sois tranquille, rien ne lui manque; il s'est donné de lui-même des cordons, des dignités, des portefeuilles; il ne se refuse rien.

GEORGES.

Comment, monsieur?

FRÉDÉRIC.

C'est là sa folie. Aujourd'hui, il se nomme chef de division; demain, secrétaire général; après-demain, ministre; et puis il recommence, toujours enchanté de sa nomination, qui, du reste, ne peut faire crier personne, car il est impossible d'exercer avec plus de probité; tout au mérite, rien à la faveur. Enfin, mon ami, comme je te le disais, une folie complète.

AIR du vaudeville du *Dîner de garçons*.

Partout il admet tour à tour
La justice et l'économie ;
Même on m'a dit que, l'autre jour,
Dans un beau moment de folie...
Trouvant le budget trop pesant,
Il s'est ôté son ministère...
Et, pour être moins exigeant,
Pour mieux sentir la valeur de l'argent,
Il s'est nommé surnuméraire !

GEORGES.

Voyez-vous cela !

FRÉDÉRIC.

A cela près, un excellent homme ; bon père, bon ami, causant de la manière la plus sage et la plus raisonnable sur tous les sujets, un seul excepté.

GEORGES.

Ce n'est pas possible !

FRÉDÉRIC.

Si vraiment. Semblable à Don Quichotte, qui n'extravaguait que lorsqu'il était question de chevalerie, M. de Berlac ne perd la tête que quand il s'agit de places ou de dignités. L'un prenait des auberges pour des châteaux, et celui-ci prend toutes les maisons pour des ministères.

GEORGES.

Je comprends, monsieur.

AIR de *l'Artiste*.

Don Quichotte moderne,
Il prendrait en chemin
Tel orateur qu'on berne
Pour l'enchanteur Merlin,
Un ministre en disgrâce
Pour quelque mécréant,
Et bien des gens en place
Pour des moulins à vent!

Et dans quelle maison, dans quel ministère est-il en ce moment?

JULIETTE, en dehors.

Georges! Georges!

FRÉDÉRIC.

Chut! quelqu'un.

SCÈNE II.

LES MÊMES; JULIETTE, sortant de la chambre du fond, à gauche.

JULIETTE, accourant.

Georges! Georges! Ah! Monsieur Georges.

GEORGES, bas à Frédéric.

C'est elle, monsieur, la jeune personne...

JULIETTE.

Maman vous recommande les voyageurs qui sont arrivés cette nuit.

FRÉDÉRIC, vivement, allant à Juliette.

Des voyageurs! Permettez, mademoiselle; qui sont-ils? savez-vous...

JULIETTE.

Mais, M. de Noirmont, cet inspecteur général qui est déjà venu l'année dernière.

FRÉDÉRIC.

Ah! ce n'est pas cela.

(Il passe à la gauche de Juliette.)

GEORGES.

Moi qui ne suis ici que depuis six mois, je ne le connais pas, je ne l'ai pas vu.

JULIETTE.

Je crois bien. Cette nuit, on vous a fait appeler longtemps sans pouvoir vous réveiller. Monsieur Georges a le sommeil très-dur. Eh bien! venez-vous? on vous attend.

FRÉDÉRIC.

Pardon, mademoiselle; j'ai deux mots à lui dire, et je vous le renvoie.

GEORGES.

Si c'est possible, mademoiselle Juliette.

JULIETTE, à part.

Il y a toujours des importuns. (Haut.) Comme vous voudrez. C'est que M. Dufour, que vous n'aimez pas, ni moi non plus, est là-bas près de maman, il lui parle, et...

GEORGES.

Vrai! M. Dufour, cet intrigant, cet imbécile, un commissaire au Mont-de-Piété! (A Frédéric.) C'est mon rival, monsieur.

JULIETTE.

Monsieur Georges!

FRÉDÉRIC.

Rassurez-vous, mademoiselle; je sais tout, et s'il y a des obstacles à votre bonheur, je les lèverai peut-être. Avez-vous confiance en moi?

JULIETTE.

Dame! monsieur, ça commence à venir.

FRÉDÉRIC.

A la bonne heure. Cela dépend de Georges.

AIR du vaudeville du Piège.

S'il peut me servir aujourd'hui,
Je vous marie.

JULIETTE.

Ah! quelle ivresse!
Monsieur, je vous réponds de lui.
Mais vous tiendrez votre promesse.

FRÉDÉRIC.

Comptez sur moi, s'il réussit.

GEORGES.

Parlez, monsieur; j'aurai, je pense,
Cent fois plus d'adresse et d'esprit
En songeant à la récompense.

JULIETTE.

Maintenant, je n'ai plus peur de M. Dufour, et je vais faire prendre patience à maman. Adieu, monsieur, adieu.

(Elle rentre dans l'appartement du fond à gauche.)

SCÈNE III.

GEORGES, FRÉDÉRIC.

GEORGES.

Est-elle gentille! et vous consentiriez...

FRÉDÉRIC.

A servir tes amours? mais certainement, si tu parviens à servir les miennes.

GEORGES, riant.

Moi, monsieur!

FRÉDÉRIC.

Oui, toi, si tu m'aides à retrouver M. de Berlac.

GEORGES.

Est-ce qu'il est comme sa raison? est-ce qu'il est égaré?

FRÉDÉRIC.

Eh! sans doute, voilà ce qui cause mon inquiétude; je suis à sa poursuite. Sa fille Émilie, qui vient d'arriver à Paris, me mande que, depuis six jours, son père a disparu, qu'il a quitté son château, sa province, en lui laissant la lettre que voici et qu'elle m'envoie. (Il lit.) « Ma chère « Émilie, je suis obligé de partir à l'instant et sans t'em- « brasser. On vient de créer pour moi un nouveau minis- « tère. Viens donc me rejoindre dès que tu pourras. Tu me « trouveras à Paris, dans mon hôtel. Mon Excellence, DE « BERLAC. »

GEORGES.

Je comprends, Son Excellence est perdue.

FRÉDÉRIC.

Précisément.

GEORGES.

Et où la retrouver, dans la foule des Excellences? Il y en a tant à Paris, d'anciennes et de nouvelles.

FRÉDÉRIC.

D'après les renseignements que j'ai pris, une voiture de poste, à peu près semblable à la sienne, a passé hier dans ce quartier. Mais dans quel hôtel s'est-il arrêté?

GEORGES.

Je les connais tous; je verrai, je m'informerai.

FRÉDÉRIC.

C'est le service que j'attendais de toi; et si tu peux réussir, je te marie, je t'assure une place auprès de moi.

GEORGES.

Une place auprès de vous! Nous le trouverons, monsieur, nous le trouverons.

FRÉDÉRIC.

Mon bonheur en dépend. J'ai promis à Émilie de lui ramener son père; et pourtant je ne puis me montrer à ses yeux; car, s'il me reconnaissait, il ne voudrait pas me suivre. Il faut donc que ce soit toi seul qui paraisses, qui te charges de tout. Mais je te recommande, dans toutes tes mesures, les plus grands égards.

GEORGES.

Oui, monsieur, oui, je comprends... comptez sur moi. (On sonne.) Mais pardon; on s'impatiente. (Criant.) On y va. (A Frédéric.) Mon mariage et une place, n'est-ce pas?

FRÉDÉRIC.

Pour l'argent, ne l'épargne pas; et si tu as le bonheur de le retrouver, tâche, avec esprit, et sans violences, de ne plus le quitter, de t'en assurer, afin de le conduire à la maison dont voici l'adresse.

(Il lui donne une adresse.)

GEORGES.

Soyez tranquille.

(On sonne encore.)

SCÈNE IV.

FRÉDÉRIC, GEORGES, Mme PRESTO.

Mme PRESTO.

Eh bien! Georges, vous n'entendez pas?

GEORGES.

Si, madame, car je prenais les ordres de monsieur.

Ensemble.

AIR : La voilà, de frayeur. (*Léonide.*)

FRÉDÉRIC, à Georges.

Tu m'entends,
Je t'attends,
Je compte sur ton zèle,
Tu m'entends,
Tu comprends,
Vous serez tous contents.

Mme PRESTO, à Georges.

Allez donc,
Partez donc,
On sonne, on vous appelle ;
Allez donc,
Partez donc,
Quel bruit dans la maison !

GEORGES, à Madame Presto.

On y va,
Me voilà ;
(A Frédéric.)
Oui, comptez sur mon zèle ;
On y va,
Me voilà,
On le retrouvera !

FRÉDÉRIC.

Je vais bien vite au ministère,
Où j'ai du monde à prévenir,
Dans la crainte que mon beau-père
Ne veuille d'abord y courir.

Mme PRESTO, à Georges.

Mais allez donc, dans l'antichambre,
J'entends des députés sonner ;
Ils demandent leur déjeuner
Avant de se rendre à la Chambre.

(On sonne.)

Ensemble.

Reprise de l'air.

FRÉDÉRIC.

Tu m'entends, etc.

Mme PRESTO.

Allez donc, etc.

GEORGES.
On y va, etc.
(Frédéric sort par le fond ; Georges entre dans la chambre du fond, à droite.)

SCÈNE V.

Mme PRESTO, seule.

Je ne sais pas où ce garçon-là a la tête !... Quoi qu'en dise ma fille, ce n'est pas le gendre qu'il me faut ; il nous aime, et voilà tout ; tandis que M. Dufour... il ne nous aime pas celui-là ; au contraire, il plaide contre nous...

AIR : Qu'il est flatteur d'épouser celle. (Le jaloux malade.)

A nous poursuivre il se dispose ;
Je le ménage. A mon avis,
On doit plus soigner, et pour cause,
Ses ennemis que ses amis.
Lorsque les beaux jours disparaissent,
Quand vient le malheur, on sait ça,
Les amis souvent nous délaissent,
Les ennemis sont toujours là !

Ah ! voici M. de Noirmont, notre inspecteur général.

SCÈNE VI.

Mme PRESTO ; M. DE NOIRMONT, qui entre en rêvant, par la porte du fond, à droite, et se dirigeant vers la chambre de M. de Berlac.

Mme PRESTO.
J'ai bien l'honneur de présenter mes respects à monsieur l'inspecteur général.

M. DE NOIRMONT.
Ah ! c'est vous, madame Presto ?

Mme PRESTO.

Monsieur l'inspecteur est arrivé hier au soir si tard, que je n'ai pu avoir le plaisir de lui présenter mes hommages; mais j'espère qu'on a eu les soins, les égards qui sont dus à monsieur l'inspecteur général?

M. DE NOIRMONT, de mauvaise humeur.

Monsieur l'inspecteur général, monsieur l'inspecteur général... vous pouvez bien m'appeler M. de Noirmont. Il me semble que ce nom vaut bien l'autre, qui me choque, qui me déplaît; je ne puis souffrir qu'on me le donne, surtout depuis qu'on me l'a ôté.

M^{mo} PRESTO.

Comment! monsieur ne serait plus inspecteur général?

M. DE NOIRMONT.

Eh! voilà une heure que je vous le dis. Vous n'avez donc pas lu le *Moniteur?*

M^{mo} PRESTO.

Je m'y abonne, monsieur; mais je ne le lis pas. Et monsieur a été destitué?

M. DE NOIRMONT.

Oui, ma chère amie; voilà comme on récompense les services! Moi qui étais en place depuis vingt ans, sous tous les gouvernements, sous tous les ministères! Aussi, je venais ici pour réclamer, et pour voir s'il n'y aurait pas moyen d'être dédommagé.

Mme PRESTO.

C'est bien difficile maintenant.

M. DE NOIRMONT.

Moins que vous le croyez, (A voix basse.) et vous-même, si vous voulez, vous pouvez m'être utile, me seconder.

Mme PRESTO.

Moi, monsieur!

M. DE NOIRMONT, de même.

Silence ! Il y a ici, dans cet hôtel, un homme puissant, un grand personnage, un ministre, en un mot.

Mme PRESTO.

Que me dites-vous là ?

M. DE NOIRMONT.

C'est moi qui l'ai amené dans votre hôtel.

Mme PRESTO.

Je logerais une Excellence !

M. DE NOIRMONT.

Je l'ai rencontré hier à Fontainebleau, où sa voiture venait de se briser. Il pressait les ouvriers, disant qu'il était attendu à Paris ; et, se promenant avec impatience, il laissait échapper les mots de *conseil de ministres, projets de loi, portefeuille*. Ces paroles mystérieuses, ce regard bienveillant, cet air de dignité, tout en lui me surprit, m'imposa. Je me hasardai à lui offrir dans ma chaise de poste une place, qu'il a daigné accepter ; et, tout en roulant, il m'a avoué lui-même qu'on le rappelait de sa campagne pour lui confier un portefeuille.

Mme PRESTO.

Lequel ?

M. DE NOIRMONT.

C'est ce que j'ignore ; car il parlait à la fois des finances, de la guerre, de la marine, et il se pourrait qu'il fût honoré de la présidence.

Mme PRESTO.

Bonté de Dieu !

M. DE NOIRMONT.

Silence ; il est là, dans cette chambre, n° 54.

Mme PRESTO.

Et vous l'avez amené dans mon hôtel ?

M. DE NOIRMONT.

Il n'en connaissait point, et je lui ai indiqué celui-ci.

Mme PRESTO.

Quelle reconnaissance !...

M. DE NOIRMONT.

Il ne tient qu'à vous de me la prouver. Autant que j'ai pu en juger, (Élevant la voix en se tournant du côté de la chambre de M. de Berlac.) c'est un homme intègre, impartial, qui vient ici avec des idées de justice et d'économie.

Mme PRESTO.

Croyez-vous qu'il reste longtemps?

M. DE NOIRMONT.

Ah!... raison de plus pour se hâter. Mais vous sentez bien qu'avec un pareil homme, je me suis bien gardé de rien demander, de parler de moi ou de mes services. D'abord, il n'est pas dans mon caractère de solliciter ou d'intriguer; on sait ce que je vaux. Vous le savez, vous, madame Presto?

Mme PRESTO.

Certainement.

M. DE NOIRMONT.

Eh bien! vous pouvez le dire à Son Excellence, lui parler des injustices dont j'ai été la victime, de tout le bien que j'ai fait, de cette brochure que j'ai fait faire, et surtout de cette place de receveur particulier qui est vacante à Paris, et que je sollicite pour mon gendre; et tout cela négligemment... sans affectation... par manière de conversation, et comme choses de notoriété publique, le tout sans vous compromettre; car vous n'êtes pas censée savoir que c'est un ministre, vous ne voyez en lui qu'un simple particulier qui vient loger et déjeuner chez vous.

Mme PRESTO.

Vous avez raison, moi qui n'y pensais pas! (Allant vers la porte du fond.) Le déjeuner de monseigneur!

M. DE NOIRMONT, l'arrêtant.

Silence donc, attendez au moins qu'il le demande, et surtout n'allez pas donner à ce déjeuner une dénomination ministérielle. C'est un déjeuner incognito.

Mme PRESTO.

Soyez tranquille.

M. DE NOIRMONT, écoutant et regardant à la porte de la chambre de M. de Berlac.

On a parlé, il est levé. Oh! ma foi, je n'y tiens plus.

(Il frappe à la porte.)

M. DE BERLAC, en dedans.

Qu'est-ce? qui est là?

M. DE NOIRMONT.

Monseigneur est-il visible?

M. DE BERLAC, de même.

Oui.

M. DE NOIRMONT.

Peut-on entrer?

M. DE BERLAC.

Entrez.

M. DE NOIRMONT, à madame Presto.

Entendez-vous? Il a dit : Entrez.

Mme PRESTO.

Il l'a dit!

M. DE NOIRMONT.

Quelle bonté! Mais surtout, madame Presto, de la discrétion, la plus grande discrétion. Il a dit : Entrez; j'entre.

(Il entre dans la chambre.)

SCÈNE VII.

Mme PRESTO, puis M. DUFOUR.

Mme PRESTO.

Je ne puis revenir encore d'une semblable aventure, et il y aura bien du malheur si je n'en profite pas. (M. Dufour entre par la porte du fond.) Ah! monsieur Dufour, vous voilà!

M. DUFOUR.

Oui, ma belle dame, et je reçois à l'instant de mon avoué une lettre que je m'empresse de vous communiquer.

Mme PRESTO.

Une lettre! votre avoué!... vous savez bien qu'il n'y a plus de procès entre nous.

M. DUFOUR.

Comme vous voudrez; je suis en mesure. Je suis principal locataire; et en faisant rompre un bail que le propriétaire a fait en fraude de mes droits, je vous renvoie de cet hôtel, qui est déjà achalandé, rue de Rivoli... une exposition superbe... et je vous ruine.

Mme PRESTO.

Monsieur Dufour!...

M. DUFOUR.

Ou je reste avec vous, comme votre associé, comme votre gendre : c'est à vous de choisir.

Mme PRESTO.

Vous savez bien que mon choix est déjà fait.

M. DUFOUR.

Oui, mais à condition que vous donnerez à votre fille une dot proportionnée à mon amour; et vous savez que je l'aime beaucoup.

Mme PRESTO.

Beaucoup trop; votre tendresse est d'une exigence...
Mais si, au lieu d'une dot assez modique, je vous faisais
avoir une belle place?

M. DUFOUR.

Que dites-vous?

Mme PRESTO.

Une place de receveur des finances à Paris?

M. DUFOUR.

Pas possible! moi!

Mme PRESTO.

Si, j'en réponds!

M. DUFOUR.

Moi! M. Dufour, commissaire au Mont-de-Piété!

AIR du vaudeville des *Scythes et les Amazones.*

Moi, receveur! quel bonheur! quelle place!
Se pourrait-il?

Mme PRESTO.

Mais soyez notre ami.

M. DUFOUR.

Parlez : pour vous que faut-il que je fasse?
Neuf ans encor vous resterez ici,
Plus de procès entre nous, c'est fini.
J'en perds l'esprit.

Mme PRESTO.

Entrez dans ma famille.

M. DUFOUR.

C'est un honneur que j'ai toujours cherché.
Vite au contrat! J'adore votre fille,
Et vous aussi par-dessus le marché!

De plus, j'épouse sans dot.

Mme PRESTO.

C'est dit : touchez là, mon gendre.

M. DUFOUR.

Et quels sont vos desseins ?

Mme PRESTO.

Laissez-moi faire, et taisez-vous. Le voici.

M. DUFOUR.

Qui donc ?

Mme PRESTO.

Silence !

SCÈNE VIII.

M. DUFOUR, Mme PRESTO, M. DE BERLAC, M. DE NOIRMONT, puis JULIETTE.

M. DE BERLAC.

Oui, monsieur, je diminue le budget; j'éclaircis les comptes; je les mets à la portée de tout le monde. Les voilà : regardez; vous n'y voyez pas encore? Approchez des lumières; n'ayez pas peur, ça ne mettra pas le feu. Des lumières partout; je ne les crains pas, je veux qu'on y voie.

Mme PRESTO.

Comme monsieur voudra ; mais comme il fait grand jour...

M. DE BERLAC.

Grand jour! ma chère amie. Oui, vous avez raison; c'est un grand jour, le jour de la réconciliation, du bonheur général; car je veux désormais que tous nos administrés, que tous nos contribuables soient heureux. Quand, une fois par hasard, ils auraient de l'agrément pour leur argent, où serait le mal?

M. DE NOIRMONT, à part.

Voilà bien le ministre le plus original...

M. DE BERLAC.

Et puis quand je m'en irai, je leur dirai : « Mes enfants, me voilà. Rien dans les mains, rien dans les poches. Regardez dans les vôtres, et comptez. Comme cela, on se sépare bons amis ; une poignée de main, et votre serviteur de tout mon cœur, je m'en vais déjeuner. » — Car nous déjeunons, n'est-il pas vrai ?

(Il passe à la gauche du théâtre ; madame Presto est à sa droite.)

M. DE NOIRMONT.

Moi, c'est déjà fait ; mais vous, n'est-ce pas, madame l'hôtesse ?

(Il avance un fauteuil pour M. de Berlac.)

Mme PRESTO.

Oui, monsieur ; oui, monsieur.

M. DE NOIRMONT, bas à madame Presto.

Commencez donc sur-le-champ, il n'y a pas de temps à perdre.

Mme PRESTO, de même.

N'ayez pas peur. (A M. de Berlac avec volubilité.) On va le monter à l'instant, un déjeuner soigné et délicat. Mon mari est en bas à la cuisine, qui a voulu s'en occuper lui-même, et mon mari est un homme... c'est un homme, celui-là !

M. DE BERLAC.

C'est un cuisinier ?

Mme PRESTO.

Cuisinier par excellence. Quand je parle d'Excellence, il y en a beaucoup qui auraient voulu l'avoir, et il a toujours refusé, à cause de l'indépendance de ses opinions. Celui qui aurait l'esprit de se l'attacher ne s'en repentirait pas.

M. DE BERLAC.

Vraiment ?

(Il tire un calepin de sa poche.)

M. DE NOIRMONT, bas à madame Presto.

Il ne s'agit pas de cela ; allez donc au fait.

Mme PRESTO, de même.

C'est une manière d'y arriver. (A M. de Berlac.) Et à un grand seigneur, à un ministre, par exemple, pour qui j'aurais de l'amitié, je ne souhaiterais point d'autre chef d'office que mon mari. (M. de Berlac s'assied.) C'est un cadeau que je lui ferais.

M. DE BERLAC.

Son nom ?

Mme PRESTO.

Presto, cuisinier italien.

M. DE BERLAC.

Cuisinier bouffe.

Mme PRESTO.

Connu par la vivacité de son exécution ; avec lui, on n'attend jamais, et l'on dîne toujours de bonne heure. (A part.) Et le déjeuner qui n'arrive pas !

(Elle va vers le fond.)

M. DE BERLAC.

Ses titres ?

Mme PRESTO, revenant et s'approchant de M. de Berlac, qui est assis.

Auteur d'un Traité sur le macaroni ; attaché au dernier conclave en qualité de restaurateur ; employé au congrès de Vérone ; et, dans les Cent-Jours, il a refusé une place de cinquante napoléons, chez un chambellan dont la fortune était douteuse et les opinions suspectes.

M. DE BERLAC, se levant.

C'est bien : il aura quinze cents francs.

AIR : Mon père était pot.

Oui, les dîners sont dans nos mœurs ;
Chez moi je veux qu'on dîne.
J'ouvre aux penseurs, aux orateurs,
Ma table et ma cuisine.
Mais,

Malgré mes mets
Et mes vins,
Divins,
Les lois, l'honneur, la charte,
Seront respectés,
Et nos libertés
Ne pairont pas la carte.

(Juliette entre, suivie d'un domestique qui porte un petit guéridon sur lequel se trouve le déjeuner.)

Mme PRESTO.

Voici le déjeuner.

M. DE NOIRMONT, bas à madame Presto.

Mais parlez donc de moi !

Mme PRESTO, de même.

Nous y voilà.

(M. de Berlac s'assied. Madame Presto est à côté de lui, à sa gauche. Juliette et M. Dufour, à droite. M. de Noirmont auprès de madame Presto.)

M. DE BERLAC.

Beau déjeuner ! (Regardant Juliette.) Jolie fille ! (Montrant Dufour.) Et celui-là, c'est votre mari, M. Presto, dont vous me parliez tout à l'heure ?

JULIETTE.

Non, monsieur, ce n'est pas là mon père. N'est-ce pas, maman ?

Mme PRESTO.

C'est un homme du plus grand mérite, un comptable ! un administrateur ! et s'il y avait une justice au monde, il y a longtemps qu'il serait receveur.

M. DE BERLAC.

Comment cela ?

Mme PRESTO.

Il en a exercé les fonctions en secret, pour un homme nul et sans talents, qui en avait le titre et les appointements, tandis que lui en remplissait la place, avec un zèle, une intégrité !... C'est cette place de receveur particulier qui est maintenant vacante.

M. DE BERLAC.

Que me dites-vous là ?

M. DE NOIRMONT, bas à madame Presto.

Y pensez-vous ! cette place que j'ai en vue pour mon gendre !

Mme PRESTO, de même.

Écoutez donc ! j'ai une fille à marier.

M. DE BERLAC.

Voilà qui n'est pas juste : et la justice avant tout ; il aura la place. Son nom ?

Mme PRESTO.

M. Dufour, commissaire au Mont-de-Piété. (Bas à Dufour.) Vous avez votre place.

M. DE NOIRMONT, à voix basse.

Madame Presto, voilà qui est bien peu délicat !

Mme PRESTO, de même.

La famille avant tout !

M. DE NOIRMONT, à part.

Je vois bien qu'il faut que je me soigne moi-même. (Haut.) Madame Presto, a-t-on apporté les exemplaires de mon dernier ouvrage ?

M. DE BERLAC.

Un ouvrage ! qu'est-ce que c'est ? et de qui ?

Mme PRESTO.

De M. de Noirmont.

M. DE NOIRMONT, bas.

Allez donc, allez donc !

Mme PRESTO.

Un homme très-capable, et qui joint aux plus grands talents le plus beau caractère. Il a été inspecteur général pendant vingt ans, et a donné sa démission pour cause d'économie publique.

M. DE BERLAC.

Il serait possible!

Mme PRESTO.

M. de Noirmont! c'est connu, tout le monde vous le dira.

M. DE BERLAC, se levant de table.

Une injustice à réparer! c'est mon affaire, c'est mon état. (Allant à M. de Noirmont.) Mon ami, j'ai besoin dans mon ministère d'un secrétaire général. Touchez là, je vous nomme. Voilà comme je suis ; c'est toujours cela en attendant mieux.

M. DE NOIRMONT.

Ah! monseigneur! une pareille faveur...

M. DUFOUR, à madame Presto.

Monseigneur! que dit-il ?

M. DE NOIRMONT.

C'est le ministre lui-même.

JULIETTE.

Un ministre dans la maison ! moi qui n'en ai jamais vu !

Mme PRESTO.

Ah! monseigneur ! Votre Excellence me pardonnera-t-elle la liberté, la familiarité avec laquelle je vous ai parlé? Moi, d'abord, je dis tout ce que je pense.

M. DE BERLAC.

Il n'y pas de mal. Qu'ils sont doux, qu'ils sont inappréciables les avantages de l'incognito! Un ministre doit tout entendre et tout voir par lui-même; c'est le seul moyen de connaître la vérité et de faire des choix estimables. M. Presto sera cuisinier du ministère, M. Dufour receveur des finances, et M. de Noirmont secrétaire général.

TOUS, s'inclinant.

Ah! monseigneur!

M. DE BERLAC.

C'est bon ; je n'exige rien, que votre estime, votre amitié, et une prise de tabac. En usez-vous ?

M. DUFOUR, lui donnant une tabatière d'or.

En voici, monseigneur.

M. DE BERLAC, prenant la tabatière.

C'est bien. (Il prend une prise et dit en rêvant :) Je suis fâché d'être ministre, à présent ; si je n'étais pas ministre, je me serais fait nommer directeur général des droits réunis.

M. DE NOIRMONT, s'approchant.

Y pensez-vous ?

M. DE BERLAC, froidement.

C'est agréable, on a toujours du bon tabac.

M. DE NOIRMONT.

Votre Excellence veut rire ?

M. DE BERLAC.

Je ne ris jamais ; mais je ne vous en empêche pas. Je veux que le peuple s'amuse, je veux qu'il rie, fût-ce à mes dépens ; cela vaut mieux que de le faire pleurer.

COUPLETS.

AIR : Comme il m'aimait. (*M. Sans-Gêne.*)

Premier couplet.

Je le permets ;
Ayez tous de l'indépendance :
Avocats, députés, préfets,
Ayez ensemble désormais
De l'appétit, de l'éloquence,
Et même un grain de conscience ;
Je le permets.

Deuxième couplet.

Je le permets ;
Qu'un journal soit incorruptible,

Qu'un orateur parle français,
Que nos auteurs, dans leurs couplets,
Aient de l'esprit, si c'est possible,
Qu'un censeur même soit sensible ;
Je le permets !

Les journaux sont-ils arrivés ?

Mme PRESTO, allant à gauche.

Ils sont en bas. Vite, petite fille, les journaux de monseigneur.

M. DE BERLAC.

Ne vous donnez pas la peine, je descendrai dans la salle des voyageurs les lire moi-même ; je ne suis pas fier. En même temps, je prendrai mon café, et, de là, je me rendrai au ministère pour m'y installer. (A M. de Noirmont.) Vous m'y suivrez.

M. DE NOIRMONT, s'inclinant.

Monseigneur n'a pas d'autres ordres à me donner ?

M. DE BERLAC.

Si vraiment, cette note qu'il faut mettre au net, et envoyer au journal ministériel. Entrez là, dans la chambre. (Il le prend à part, et lui dit tout bas avec mystère :) Vous trouverez tout ce qu'il faut pour écrire. Monsieur de Noirmont, conduisez-vous bien. (Lui glissant la tabatière qu'il a reçue de M. Dufour.) Je ne m'en tiendrai pas là. (Mouvement de Dufour.) Adieu, mes enfants, adieu.

AIR : Au marché qui vient de s'ouvrir. (*La Muette de Portici.*)

TOUS.

Ah ! monseigneur, ah ! monseigneur !
Je suis à vous de tout mon cœur.

Mme PRESTO.

Il sera notre bienfaiteur,
Nous lui devrons notre bonheur.

JULIETTE, à part.

Il aurait bien mieux fait ici
De m' donner Georges pour mari.

M. DUFOUR.

Quel talent, quelle profondeur!
Ah! quel grand administrateur!

M. DE NOIRMONT.

Celui-là fera, mes amis,
Le bonheur de notre pays.

TOUS.

Ah! monseigneur, ah! monseigneur,
Je suis bien votre serviteur;
Je suis à vous de tout mon cœur!

M. DE BERLAC.

Que je jouis de leur bonheur!...
Je suis à vous de tout mon cœur!

(M. de Berlac entre dans la chambre du fond à droite; madame Presto dans celle du fond à gauche; M. Dufour sort par la porte du fond, et M. de Noirmont entre dans la chambre de M. de Berlac, n° 54.)

SCÈNE IX.

JULIETTE, puis GEORGES.

JULIETTE, seule.

Ah! mon Dieu! qu'est-ce que je viens d'apprendre? Il avait bien besoin d'arriver au ministère et de donner une place à M. Dufour. Pauvre Georges! qu'est-ce qu'il va devenir maintenant?

GEORGES, à lui-même.

Je n'en peux plus, j'ai couru tous les hôtels du quartier; ils n'ont pour locataires que des gens sages, raisonnables et sans ambition. Je n'aurais jamais cru qu'à Paris, on eût tant de peine à rencontrer un fou. (Apercevant Juliette qui a un mouchoir sur les yeux.) Eh! mais, Juliette, qu'avez-vous? qui donc vous fait pleurer?

JULIETTE.

C'est le ministre.

GEORGES.

Le ministre! Comment, mademoiselle Juliette, vous avez des relations avec le ministre?

JULIETTE.

Hélas! oui; il est venu chez nous.

GEORGES.

Pas possible!

JULIETTE.

C'est là sa chambre, n° 54; c'est moi qui l'ai servi à table; et je lui trouvais d'abord un air si doux, si bienveillant! et je me disais : Bon, ça promet. Après m'avoir dit qu'il me trouvait gentille, vous ne vous douteriez jamais de ce qu'il a fait.

GEORGES.

Quoi donc?

JULIETTE.

Il a fini par donner une place à M. Dufour, votre rival, qui est maintenant receveur des finances à Paris, et qui va m'épouser tout de suite.

GEORGES.

M. Dufour receveur! ce n'est pas possible... Ah! mon Dieu! quelle idée! Comment nomme-t-on ce ministre?

JULIETTE.

Monseigneur et Votre Excellence; pas autrement.

DUO.

AIR : Quand une belle est infidèle. (*Les Maris garçons.*)

GEORGES.

Son Excellence!

JULIETTE.
Son Excellence!
GEORGES.
Et sa puissance?
JULIETTE.
Elle est immense;
Il a de l'or et des emplois.
GEORGES.
Comment! de l'or?
JULIETTE.
Et des emplois,
Et pour tout le monde, je crois.

Ensemble.

GEORGES.
Ah! l'aventure est piquante et nouvelle!
Si c'était lui que dans mon zèle
Bien loin d'ici je voulais découvrir?...
Et le hasard vient me l'offrir.

JULIETTE.
Ah! l'aventure est pour nous bien cruelle,
L'occasion était si belle!
Quand la fortune à nous semblait s'offrir,
Monsieur ne veut pas la saisir.

GEORGES.
Et depuis quand est-il chez nous?

JULIETTE.
De cette nuit.

GEORGES.
Que dites-vous?

JULIETTE.
Des voyageurs voyez le livre.

GEORGES, allant à la table et ouvrant le livre.
De Noirmont... de Berlac, c'est lui!...
A quel espoir mon cœur se livre!

JULIETTE.

Qu'avez-vous donc?

GEORGES, repassant à la gauche de Juliette.

Je suis ravi.
Ne perdons pas de temps; à Joseph allez dire
D'amener la voiture et de monter ici.

JULIETTE.

Mais pourquoi donc?

GEORGES.

Plus tard, j'irai vous en instruire.
Ne craignez rien.
Tout ira bien.
(Reprise du duo.)
Son Excellence!

JULIETTE.

Son Excellence!

GEORGES.

Est, je le pense,
En ma puissance;
De notre hymen
Je suis certain.

JULIETTE.

Et ce rival?

GEORGES.

N'aura demain
Ni sa place ni votre main.

Ensemble.

GEORGES.

Ah! l'aventure est piquante et nouvelle!
Oui, c'est bien lui, grâce à mon zèle,
Bientôt, morbleu! je saurai le saisir;
Notre projet doit réussir.

JULIETTE.

Ah! l'aventure est piquante et nouvelle!
Comptez aussi sur notre zèle,

Si notre hymen par là doit réussir.
Adieu : je cours vous obéir.

(Elle sort.)

GEORGES, seul.

Elle n'y comprend rien, elle a perdu la tête. Mais, en fait de tête, voici la meilleure de toutes ; car c'est notre ministre, je l'entends ; attention !

SCÈNE X.

M. DE NOIRMONT, GEORGES, au fond; puis JOSEPH.

M. DE NOIRMONT, sort de la chambre de M. de Berlac; il tient un papier à la main, et il a un portefeuille sous le bras.

La note est recopiée, et pour une entrée au ministère, il est impossible de voir une profession de foi plus positive, et des intentions mieux prononcées ; il en arrivera ce qui pourra... Et le journal ministériel auquel il faut l'envoyer ; il n'y a pas un instant à perdre. Maintenant ça m'est égal ; je tiens la faveur, je la tiens et je m'y cramponne.

GEORGES, à part, avec compassion.

C'est un accès qui commence.

M. DE NOIRMONT.

Ils me croyaient perdu ; mais me voilà, je reviens, je rentre dans la carrière, prêt à les écraser tous ; et malheur à qui se trouvera sur mon passage !

GEORGES, de même.

Pauvre homme ! c'est du délire, de la rage ! je ne le croyais pas aussi malade.

M. DE NOIRMONT, s'asseyant auprès de la table, à droite.

Je suis donc depuis un instant secrétaire général. Secrétaire général ! c'est bien peu...

GEORGES, de même.

C'est vrai, lui qui tout à l'heure était ministre ; il paraît qu'il recommence.

M. DE NOIRMONT.

Mais on peut devenir conseiller d'État, directeur-général ; qui sait même ? ministre ; et pourquoi pas ?

GEORGES, de même.

Ça dépend de lui, quand il voudra.

M. DE NOIRMONT.

Et puis ça ne m'empêche pas d'avoir un titre ; un titre, c'est utile, c'est même économique ; ça tient lieu de tant de choses, et puis cela fait bien, surtout quand on ouvre les deux battants, et qu'on vous annonce. M. le baron... M. le vicomte... M. le duc... M. le duc ! il y a pourtant des gens qui s'entendent appeler ainsi, des gens qui, devant leur nom, peuvent mettre ces trois lettres, DUC, le duc... sont-ils heureux ! Je paierais un pareil mot de toute ma fortune, et du repos de ma vie entière.

GEORGES, à part.

Si celui-là n'est pas fou... il me faisait peur tout à l'heure, il me fait pitié maintenant ; M. Frédéric a raison, il est trop malheureux pour ne pas tâcher de le guérir.

JOSEPH, entrant, bas à Georges.

Monsieur, la voiture est en bas, elle est prête.

GEORGES, regardant M. de Noirmont.

C'est bien. Il se calme, il s'apaise, et le plus fort de l'accès est passé ; profitons-en pour tâcher de l'emmener. (Saluant.) Monsieur...

M. DE NOIRMONT.

Qu'est-ce que c'est ?

GEORGES.

Je voulais parler à M. le secrétaire général.

M. DE NOIRMONT.

C'est moi ; que voulez-vous ? qui vous envoie ? de quelle part ?

GEORGES.

De la part... de la part de Son Excellence.

M. DE NOIRMONT, se levant.

Son Excellence, c'est différent ; qui êtes-vous ?

GEORGES.

Je suis son secrétaire.

M. DE NOIRMONT, vivement.

Son secrétaire, c'est moi.

GEORGES.

Oui, secrétaire général ; mais je suis, moi, du cabinet particulier.

M. DE NOIRMONT, avec envie.

Secrétaire intime ! une belle place que vous avez là, une place influente ; et je ne sais pas si je n'aimerais pas mieux...

GEORGES, à part.

C'est ça, il va me la prendre ; il les lui faut toutes.

M. DE NOIRMONT.

Et que me veut Son Excellence ?

GEORGES.

Elle vous attend.

M. DE NOIRMONT.

Pour aller au ministère ?

GEORGES.

Précisément : la voiture est en bas, et vous n'avez qu'à y monter.

M. DE NOIRMONT.

Je mets un cachet à cette lettre, et je suis à vous.

(Il va à la table.)

GEORGES, bas à Joseph.

Il y a des cadenas aux portières?

JOSEPH, de même.

Comme vous l'aviez dit.

GEORGES, de même.

Alors, fouette, cocher; et conduis-le à la maison de santé dont voici l'adresse. Dix écus pour toi.

JOSEPH, de même.

Vous pouvez être tranquille.

M. DE NOIRMONT.

Monsieur ne vient pas avec nous?

GEORGES, à part.

Pour aller à Charenton : merci! (Haut.) Je ne prendrai point cette liberté. Vous avez sans doute à causer de graves intérêts, et je n'ai pas une tête comme la vôtre, (A part.) grâce au ciel!

M. DE NOIRMONT.

C'est juste. Adieu, mon cher, adieu; nous nous reverrons. (A part.) Secrétaire intime! à son âge! il y a des gens qui ont un bonheur insolent.

(Il sort par le fond. Joseph le suit.)

SCÈNE XI.

GEORGES, seul.

COUPLETS.

AIR du Neveu de Monseigneur.

Premier couplet.

Il est en ma puissance,
Tous nos vœux sont remplis!
Bientôt de ma prudence
L'hymen sera le prix.
J'entends ses cris,

Le voilà pris.
Serviteur,
Monseigneur !
Partez ! votre Excellence
En perdant sa grandeur,
Doit assurer mon bonheur.

(On entend rouler la voiture.)

Deuxième couplet.

Pour vous plus de puissance,
Pour vous plus de crédit :
Et mon bonheur commence
Où le vôtre finit.
Allez chercher votre raison
A Charenton.
Serviteur,
Monseigneur !
Il part, et Son Excellence,
En perdant sa grandeur,
Vient d'assurer mon bonheur.

SCÈNE XII.

GEORGES, FRÉDÉRIC.

FRÉDÉRIC.

Eh bien ! quelles nouvelles ?

GEORGES.

D'excellentes ! j'ai trouvé votre homme ; il roule maintenant, sous bonne escorte, dans une voiture qui va le conduire à la maison de santé dont vous m'avez donné l'adresse.

FRÉDÉRIC.

Ah ! mon cher Georges, comment te témoigner ma reconnaissance ? et quelle sera la joie de sa fille ! je la quitte à l'instant, et elle ne croyait pas avoir sitôt le bonheur de revoir son père.

GEORGES.

Ce bonheur-là ne sera pas sans mélange; car je l'ai trouvé bien mal.

FRÉDÉRIC.

Vraiment?

GEORGES.

Oui, monsieur; le cerveau est bien malade, plus que vous ne croyez; il a même eu un accès de fureur concentrée.

FRÉDÉRIC.

Ah! mon Dieu! et tu n'as pas peur qu'il ne s'échappe?

GEORGES.

Impossible! un cadenas à chaque portière. Quand je me mêle de quelque chose...

(On entend M. de Berlac qui, en dehors, s'écrie :)

M. DE BERLAC.

Ce ne sera pas ainsi; je ne veux pas cela.

FRÉDÉRIC.

O ciel! c'est lui que j'entends.

GEORGES.

Non, monsieur, vous vous trompez.

FRÉDÉRIC, regardant à la porte de la chambre du fond à droite.

Je le vois d'ici; il monte l'escalier, en causant avec madame Presto et ta prétendue. Regarde plutôt.

GEORGES.

Je le vois bien; mais ce n'est pas celui-là.

FRÉDÉRIC.

Eh! je te dis que si; je le connais bien, peut-être; c'est M. de Berlac lui-même.

GEORGES, étonné.

M. de Berlac! Ah çà, et l'autre?

FRÉDÉRIC.

Quel autre?

GEORGES.

L'autre fou. Il faut donc qu'ils soient deux?

FRÉDÉRIC.

Que le diable t'emporte, et l'autre aussi! Mais il ne faut pas qu'il m'aperçoive.

GEORGES, lui montrant la porte du cabinet à droite.

Là, dans ce cabinet, d'où vous pourrez le voir et l'entendre.

AIR : De sommeiller encor, ma chère. (*Arlequin Joseph.*)

Comptez sur moi, je vous le jure,
Je suis là pour vous obéir;
(Seul.)
Et l'autre qui roule en voiture,
Dieu sait ce qu'il va devenir!
Ce bon monsieur, quoique, hélas! bien malade,
A se traiter ne songe nullement,
Et va, morbleu! grâce à mon escapade,
Être guéri par accident.

(Frédéric est entré dans le cabinet à droite, et M. de Berlac entre par la porte du fond, à droite, avec madame Presto et Juliette.)

SCÈNE XIII.

GEORGES, JULIETTE, M. DE BERLAC, Mme PRESTO.

M. DE BERLAC, à Juliette, qu'il tient par la main.

Comment, ma chère amie! vous en aimez un autre?

Mme PRESTO.

Je demande pardon à Votre Excellence, que cette petite fille a été étourdir de ses bavardages.

M. DE BERLAC.

Apprenez, madame Presto, que j'aime le bavardage des petites filles. Ça me rappelle la mienne, parce qu'un ministre qui est père de famille... ça ne fait jamais de mal; ça fait penser à être sensible, et on a si peu d'occasions! (A Juliette.) Voyons, mon enfant, ne craignez rien.

GEORGES, à part.

Qu'est-ce que disait donc M. Frédéric? Celui-là est la raison même.

M. DE BERLAC, à Juliette qui hésite.

Eh bien! vous disiez donc?...

JULIETTE.

Qu'on veut me faire épouser M. Dufour, un de vos employés, que je n'aime pas.

M. DE BERLAC.

Comment, madame Presto, votre fille n'aime pas M. Dufour? et vous voulez qu'elle l'épouse?

Mme PRESTO.

Mais, monseigneur...

M. DE BERLAC.

Voilà comme on fait de mauvais ménages! voilà comme les accidents arrivent! comme les plus honnêtes gens du monde finissent par être... (Prenant une prise de tabac.) par être vexés! Et exposer M. Dufour, un employé à moi, à être un mari de ce genre-là! Je ne le veux pas; je ne veux pas qu'il y en ait un seul dans mon administration.

GEORGES, à part.

AIR : J'ai vu le Parnasse des dames. (*Rien de trop.*)

Allons, il s'y met, il commence.

M. DE BERLAC.

Je ne veux plus de tels maris
Dans les bureaux d'une Excellence.

Mme PRESTO.

Ce n'est pas leur faute.

M. DE BERLAC.

Tant pis.
Je les supprime, je les chasse,

C'est à ces dames d'y penser.
Ça leur fera perdre leur place!

GEORGES, à part.

Jadis ça les faisait placer.

M. DE BERLAC.

Et vous qui les défendez, madame Presto, voilà votre époux que j'ai pris comme maître d'hôtel; si je savais qu'il fût...

Mme PRESTO.

Du tout, monsieur.

M. DE BERLAC.

A la bonne heure! dès que vous en répondez... Et, au fait, elle doit le savoir mieux que personne. (A Juliette.) Approchez ici. Vous n'épouserez pas M. Dufour; nous trouverons quelque autre employé, quelque surnuméraire, à qui il faille une jolie place... et en attendant, voilà mon présent de noce.

(Voulant lui donner un anneau.)

JULIETTE, refusant.

Oh! non, non, monseigneur.

M. DE BERLAC.

Allons donc!... une misère comme celle-là, une bague de cinq ou six cents francs.

Mme PRESTO, bas à Juliette.

Apprenez, mademoiselle, qu'on ne refuse jamais un ministre.

JULIETTE.

J'aimerais mieux que monseigneur me donnât autre chose.

M. DE BERLAC.

Et quoi donc?

JULIETTE.

Une place à Georges, que voici; il devait la demander à Votre Excellence, et il paraît qu'il n'a pas osé.

M. DE BERLAC.
Une place?

GEORGES, à part.
Elle aurait mieux fait de prendre la bague; c'était plus sûr.

M. DE BERLAC.
Ah! il veut une place? (Il fait approcher Georges.) Approchez. Quels sont vos titres?

GEORGES, passant auprès de M. de Berlac.
Je n'en ai pas, monseigneur.

M. DE BERLAC.
Voilà, au moins, de la franchise, et c'est rare. C'est bien, mon garçon; c'est très-bien; et à quoi es-tu bon? que sais-tu faire?

GEORGES.
Rien.

M. DE BERLAC.
Je te nomme... à la barrière de l'Étoile, inspecteur des travaux... il n'y a rien à faire.

JULIETTE.
Quel bonheur!

GEORGES.
Je vous remercie, monseigneur; mais je n'en veux pas.

M. DE BERLAC.
Qu'entends-je?

JULIETTE.
Comment! monsieur Georges, vous refusez?

GEORGES.
Oui, mademoiselle; je n'ai pas d'ambition; je ne tiens pas aux honneurs, aux dignités, je ne tiens qu'à vous.

JULIETTE.
A la bonne heure! mais ça n'empêche pas.

M. DE BERLAC.

Jeune homme, jeune homme, donnez-moi la main, l'autre. Ce n'est plus une place que je vous offre; c'est mon amitié, vous l'avez; et, par-dessus le marché, je vous nomme chef de division.

GEORGES.

Mais, monseigneur...

M. DE BERLAC.

Conseiller d'État, directeur général.

GEORGES.

Non, non; et cent fois non. Je n'accepte de tout cela que votre amitié.

M. DE BERLAC.

Mon amitié, soit; mais j'espère que vous prendrez quelque chose avec.

AIR du vaudeville de Turenne.

Venez toujours dîner au ministère,
Rien qu'en ami l'on vous y traitera;
Nous vous verrons y prendre goût, j'espère.

GEORGES.

Je ne crois pas.

M. DE BERLAC.

Ça vous viendra,
Au ministère on connaît ça.
Tous ces dîneurs qui font les bons apôtres,
Sans avoir faim, prennent place au repas,
Et l'appétit vient...

GEORGES.

En mangeant.

M. DE BERLAC.

Non pas,
Mais en voyant manger les autres,
Rien qu'en voyant manger les autres!

M. DE BERLAC.

Mais, à propos d'appétit, où est donc mon secrétaire général, M. de Noirmont?

JULIETTE, s'approchant de M. de Berlac.

Je n'osais pas en parler à monseigneur; car nous avons cru, en bas, que c'était par son ordre qu'il venait d'être arrêté.

M. DE BERLAC.

Arrêté! qu'est-ce que cela signifie?

JULIETTE.

Ah! mon Dieu! oui; des cadenas aux portières et des hommes à cheval qui escortaient la voiture.

(Georges veut l'empêcher de parler.)

M. DE BERLAC.

Et de quel droit priver un citoyen de ce qu'il a de plus précieux au monde, de sa liberté! Holà! quelqu'un!

(Un domestique entre.)

GEORGES.

Il y a sans doute des raisons.

M. DE BERLAC.

Des raisons! il n'y en a pas; il n'y a que la loi, la loi avant tout : je ne connais que ça : point d'arbitraire, je n'en veux pas.

GEORGES, regardant le domestique qui est entré.

Aussi, je vais envoyer...

M. DE BERLAC.

Attendez; il faut un ordre, je vais le signer. (Il va à la table, et prend du papier et une plume. Pendant ce temps, Juliette passe à gauche, à côté de madame Presto.) Quel honneur! quel beau privilège! une plume, un peu de papier, trois mots : *Mettez en liberté*, et vous sauvez un innocent, un opprimé, un honnête homme. *Mettez en liberté.* Allez.

(Il donne le papier à Georges.)

GEORGES, qui, pendant ce temps, a parlé à un domestique.

Allez.

M. DE BERLAC, reprenant le papier.

Un instant, que je lui donne l'adresse de mon ministère pour qu'il vienne m'y rejoindre tout de suite. (Il écrit et donne le papier à Georges.) Allez.

GEORGES, donnant le papier au domestique.

Allez.

M. DE BERLAC, sur le devant de la scène.

Je suis content; une injustice réparée... ça fait bien pour entrer en fonctions; et je puis maintenant me rendre à mon ministère. On doit aimer à faire le bien quand on a le temps; c'est si facile!... moi, j'en ferai souvent; je n'aurai pas d'ennemis, je pardonnerai toujours, et d'abord ce pauvre Frédéric de Rinville... (Frédéric paraît sur la porte du cabinet.) Me voilà ministre; c'est le moment d'avoir de l'indulgence et de lui dire : « Mon ami, une poignée de main; rendez-moi votre amitié, et prenez ma fille; je vous la donne avec des gants blancs, un bouquet au côté... c'est bien, c'est bien, point de remerciements. (S'essuyant les yeux.) Pauvre enfant! rendez-la heureuse, et nous serons quittes. »

GEORGES.

Ah! l'honnête homme!

M. DE BERLAC.

Qu'est-ce que c'est?

GEORGES.

Rien, monseigneur.

M. DE BERLAC.

J'ai dit à M. de Noirmont de me rejoindre au ministère. (A Juliette.) Voilà votre mari. (A madame Presto.) Vous congédierez Dufour. Moi, on m'attend; je vais à mon audience.

Mme PRESTO.

Et la voiture de monseigneur?

M. DE BERLAC.

Point de voiture; il est beau d'entrer au ministère à pied, avec le parapluie à canne, et d'en sortir de même. Donnez-moi le parapluie à canne, (Georges lui donne le parapluie.) il est de rigueur; car, là aussi, il y a souvent des orages. Adieu, mes amis, je vous reverrai ici, après mon audience. Je reviendrai dîner.

Mme PRESTO, accompagnant M. de Berlac qui sort.

Ah! quel honneur pour moi! Vous pouvez être sûr que le dîner le plus fin et le plus délicat... un dîner de ministre... rien que des truffes.

M. DE BERLAC, revenant avec colère.

Des truffes! Qui est-ce qui a dit des truffes? Point de truffes. Les malheureuses! elles ont causé dans l'État trop de désordres, trop d'abus, sans compter les indigestions; je n'en veux point sous mon ministère, je les destitue.

Mme PRESTO.

Destituer les truffes! qu'allons-nous devenir?

M. DE BERLAC.

Je ferme la bouche aux mécontents, aux envieux.

GEORGES.

Ils l'ouvriront encore pour crier; c'est changer les idées reçues.

Mme PRESTO.

Bouleverser tous les repas!

GEORGES.

Soulever contre vous tous les appétits de la grande propriété!

M. DE BERLAC, rêvant.

C'est possible. (A Georges.) Vous me ferez un rapport là-dessus. (A part.) Au fait, il faut marcher avec le siècle, et nous vivons dans un siècle truffé. D'ailleurs, si je les destitue, qu'est-ce que je mettrai à leur place? je ne vois que

19.

les... qui sont bien insuffisantes pour les besoins de la civilisation : j'y songerai. (A Georges.) Le portefeuille ? (Georges lui donne un portefeuille.) Vous ferez votre rapport. (A madame Presto.) Vous, congédiez Dufour. Adieu, mes enfants, adieu : j'y songerai.

(Il sort par le fond, Juliette et madame Presto sortent avec lui.)

SCÈNE XIV.

FRÉDÉRIC, GEORGES.

GEORGES, à Frédéric qui sort du cabinet.

Eh bien ! monsieur, vous avez tout entendu ; faut-il le suivre ?

FRÉDÉRIC.

Non ; en l'écoutant, j'ai changé d'idée... Cet excellent homme, qui me pardonne, qui me donne sa fille, parce qu'il est ministre... et je lui ôterais une place dont il fait un si bon usage ! je l'empêcherais d'être heureux !

GEORGES.

Ce serait bien ingrat.

FRÉDÉRIC.

Qu'est-ce que nous gagnerions à le guérir ? il rêve, c'est vrai ; mais ce sont les rêves d'un homme de bien ; pourquoi le réveiller ?

GEORGES.

Vous avez raison. C'est là de l'humanité, de la bonne philosophie ; laissons-lui son erreur et son portefeuille, et qu'il dorme tranquillement : c'est si rare quand on est ministre !

FRÉDÉRIC.

Je vais retrouver sa fille, lui faire part de mes nouveaux

projets ; et si elle les approuve, je viens sur-le-champ les mettre à exécution.

GEORGES.

Et je suis là pour vous seconder.

(Frédéric sort par la porte du fond, à droite.)

SCÈNE XV.

GEORGES, M. DUFOUR, entrant avec Mme PRESTO et JULIETTE.

M. DUFOUR.

Quoi ! madame, refuser de signer ce bail et ce contrat ?

JULIETTE.

C'est le ministre qui ne veut pas.

Mme PRESTO.

Oui, le ministre ne veut pas.

AIR : Honneur, honneur et gloire. (*La Muette de Portici*.)

JULIETTE.

Ici son Excellence
Dispose de ma foi,
Et d'une autre alliance
Nous impose la loi.

Ensemble.

Mme PRESTO.

Oui, c'est son Excellence
Qui s'intéresse à nous ;
George a la préférence,
Et sera son époux.

GEORGES.

Oui, c'est son Excellence
Qui s'intéresse à nous ;

J'obtiens la préférence,
Je serai son époux.

M. DUFOUR, à part.

Quelle insolence et quelle audace!
Combien j'enrage!... C'est égal,
Faisons, pour conserver ma place,
Des compliments à mon rival.

Ensemble.

Mme PRESTO et JULIETTE.

Oui, c'est son Excellence, etc.

GEORGES.

Oui, c'est son Excellence, etc.

M. DUFOUR.

Oui, de son Excellence
Redoutons le courroux...
George a la préférence,
Il sera son époux.

SCÈNE XVI.

Les mêmes; M. DE NOIRMONT.

M. DE NOIRMONT, entrant par le fond.

C'est une horreur! c'est une indignité! se jouer de moi à ce point!

M. DUFOUR.

Qu'y a-t-il donc?

M. DE NOIRMONT.

D'abord un rapt, un enlèvement.

Mme PRESTO.

Nous le savions; mais cela n'a pas eu de suites.

M. DE NOIRMONT.

Au contraire; me conduire dans une maison où l'on m'a donné des douches!

M. DUFOUR.

Des douches!

M. DE NOIRMONT.

Comme j'ai l'honneur de vous le dire, une, deux.

JULIETTE.

Et l'ordre de mise en liberté que monseigneur avait signé?

GEORGES.

Et que je me suis empressé d'expédier.

M. DE NOIRMONT.

Empressé! joliment! il n'est arrivé qu'à la troisième, et dans ma fureur, j'aurais tué tout le monde... si je n'avais eu peur de faire attendre Son Excellence, qui me donnait rendez-vous à son ministère. J'y cours, et là, ce que j'apprends est encore pire.

TOUS.

Qu'y a-t-il donc?

M. DE NOIRMONT.

Il y a que je suis compromis, que vous êtes compromis, que nous sommes tous compromis.

TOUS.

Expliquez-vous.

M. DE NOIRMONT.

Je monte d'abord au cabinet du secrétaire général pour m'y installer; je le trouve occupé par un compétiteur, qui me demande ce que je voulais; parbleu! ce que je voulais, c'était sa place; mais en fonctionnaire obstiné, il refuse de s'en dessaisir, et c'est pour le mettre à la raison que je m'élance avec lui dans le cabinet du ministre.

TOUS.

Eh bien?

M. DE NOIRMONT.

Eh bien! voici bien un autre incident : le ministre n'était pas ministre.

TOUS.
Comment?

M. DE NOIRMONT.
C'en était bien un, mais ce n'était pas le nôtre.

TOUS.
O ciel!

GEORGES, à part.
Voilà le réveil qui commence.

M. DE NOIRMONT.
Troublé à cette vue, je me courbe jusqu'à terre, pour me donner une contenance; et, balbutiant quelques mots d'excuse, je sors au milieu des chuchotements, des éclats de rire, et des politesses de mon confrère l'usurpateur, qui me reconduit jusqu'à la porte pour la fermer sur moi.

M. DUFOUR.
Et l'autre Excellence?

M. DE NOIRMONT.
L'autre Excellence s'était moquée de nous; je l'ai rencontrée dans un corridor, se disputant avec un garçon de bureau qui ne voulait pas le laisser entrer: vous entendez bien que j'ai filé sans le voir, et sans le saluer.

AIR : Amis, le soleil va paraître. (*La Muette de Portici.*)

TOUS.
Ah! c'est affreux! une telle disgrâce
Compromet tous nos intérêts.

Ensemble.

M. DE NOIRMONT.
C'est grâce à lui que je me vois sans place,
Et c'est pour lui que je me compromets.

GEORGES.
Pauvre Dufour! il en perdra sa place.
Ah! s'il pouvait encor payer les frais!

M. DUFOUR, à madame Presto.

C'est votre faute, et, si je perds ma place,
Nous plaiderons, et vous pairez les frais.

Mme PRESTO et JULIETTE.

Tout est perdu, Georges perdra sa place.
Nous plaiderons, et je pairai les frais.

Mme PRESTO, à M. Dufour.

Écoutez-moi.

M. DUFOUR.

Non; j'enrage.
Plus de bail, plus de mariage!

GEORGES.

Quel réveil!

JULIETTE.

Quel dommage!

Mme PRESTO.

Mais je le vois. Oui, c'est lui,
Il ose encor venir ici!

SCÈNE XVII.

Les mêmes; M. DE BERLAC, qui entre en rêvant.

TOUS, allant au-devant de lui et l'entourant.

Ah! c'est affreux! une telle disgrâce
Menace tous nos intérêts :
C'est grâce à vous que je me vois sans place,
Et c'est pour vous que je me compromets!

M. DE BERLAC, sortant de sa rêverie.

Qu'est-ce que c'est? des regrets, des murmures, des amis qui me plaignent, qui se désolent!

GEORGES, à part.

Il voit tout en beau.

M. DE BERLAC.

Vous êtes mécontents? pourquoi cela?... Je ne le suis pas, moi, parce que je suis philosophe, c'est-à-dire destitué.

TOUS.

Destitué?

M. DE BERLAC.

Oui, mes enfants, j'ai été nommé; j'ai été ministre vingt-quatre heures, je ne le suis plus : cela peut arriver à tout le monde.

M. DUFOUR.

Et ceux que vous avez nommés? ceux que vous avez placés?

M. DE BERLAC.

Rassurez-vous; ils partagent mon sort, ils partent avec moi.

M. DE NOIRMONT.

Partir! partir! comme c'est agréable! Et qui vous priait de me nommer secrétaire général? Vous l'avais-je demandé?

M. DUFOUR.

Et moi, avais-je besoin de votre recette? Quand on est indépendant par sa fortune et son caractère, on n'a que faire d'aller s'exposer... J'en perdrai peut-être ma place au Mont-de-Piété.

Mme PRESTO.

Et moi, qui ai refusé une affaire superbe, un bail que monsieur me proposait; je me vois obligée de plaider; et c'est vous qui êtes cause de tout.

(Ils se retirent tous au fond du théâtre; M. de Berlac est seul sur le devant, Georges auprès de lui.)

M. DE BERLAC.

Les ingrats! ils sont tous les mêmes. Allez, vils roseaux que courbait le vent de la faveur, relevez-vous, le vent ne souffle plus ; (A Georges.) et toi? eh bien, tu restes là? tu ne t'éloignes pas?

GEORGES.

Non, monseigneur; je suis courtisan du malheur, je lui suis fidèle.

M. DE BERLAC.

Ce n'est pas un roseau celui-là, c'est un chêne qui prend racine dans le terrain de la disgrâce; je n'oublierai pas ton dévouement; et si jamais je reviens aux grandeurs...

GEORGES.

Je serais encore le même.

M. DE BERLAC.

Tu as raison, tu n'as besoin de rien; seul et unique de ton espèce, tu n'as qu'à te montrer pour de l'argent, et ta fortune est faite, la mienne aussi; car je reviendrai aux honneurs; il me faut une place, j'emploierai mes amis, mon crédit.

M. DE NOIRMONT et M. DUFOUR.

Oui, il est joli !

Mme PRESTO.

Je lui conseille de s'y fier !

SCÈNE XVIII.

Les mêmes ; FRÉDÉRIC.

FRÉDÉRIC.

M. de Berlac! M. de Berlac, où est-il ?

M. DE BERLAC.

Frédéric de Rinville !

FRÉDÉRIC.

Lui-même, qui est impatient de vous embrasser.

M. DE BERLAC.

Ce matin, monsieur, j'étais puissant, j'étais ministre, je pouvais vous revoir et vous pardonner, mais maintenant...

FRÉDÉRIC.

Maintenant plus que jamais; il y a bien d'autres nouvelles.

M. DE BERLAC.

Il serait possible!

FRÉDÉRIC.

On vous a enlevé votre place de ministre, parce qu'on vous en destinait une bien autrement importante dans les circonstances actuelles, une place qui réclamait tous vos talents et votre adresse; on vous nomme ambassadeur à Constantinople.

M. DE BERLAC.

Moi!

TOUS, s'approchant de Berlac.

Ambassadeur!

M. DE BERLAC.

Mon cher Frédéric, mes amis, mon gendre! ambassadeur! je m'en doutais... ambassadeur à Constantinople!

GEORGES.

Au moment où ils reviennent tous, au moment où la guerre est déclarée! voilà qui prouve la confiance que l'on a en vous.

M. DE BERLAC.

Elle ne sera pas trompée. Ambassadeur à Constantinople!

AIR : Connaissez mieux le grand Eugène. (*Les amants sans amour.*)

Je pars : l'espoir me donnera des ailes ;
La Grèce attend, et les Russes sont là :

Notre vaisseau franchit les Dardanelles ;
A mon nom seul je vois fuir le pacha ;
Jusqu'à Stamboul j'arrive : me voilà !
(Il fait un pas en avant, et se posant avec dignité :)
« Sultan Mahmoud, il faut que ça finisse ;
« Résignez-vous, ou je repars soudain ;
« Vous entendrez la raison, la justice,
   « Ou le canon de Navarin. »

FRÉDÉRIC.

Ma voiture est en bas ; et il faut avant tout remercier le ministre qui nous attend, et qui n'a rien à vous refuser.

M. DUFOUR et Mme PRESTO.

Il serait possible !... Ah ! monseigneur !

M. DE BERLAC, les regardant.

La girouette a tourné, le vent de la prospérité souffle de nouveau, et le roseau reprend son pli. (Voyant qu'ils saluent.) C'est ça, c'est ça, inclinez-vous ; je devrais vous abaisser plus encore, mais ça n'est pas possible. Faites vos pétitions, je les présenterai.

M. DUFOUR et Mme PRESTO.

Ah ! monseigneur !
(M. Dufour et madame Presto vont à la table à droite, et écrivent leur pétition.)

M. DE BERLAC.

Et vous aussi, monsieur de Noirmont.

M. DE NOIRMONT.

Vous ne me connaissez pas, monsieur, et bientôt vous saurez ce que je pense.

M. DE BERLAC.

De la fierté ; c'est bien.

M. DE NOIRMONT.

Je prie seulement Votre Excellence de jeter les yeux sur ce mémoire.

(Ils se retirent un peu vers le fond, à gauche. Pendant que M. de Berlac parcourt le mémoire, Georges s'approche de Frédéric, et lui dit à voix basse :)

GEORGES.

Ah çà! monsieur, d'où nous vient cette ambassade?

FRÉDÉRIC, se touchant le front.

De là; j'ai vu Émilie, elle consent à un projet qui fait le bonheur de son père et le nôtre. Le ministère a tout appris; il nous secondera, et au moment de nous embarquer à Marseille, nous serons nommés à d'autres ambassades, et de capitale en capitale...

GEORGES.

Je comprends, nous voyagerons ainsi gaiement en famille.

FRÉDÉRIC.

Tant que durera sa folie.

GEORGES.

Oui, le tour de l'Europe.

M. DE NOIRMONT, à M. de Berlac qui a fermé le mémoire.

Vous y voyez, monsieur, que je ne veux rien, que je ne demande rien au ministre.

M. DE BERLAC.

C'est trop juste, et vous êtes sûr de l'obtenir.

M. DE NOIRMONT.

Mais vous allez courir des dangers; je demande à les partager, à ne point quitter l'ambassadeur.

M. DE BERLAC.

Un pareil dévouement vous rend mon estime et ma faveur; je vous nomme secrétaire d'ambassade.

M. DE NOIRMONT.

Ah! monseigneur!

GEORGES, bas à Frédéric.

Celui-là est incurable; les douches n'y feraient rien, et je vous conseille de le laisser aller à Constantinople.

Mme PRESTO, se levant et présentant sa pétition à M. de Berlac.

Voici ma pétition.

M. DUFOUR, de même.

Voici la mienne.

M. DE BERLAC.

C'est bien; mais je vous ai entendu parler de procès; je n'en veux pas, je supprime les procès, les huissiers, les procureurs; il faut que tout le monde se donne la main. (A M. Dufour.) Donnez la main à madame. (Désignant madame Presto. — A Georges.) Vous, à mademoiselle. (Montrant Juliette.) (A Frédéric et à M. de Noirmont.) Et nous aussi, (Il leur donne la main.) là...

FRÉDÉRIC, à Georges.

Eh bien! quel est le plus fou d'eux tous?

GEORGES, les regardant.

Je n'en sais rien : mais, à coup sûr, (Montrant M. de Berlac.) ce n'est pas celui-là.

AIR : Au marché qui vient de s'ouvrir. (*La Muette de Portici*.)

TOUS.

Ah! monseigneur! ah! monseigneur!

Je suis à vous de tout mon cœur!

(M. de Berlac s'éloigne tenant Frédéric sous le bras, et donnent la main à M. de Noirment. Georges, Juliette, M. Dufour et madame Presto le saluent avec respect.)

TABLE

	Pages
LA MARRAINE.	1
LE MAL DU PAYS OU LA BATELIÈRE DE BRIENZ.	61
LE PRINCE CHARMANT, OU LES CONTES DE FÉES.	117
YELVA, OU L'ORPHELINE RUSSE	151
LE VIEUX MARI.	215
LA MANIE DES PLACES, OU LA FOLIE DU SIÈCLE	287

Paris. — Soc. d'imp. P. DUPONT, 41, rue J.-J.-Rousseau. (Cl.) 163.7.81.

www.ingramcontent.com/pod-product-compliance
Lightning Source LLC
Chambersburg PA
CBHW060324170426
43202CB00014B/2663